基督教文化研究丛书

主编 何光沪 高师宁

六编 第 **3** 册

近代温州基督教史(下)

陈丰盛 著

花木兰文化事业有限公司

国家图书馆出版品预行编目资料

近代温州基督教史（下）／陈丰盛 著 —— 初版 —— 新北市：花
木兰文化事业有限公司，2020〔民 109〕
目 8+246 面；19×26 公分
（基督教文化研究丛书 六编 第 3 册）
ISBN 978-986-518-079-9（精装）
1. 基督教史
240.8   109000615

ISBN-978-986-518-079-9

9 789865 180799

基督教文化研究丛书
六编 第三册

ISBN：978-986-518-079-9

近代温州基督教史（下）

作　　者　陈丰盛
主　　编　何光沪　高师宁
执行主编　张　欣
企　　划　北京师范大学基督教文艺研究中心
总 编 辑　杜洁祥
副总编辑　杨嘉乐
编　　辑　许郁翎、张雅淋　美术编辑　陈逸婷
出　　版　花木兰文化事业有限公司
发 行 人　高小娟
联络地址　台湾 235 新北市中和区中安街七二号十三楼
　　　　　电话：02-2923-1455 ／ 传真：02-2923-1452
网　　址　http://www.huamulan.tw 信箱 hml810518@gmail.com
印　　刷　普罗文化出版广告事业
初　　版　2020 年 3 月
全书字数　405459 字
定　　价　六编 8 册（精装）台币 20,000 元

近代温州基督教史（下）

陈丰盛 著

目次

第二篇　民国时期基督教的发展

第一章　温州教会自立运动的萌发与理论

自立精神在中国牧者与信徒的努力下实践，但其精神的萌发却始于来华传教士。对于温州基督教来说，来华传教士的中国教会自立的观念以及来温传教士在19世纪末期在温州各地的自立实践都是值得追溯的。

第一节　西方传教士对教会自立的态度与措施

一、来华传教士的普遍观念

赖德烈在其《基督教在华传教史》中指出："新教传教士们的动机不仅是要传输给华人有关福音的正确知识以及尽可能多地将他们引入基督生活经验中去，而且还要帮助建立一个能够自养自传（a self-supporting, self- propagating Chinese Church），如西方兄弟教会那样独立活跃的华人教会。"[1]香港中文大学崇基学院神学院的邢福增教授在其《文化适应与中国基督徒（1860-1911）》一书中说："中国基督徒必须在中国教会扮演更大角色，这除了是客观情势的要求外，更是大多来华传教士一个共识，并具体地表现在他们对建立'本地教会'的言论上。"[2]吴梓明教授说："三自的原则——'自治'、'自养'、'自传'——通常是和两位差会秘书连结在一起。他们就是韦恩（Henry Venn，1796-1873）和安德生（Rufus Anderson，1796-1880）。对他们两位来说，传教

1　赖德烈：《基督教在华传教史》，2009年，第361页。
2　邢福增：《文化适应与中国基督徒（1860-1911）》，香港：建道神学院，1995年。

工作的最伟大的目标就是建立一个真正属于传教地区的本地教会。'本地教会应该是自然属于这个国家的教会，这样的教会可以自治、自养和自传'"。[3]

而韦恩和安德生在传教事工中的角色只是"差会管治者"[4]，并非真正在前线的传教士。若要真正落实他们所提倡的"三自"，就必须有传教地区的传教士与当地信徒去实践。在中国教会历史上，最早将自养提上正式议题的，胡卫清教授认为是 1877 年在上海召开的传教士大会，因为在该次会议中"专门讨论过本地的教会自养问题"。[5]在是次大会中，福州美以美会传教士保灵在会上提交论文《论土著教会自养》。中国基督教会史学者姚民权与罗伟虹说："传教士承认中国教会依靠外国差会的资助进行传教，得不到人民的认同，但由于中国信徒大多比较贫穷，经济上实现自养困难很大，大会仅希望传教士对此问题引起重视。"[6]

二、来温传教士的具体措施

19 世纪末期，来温州传教的外国传教差会有两个，分别为中国内地会和偕我会。来温传教士的教会自立观念在传教过程中有着重要的作用。本篇，我们以曹雅直和苏慧廉为代表，作简要论述。

（一）曹雅直牧师的自立尝试

最早来温州传教的曹雅直牧师，在温州落脚之初就创立男童寄膳寄宿学校，"凡来读者，一律免费供应膳宿，并奉赠书籍文具、雨伞钉鞋；此外，其家庭还可每月津贴大洋十元"[7]，这样就吸引了第一批学员，共有 12 个男孩。该校后来命名为"仁爱义塾"[8]，就是后来崇真小学的前身，培养出来的学生大多成为温州内地会的传教士，成为内地会在温州发展的生力军。曹雅

3　吴梓明：〈中国基督教历史重探〉，李金强、吴梓明、邢福增主编：《自西徂东——基督教来华二百年论集》，香港：基督教文艺出版社，2009 年，第 494-495 页。

4　吴梓明：〈中国基督教历史重探〉，李金强、吴梓明、邢福增主编：《自西徂东——基督教来华二百年论集》，第 495 页。

5　胡卫清：〈晚清国人教会自立思想述论〉，李金强、吴梓明、邢福增主编：《自西徂东——基督教来华二百年论集》，第 473 页。

6　姚民权、罗伟虹：《中国基督教简史》，北京：宗教文化出版社，2000 年，第 141 页。

7　高建国：〈基督教最初传入温州片断〉，《温州文史数据》第 7 辑，第 344 页。

8　林乐知主编：《万国公报》第 8 卷 386 卷，第 503-504 页。

直的妻子曹明道在其著作《Twenty-six Years of Missionary Work in China》中提到曹雅直曾差派仁爱义塾中年长的学生梁士元、孙世元、周殿卿到各地传道。其中年仅 13 岁的梁士元被差派到平阳协助传教，甚至成为一位成功的传教士[9]。

温州内地会重视义务传道的培养，并将他们派往各支会牧养。温州内地会 1906 年报告："有堂点 49 处，传教士（包括师母、助理）9 人；受薪华牧师 6 人，助理传道 8 人，学校教师 3 人，派发圣经者 5 人，女传道 4 人；义务传道 45 人，长老 7 人，执事 7 人，女传道 1 人；受餐者：男 469 人、女 358 人，1905 年受洗者 119 人，从开创之日起受洗者 1125 人；寄宿学校 2 所，学生：男 12 人、女 38 人，日校学生：男 9 人、女 4 人"。[10]在教会服侍的队伍中，最引人注目的就是义务传道 45 人。他们对温州内地会在各地教会的牧养上起了决定性的作用。

（二）苏慧廉牧师的自立预备

继李华庆牧师之后，苏慧廉牧师于 1882 年冬来到温州。在苏慧廉传教的具体实践中，充分体现了"三自"精神。在其著作《晚清温州纪事》一书中，将他的"三自"的具体实践详述出来。

1、自治

苏慧廉介绍说："至于教会的管理体制，七年前似乎已经确定，建立了明确的制度，配备了与我们的正规协会相应的人员。采纳偕我会通常的分会、联区和教区组成的体系，经我们的英国的年度大会同意，温州已成了一个独立的教区，目前已拥有七个联区，一百五十所教堂。我们的教会人员，除了传教士，还有牧师，助理牧师，当地的布道者和教会负责人。"[11]当时就有一批本地传道人参与教会管理，配合苏慧廉等外国传教士的工作。其中较为出名的是夏殿士（正邦）、戚瀛茂牧师等。在苏慧廉的期望里，有必要向每个乡村教会派遣一位本土牧师。[12]但他非常清楚，达到完全的自治并不是一朝一夕形成的，他指出："与其全盘引进已完善发展的教会行政管理机制，那种我们

9　Grace Stott，*Twenty-six Years of Missionary Work in China*，pp.52-53.

10　MacGillvray，D.（ed.）.*A Century of Protestant Missions In China（1807-1907）*，Shanghai: The American Presbyterian Mission Press，1907，p.160.

11　苏慧廉:《晚清温州纪事》，第 47 页。

12　苏慧廉:《晚清温州纪事》，第 46 页。

英国教会经过长期磨合已逐渐习惯了的体制，不如慢慢来，引进新制度适应新情况。"[13]因此，他努力开展培训事工，他说："联区会议之后，往往为当地讲道人连续安排几天研习圣经的时间。我们也偶尔在城里为最优秀讲道人培训十天，从中我们得以选择最有资格的人，通过联区会议，推荐担任本土教牧神职。"[14]

2、自养

自养是苏慧廉的自立实践中有步骤且有效的策略。至 1907 年离温为止，他在温州的时间已达 25 年之久，但他仍然认为温州教会的自养仍处于起步阶段[15]。不过，在他服侍的时间里，将自养分成几个步骤。第一步就是由各分会自己负责寻找聚会场所。他说："自养第一步是让乡村教会找到他们自己的礼拜场所，现在，我们的分会百分之八十已经这样做了。有时，这牵涉到租用一个祠堂或一个房间，通常这并不需要增加费用，只是在周日，以及一周内几个固定晚上，有些信徒借用一下他的房子而已。有时候，甚至在几个分开的村落，有几间房屋可以轮流用来做礼拜。"[16]

第二步就是停止供应灯油。在教会刚刚成立的时候，教区向每一个新分会提供灯和油是必要的，这样可以使晚上聚会不会在黑暗中进行。当时，煤油灯在中国乡村很罕见，在温州称为"洋油灯"。随着分会越来越多，若所有分会都由教区负责供应灯与油，会成为教区的经济负担。因此，在苏慧廉鼓励下，到 1907 年左右，偕我会温州教区各分会的灯油都改由自己供应。他说："现在，许多慕道友，或道友，如果认为时机已到，他们自己的村庄该有自己的教堂了，一般来说，我们要求他们自己准备好所有的物质设备，包括房间、凳桌家具、煤油、生火器、灯具等等，除了讲道人的开支。"[17]

第三步是教区与分会共同负责传道人薪金和开支。"我们规定每一个教会每年至少交两元，作为巡回传教的费用。"[18]虽然，苏慧廉认为理想的状态是每个分会都有一位本土牧师来牧养，但经济负担必定是难以维持的。为了减少开支，他聘用当地非专业的传道人，这些传道人的津贴为："每周日车马费

13　苏慧廉：《晚清温州纪事》，第 47 页。
14　苏慧廉：《晚清温州纪事》，第 47 页。
15　苏慧廉：《晚清温州纪事》，第 44 页。
16　苏慧廉：《晚清温州纪事》，第 45-46 页。
17　苏慧廉：《晚清温州纪事》，第 46 页。
18　苏慧廉：《晚清温州纪事》，第 46 页。

十五分，如果晚上出去二十五分，四十二分两个晚上。派到离家四十里（十三英里）以上的分会，每十里额外津贴十分。旅行的距离远了，会碰到各种各样恶劣的、令人难受的天气，一件象样的衣服是必不可少的，额外花时间为病患者作祈祷，或为婚礼和殡仪做礼拜也不可小视。所以说，这些人每月赚取的平均不到两元，甚至不如苦力费，而且，他们还得自己付船费，自己解决伙食。"[19]

最后一步，也是苏慧廉认为最为重要的，就是建立巡回教区奉献基金，这项基金即后来海和德所继承的自养基金，又称"谢恩款"[20]。这项计划于1905年春率先在碧莲联区预先制定。"该联区有二十个教会，决定搞一个巡回教区奉献基金。他们要求我们能维持目前的巡回教区补助金五年，在这一时期结束后减少一半，满十年后，完全停止所有现有资助。"[21]

苏慧廉的自养计划得以全面推展，其效果在汤清博士的著作《中国基督教百年史》中有清楚的记载：温州偕我公会1905年报告：有传教牧师3人，教育传教师1人，医务传教师1人；华传道20人，地方上传道人131人，女传道5人，领袖124人；受餐者2144名，慕道友成人5711人，儿童估计1500人；教会150所；医院1间；高级学校1所；教员12人；日校25所，教员43人；捐款2133.22元。[22]另载："英国偕我公会在浙江温州有渐进的自养程序。'百年传教大会'前夕，本地教友慷慨捐献，建立了总站和支站礼拜堂，或租赁小礼拜堂。由华牧指导一三一位游行传道人，到一五〇支站讲道。这些支站共有一二四位长老。"[23]

3、自传

自传的工作显然是苏慧廉做得最为成功的。他的策略就是培养许多本地传道人来开展各地传教工作。他说："传道士需求的增加使我们只能采用就地取材，有什么料就用什么的方式，结果是建立了一个圣保罗式工作制，他们在一周的工作日内赚钱谋生、养家，周末出去随便到哪个指定的分会主持礼拜。他们当中许多人，迄今其腿功仍比头功好，走江湖比传教强。不过我们

---

19 苏慧廉：《晚清温州纪事》，第46页。
20 《浙江青田基督教会之创始及自立经过的报告》，第7页。
21 苏慧廉：《晚清温州纪事》，第46页。
22 汤清：《中国基督教百年史》，第463页。
23 汤清：《中国基督教百年史》，第655页。

的'本地传教士'，如今的确是温州工作的骨干，正如在英格兰的那些'循道教会的骨干'，在本区，每到星期日我们有一百五十个礼拜仪式要举行，其中有一百多个由我们这个'讲师团'调配的讲道人，他们构成了我们当地教牧同工的基础。"[24]

第二节　温州内地会自立萌芽

自从戴德生蒙召到中国传教开始，他就已经献身为中国而活。香港文化更新研究中心院长梁燕城博士将戴德生的传教模式形容为"草根关怀模式"，有四个特色：1. 直接关怀人属灵需要，关怀每一个个人，爱每一个个人。他早期来中国时，在街上见每一个人，都关心其灵魂，爱这个人。他要求宣教士彻底放下，过贫穷的生活，也穿华人服装，拖一辫子，认同普通中国人民。2. 与西方帝国主义划清界线，不依附西方炮舰。3. 承担中国人民吸毒的困苦，全力反鸦片。4. 国际性的关怀中国人运动。[25]其中，最具代表性的，就是他以中国人的样式，在中国式房子内崇拜。

自 1865 年 6 月 25 日创立"中国内地会"之初，戴德生就已经发布"中国内地会特色"。其中，"认同中国人"与"本色化原则"成为戴德生及其内地会"基督教中国化"实践的基础。具体要求是："认同中国人：以中国人的样式（剃发、蓄辫、穿华服），在中国式房子内崇拜；本色化原则：训练中国同工，自立、自养、自传。"[26] 这些始终成为内地会传教士所遵守的原则，也正是温州内地会的创始人曹雅直完全遵循的。

在温州内地会创立之初，曹雅直已培养一大批本地传道人，后来在曹明道的带领下又培养了蒋宅如为代表的本地牧师。在自养方面，温州内地会本地信徒于 1906 年下半年开始正式着手操办，以备教会自立。1907 年 1 月，刘廷芳在《通问报》报道温州内地会自立萌芽。他报道："浙温内地会、去岁葭月、开各支会寻常年会、提议各件时、首及经济问题、盖以年来日形支绌也、会众决议倡办自捐自用、拟定官话广告发各支会、腊月第一主日宣布、期于

24 苏慧廉：《晚清温州纪事》，第 39 页。

25 梁燕城：〈基督信仰处境化三模式与当前中国〉，载于李金强、吴梓明、邢福增主编：《自西徂东——基督教来华二百年论集》，第 629-630 页。

26 张陈一萍等编，《惟独基督——戴德生生平与事工图片纪念集》，香港：海外基督使团，2007 年 5 月，第 42 页。

来春新正实行、会牧命亶生撰本郡广告、亦于腊月宣布、新正实行、热血天国民为此举之祷也久矣、惟（温郡内地会）各信徒皆中人以下之家、心余而力薄、且已设各项常年捐款、为数亦已不尠、未识能达此目的否、此举若成、他日自立、庶有望焉、凡我同胞、祈勿忘此四十余处之支会于祈祷中、则他年自立旗飘、自由钟响、共与有荣矣。"[27]

刘廷芳在会议中受托撰写自养相关广告，本处节选内容："我同胞听者、我温教会成立已四十余年、藉三一鸿恩真光炳耀海隅、依次发达、城乡各处支会、已逾半百之数、身膺教师职者十五人、助工四十余、此固吾党信徒、实深祷谢者也、惟开我黑界一线光明者、属异族之信徒、助我童稺成立者、亦友邦之善士、我同胞竟因以放弃我义务、销灭自立之精神、虽助工宣道川资、历年来诸同胞已设有传道捐银以济其急、而教师之俸、我同胞分毫未尽担其任……"[28]

是年 2 月，刘廷芳在《通问报》报道温州内地会于新年春节第一个主日下午（2 月 17 日）召开特别演说会，主要辩论教会自养一事。文中指出会议的发起人为王福庭和刘廷芳，参与演说会有八百余人，发表演讲的分别有：梁景山、陈林郎、王振元、詹庆元、董银友、林易山、蒋宝仁、仇德喜、刘克训等人，此次会议得到内地会会牧夏时若的支持。[29]

其中王福庭为自立之健将，可惜于 1908 年农历八月十四日英年早逝，刘廷芳在其生平中特别提到他自立的精神："平居常以教会倚人为羞。竭力启迪教友。植自立之种子。丙午冬。教会倡议办教会自养捐。于丁未新正。开特别大会宣布。当日第一人登台以一腔热血。掉三寸舌。慷慨淋漓。向众演说者。即先生也。"[30]

第三节　温州基督徒的自立理念

一、蒋宅如的保守自立与妥协政策

1905 年冬，俞国桢牧师在上海建立中国耶稣教自立会，消息很快传到全

---

27 《通问报》，第 239 期，1907 年 1 月，第 3 页。

28 《通问报》，第 239 期，第 3 页。

29 《通问报》，第 243 期，1907 年 2 月，第 2 页。

30 《通问报》，第 326 回，戊申（1908 年）十一月，第 1-2 页。

国各地[31]。1907 年，温州内地会蒋宝仁与刘廷芳发起自立会。"开筹备大会于郡城花园巷礼拜堂。请陈思如梁景山二执事为临时主席。刘廷芳王春亭二君。登台辩论自立之趣旨。研究能否达其目的。及始终利害之关系。一问一答。俨若反对之驳诘。言之洋洋。娓娓动人。"至 1908 年，温州内地会的自立筹备已初见成效，据载："至戊申岁组织自立萌芽捐。筹备实行自立之需。由何君漱芳拟刊捐条。召集各支会代表。于花园巷总会重开大会。仍请陈梁二执事为主席。由潘仲华王春亭二君。辩论自立之颠末及必要。牖迪信徒自立之观念。且选举司库职员。自兹以降。继续进行。绝无中断。"[32]

1910 年，平阳耶稣教自立会成立，这对于早已开始筹备的温州内地会信徒有落人后的感觉。因此，蒋宝仁牧师于 1911 年正月间邀请代表商议自立之事。文载："庚戌岁平阳自立会成立。吾郡信徒抱向隅人后之叹。惟仇君静泉者。志于自立。热血热诚。为众者冠。遂函致平阳索取鼓吹自立文告。分送各同志。以便早达其目的焉。辛亥正月间。蒋牧签请王育廷、林子香、柯成三、黄起文、詹庆元、潘仲华、陈时荣、叶宝成、邵桢坤、谢楚廷等。再开会议。蒋牧谓日前陈日铭君降舍。谕平阳子会业经自立。本城母会尚未臻此。而母会道德程度素称高尚。何以不能自立。非尔阻执其谁乎。予答曰。温州道德虽高。而财政不及平阳。故难能遽然自立。因是故。今日柬请诸君。商议妥协。翌日当即开会。实行试办。如克达其目的。予心不胜欣慰。再于花园巷大礼拜堂开会。各友演说。急速自立问题。"[33]在该次会议中，蒋宝仁牧师演说教会自立的重要性，文载："蒋牧演说中国人之性质与佛相伴。因佛之心喜入而不喜出尔等之希望。外人帮助。类皆若此若一旦倡办自立捐输资费。各有惋惜之慨。予犹农夫之耕田也。设耕甲之田。向乙给工。惭愧几何。今牧养尔等之灵魂。反向西士给薪。耻何如之。教会自立。犹人之能自给自养。乃基督徒应尽之义务。今日自立。诚不可一日缓也。虽有自立萌芽捐之设。殊不足称谓完全之自立。今后宜戮力进行。须达完全自立之目的。"[34]

蒋牧的情词迫切、意诚情挚，听者均为之感动。于是，被请者会后又自行聚会，因考虑到蒋牧尚在内地会中履职，亲自出面难免招嫌，就由王育廷、

---

31 《圣报》第 4 年第 6 期，1914 年 6 月，第 9-10 页。

32 《圣报》第 4 年第 6 期，第 9-10 页。

33 《圣报》第 4 年第 6 期，第 9-10 页。

34 《圣报》第 4 年第 6 期，第 9-10 页。

林子香、柯成三、黄起文、詹庆元、潘仲华、陈时荣、叶宝成、邵桢坤、谢楚廷等出面。在蒋牧的鼓励之下，内地会会友自立的信心大增，都踊跃捐资以助教会自立，很快信徒捐资达三百元左右，另有陈时荣、柯成三，各自认垫开办费数十元。[35]

　　然而，蒋宝仁所主张的自立并非激进地建立一个从内地会分离出来的自立会，而是在和谐的关系中，中西教牧、信徒合作，使教会渐渐走向自立。而激进分子却主张从母会分离出来。因此，当主张分离的激进分子派谢楚廷为代表，与蒋牧商议，要求清查教会需用簿记，以备预算并实行自立时，蒋牧坚称要想自立非要有五六千金不可。另外，当他们与中国耶稣教自立会俞国桢牧师联系，要求出函至温处道，要该道出示立案，且请俞牧师莅温参加自立盛典时，蒋宝仁力欲阻止，并将情况向衡秉钧禀告。自立激进分子则认为蒋牧"忽惧西士之阻执并思权利之无着竟不赞其事且从中以才德未全时机未至为辞"[36]

　　坚持自立者并不理会蒋宝仁的阻挠，定于1912年12月5日在施水寮日新浴池楼上召开成立大会，选举梁树声（景山）为首任会长。而在此之前，蒋宝仁多次出面劝阻，据载："三十号蒋牧传唤王活泉君。召集发起人与会长梁君。商议合办。是日各友齐赴花园巷。蒋牧示下条件七。王君奉众观览。众胥承认。惟展期开会一条。因已致函各会。有捐失信用之关系。碍难承认。讵伊有意破坏自立。即云此条不可。不能联络合办。于十二月一号。在母会任职之男女有名自立者。各接夏牧与师姆华翰。谓既已自立。毋庸再任其职。自能另选他人等语。众被拒绝之后。不得不力图自立会之扩充。于是新旧两会会友有时发言不谨。轻信浮说。积日相沿。竟成水乳难洽之态。夫自立教会。原为合一起见。殚精竭虑。欲求合一之举。"[37]12月5日下午，温州内地会英籍传教士夏时若特开茶话会邀集柯成三等人，再三劝阻他们不要加入自立会。

　　蒋宝仁从大力倡导自立到反对自立，令当时积极从事自立事业的自立会领袖失望，他们写了一封严厉的信给蒋牧，题为〈又致内地会中牧蒋君书〉，内文为："敬启者鄙等热诚热血组织自立之举曾荷各会赞成各界称许独阁下一人大不为然出而阻止底是具何心肝（中略）然鄙等乳臭未干程度尚稺阁下须

35 《圣报》第3年第2期，1913年2月，第6-7页。
36 《圣报》第3年第2期，第6-7页。
37 《圣报》第4年第6期，第9-10页。

时加振刷培养完全请速图自立以副吾主之圣训而彰民国之荧光鄙等殊深厚望焉肃此敬请道安。"[38]

吴伯亨曾提到蒋宝仁的态度及对自立事业的影响:"夫蒋牧师宝仁者。蒋君德新之令尊也。提倡温州教会自立竭力鼓吹悉心劝导。筹月捐撰对联(其联有云。自治自由破除依赖性质。立人立己振作维新精神。又莫大爱。惟救世舍身。期我辈力传流血架。最可怜是依人成事。幸此间忻建独立旗。)于是乎。自立之声。颇有一日千里之势。第恐经济支拙。西牧见弃。权利方面。未免有所损失。故自立之说。秘而不宣。进行之势。反致一落千丈之慨。壬子岁。俞牧国桢。适道经温州。(主任瓯括赈灾事宜)旋集同志组织自立会。当成立之初。同志等抱合一之宗旨。愿与母会联络进行。嗣由蒋牧提出合一条件凡七。同志等均赞成。只展期开会一条。(因各地信已发出)未得承认。奈彼有意反对者。故多方暗中破坏。故合一之举等诸梦幻耳。于是乎。温州自立会遂有不得不谋分设之势。"[39]

二、尤树勋的温和自立

尤树勋(1892-1970),字建人,别号路得,1892 年出生于温州,早年毕业于温州圣道公会艺文中学,1907 年受洗入教。1915 年入南京金陵神学院深造。曾任温州圣道公会牧师。1925 年在上海亲历五卅惨案,回温后建立"中华基督教会"并任温州中华基督教会第一任会长。1925 年 11 月加入中国共产党,帮助教会推行独立自主,自办教会。1927 年迁居上海,任上海天恩堂牧师和主任牧师十余载。抗日战争期间回温复职,并于 1942 年倡导组建"基督教温属联合会",并被推举为首任会长。1946 年重赴上海,先后在中华基督教勉励会中任要职。1969 年因不实之词被捕入狱,1970 年病逝于南京。

早在 1912 年,温州圣道公会海和德牧师秉承苏慧廉的计划,积极在整个教区征收教会自养基金,预备作自立的传道经费。后来,海和德一度派尤树勋在教区议会中给全体代表作专题演讲,题目为〈中国教会自立之预备〉[40],"内容精详重要,面面顾到,如奉献的生活,圣徒的本分,人才的培养,经济的准备等,全体听众无不感动,一致立愿,会后,向硌区推行传达普遍深

---

38 《圣报》第 3 年第 3 期,1913 年 3 月,第 6-7 页。

39 《圣报》第 6 年第 10、11 期,1916 年 10、11 月,第 7-8 页。

40 《浙江青田基督教会之创始及自立经过的报告》,第 7 页。

入。海和德拨付洋钱贰拾元，交执事刊印自立演讲文，名曰'教会自立之预备'分送温处各区教堂作宣传资料，配合谢恩款之进行……"。[41]该文于1920年10月刊载于中国耶稣教自立会的会刊《圣报》。[42]

该文首先列举当时中国有四种不同的自立教会，即互闹意见的自立会、迫于经济的自立会、自觉自动的自立会和协和合济的自立会。他评价说："第一种的自立会是错谬的，我们不效法他。第二种是被动的，我们正要经过。第三四种是自动的，我们指望也能达到这个地步。但我们在这幼稚的时候，必须勉力预备，才能达到健全的地步；不如此，就是幼稚教会，也不能生活；所以现在要讲教会的自立的预备。"[43]

他主张首先要积极宣讲、传播自立精神，"撒播自立的种子"，通过演讲、登报、印成单张小册等方法，使自养、自助、自传、自治的精神成为家喻户晓、人尽皆知。他提醒教会自立需要"养成自立的人格"，他说："要教会自立，必要养成自立的人格，主理教会的，若没有自立的人格，虽有充足的经费，也必滋生弊端。因为教会不是金钱所组织的，乃是有人格的人材所组织的。耶稣称西门为磐石，因为西门有金刚的性质，可作立教会的基础。这样看来，人格是教会的根本，君子务本，本立而道生，养成自立的人格，是务本的法子，然而当养成甚么人格呢？"[44]

三、王雨亭的激进自立

王雨亭，平阳南港五岱人，被称为"自立会健将"[45]。早年入自立会，成为自立会重要的成员之一。于1926年7月撰文〈教会自立节说〉和〈勉华信徒努力自立〉，刊发于中国耶稣教自立会刊《圣报》。后来，倪柝声创立基督徒聚会处，王雨亭于1928年在平阳率先响应，成为平阳基督徒聚会处的主要负责人之一[46]。

---

41 《浙江青田基督教会之创始及自立经过的报告》，第7页。

42 该刊登载了一部分，笔者详细查找过《圣报》，未找到下文。《圣报》第10年第10期，1920年10月，第2-4页。

43 《圣报》第10年第10期，第2页。

44 《圣报》第10年第10期，第2页。

45 《圣报》第12年第1期，1922年1月，第7-8页。

46 陈福中编著：《倪柝声传》，香港：基督徒出版社，2004年6月，第79-86页。

他在〈教会自立节说〉一文中以极其激烈的情绪劝说自立。他说："人生在世当贵自立。不自立。则事事仰人鼻息。依赖人为。未有不取失败者也。……今中国教会已达自立者。寥若晨星。溯自欧美传入。百有余年。然此百余年中。圣道虽逐渐昌明。教堂虽逐渐林立。而求其能知急图自立。以辅中国之政教。以救中国之同胞。以谋天国之振兴。以免传道之嫌疑。卸西牧之担。分西牧之劳。尽瘁鞠躬。应尽厥职者。诚不可数数觏。夫中国亦国也。中国人亦人也。何以他国之教会。皆己立而立人。我国之教会。何以瞠乎其后也。舜人也。我亦人也。有为者。亦若是。今中国自立教会之声浪。愈唱愈高。自立之进步。愈形神速。然一般无智之华基督徒。过信有等西牧偏性之言。每自言曰。今日中国教会。才德未能自立。财用不能自立。自立自立。时有不能。毋欲速不达可也。为此说者。诚无异为长者折枝语人我不能。而坐视同胞水火于不救。有心爱国者。可以深长思矣。康诰曰。未有学养子而后嫁者也。不思基督在世升天之际。使徒传道者。正若干人。初未闻有待而后行。惟依神而行之是矣。今日中国教会。受洗进教者。已达数十万人。若能合此数十万人群策群力。以图自立。则将来中国教会自立。一而十。百而千。必达完全之目的。主人翁之资格。亦何难于英美并驾而争荣焉。同胞同胞。当国势阽危之秋。应急急信仰基督。基督徒应尽国民之一份子。当急谋自立。"[47]

在两年之后，王雨亭在《圣报》中又登载〈勉华信徒努力自立〉。在文章开篇，他提出中国教会自立的时机已到，他说："中国现在的教会。将要到自立时期了。教会内信仰的人们。有些已相时而动。要起来竭力地做去。叫那中国本色的教会。快快出现。以地位论。中国本来是主观。外人是客观。圣教传来已百余年。安可不图自立。"[48]在面对人才、经济等困难时，王雨亭指出这些问题并不能阻止中国教会自立。他说："今日教会受洗的信徒。已数十万。人才也不少了。而此数十万信徒。协力同心。视中国教会。如同自己的家。教会的工作。就是自己应有的工作。教会精神。无异自己性命一般。如是爱护教会之心。自然发生了。心既爱护教会。那经济困难。就可不必顾虑。况今日中国化教会。已经一般人热忱提倡。"[49]联系时局，他认为国外列强的

---

47 《圣报》第 14 年第 7 期，1924 年 7 月，第 3 页。

48 《圣报》第 16 年第 7 期，1926 年 7 月，第 9 页。

49 《圣报》第 16 年第 7 期，第 9 页。

凌辱、国内各界对基督教的误解，都是在催促中国教会自立，脱去西洋的色彩。他说：“而国际交涉耻辱。又大大影响到教会身上。非教运动。也误认基督教的真相。妄肆攻击批评。差不多要把基督教本身推翻倒了。这样看来。我教会人们。应该觉悟。毅力地抱服务牺牲主义。去改良教会。把西洋的色彩。完全脱去。使基督教真相。赤裸裸露出。叫中国人承认基督。消灭洋教的口吻。解释误认的弊端。那末所有种种嫌疑。也就自然冰释。”[50]最后，他认为中国固有的民族性能与基督教相互融化调和，这对于中国教会的自立是有利的。他说：“中国教会。真是入土生根。如磐石的坚固。荣幸极了。那时候基督教的恩膏。人人可以沾受。基督教的利益。人人可以享用。四百兆同胞。住在黑暗之中。得见光明。不难一蹴而登极乐之天国焉。然则教会自立。安可忽视。为基督徒者。勉之。

50《圣报》第16年第7期，第9页。

第二章　中国耶稣教自立会平阳分会

第一节　自立教会的建立

一、中国耶稣教自立会平阳分会的盛大开幕

    1906 年，俞国桢牧师在上海宣告成立中国耶稣自立会。温州内地会于 1907 年就由蒋宝仁、刘廷芳等发起自立筹备，但未能完全自立。而平阳内会则于 1910 年，由平阳城关黄时中、姜铭匡（鸣琴）、陈日铭，鳌江范志笃（志泉）、陈楚卿、朱信之，北港林溥泉（湄川）、吕信真、俞竹庭等有识之士，即起响应，特派俞竹庭、吕信真赴沪与俞国桢会长接洽。农历五月十日，俞国桢禀报浙江巡抚部院批准，设立中国耶稣教自立会平阳分会[1]。平阳县于九月十一日贴出保护告示，内文指出："……抚宪增批上海长老会堂牧师中国耶稣教自立总会会长俞国桢禀。挽回教权决议自立。恳恩备案。并请札饬出示保护由。奉批据禀已悉。平阳七乡教民。拟设自立教会。公同议决。此与立宪国信教自由之意。相辅而行。于教会前途。大有裨益应即如禀准予立案。并由道府饬县出示保护。仰交涉司核明分别移行。遵照办理。一面录批传知该会长。约束教徒。毋预外事。此批禀粘均抄发等因。奉此查该教民等公民议决自立教会。不受外人资助。实为补助立宪缺点。自应由地方官出示加意保护。奉批前因。除函致俞牧师随时约束教徒。毋预外事并移会外。合行札饬札府即便转饬平阳县出示。随时加意保护。是为至要切切。又六月十一日。

1　支华欣编著：《温州基督教》，第 8 页。

奉道宪郭札同前由各等因。奉此合并札饬札到该县遵照速即出示。随时加意
保护。毋违切切等因。下县奉查自立教会。系为挽回教权起见。既足表爱国
之忱。仍不失劝善之指。除随时保护外。合行出示晓谕。为此示仰阖邑诸色
人等知悉自示之后。毋得以事属创闻。造言生事。致于究处。其各遵照毋违
特示。"[2]

在筹备开幕之时,在平阳内地会间有些臆度之辞,认为西方传教士不但
会阻碍,更会产生堂产的纷争。面对有可能发生的意外,筹备会于农历八月
四日召开,《圣报》登载是次会议的详情:"该处同人范君指旋。陈君日铭。
朱君信之。黄君时中。吕君信真。李君文廷。俞君竹庭等。于八月初四日。
邀集七乡同志聚于萧江渡支堂。到会者七十余人。开议问题数端。一自立之
毅力。如何可达。二西人之霸产。如何争持。三挫折之猝临。如何坚进。四
现时之教政。如何整饬。五捐款遇不敷。如何接济。是日灵光绕座。烛耀全
群。演者如怨如慕。闻者乃泣乃诉。大获圣灵之感。各誓自立之愿。逐条议
决。踊跃输捐。一时间经费有绪。垫款有人。订期再开奋兴大会。并请会总
莅临。"[3]

为避免不必要的麻烦,平阳分会邀请中国耶稣教自立会总会长俞国桢牧
师莅临开幕礼。中国耶稣教自立会会议商议推举俞国桢牧师作为代表,赴平
阳道贺。开幕期间,西教士施恒心牧师不但没有阻止,反而大力支持。《中国
基督徒月报》登载:"同该母会施恒心西牧。倾礼主讲。施牧师祷告时。专以
自立会之前途发达祈求。语言恳挚。闻者黯然欲泪。后勉以忍苦耐劳。坚守到
底。勿失自立宗旨等语。演讲一时之久。临行与俞牧握手言欢。郑重而别。"[4]

平阳分会于 1910 年 10 月 13 日(农历九月十一日)举行盛大开幕礼。会
议气氛和谐,特邀请平阳内地会英藉传教士施恒心牧师到会勉励,《中国基督
徒月刊》登载施恒心牧师的勉励的大意:"余得见平阳教会之有今日。余之眼
校诸前辈之眼。更为有福。回忆曩者曹雅直牧师。与诸前辈。传道斯地。欲
见余之所见而不得。因彼在望而未来。余已亲见其成效耳。余之喜乐。实不
可胜言也已。惟愿诸同志。自今以往。同心协力。依主进行。切勿畏难苟安。
致生退怯。若昔探耶利哥之侦者焉。今后本会当改为中国基督徒自立会。不

2 《中国耶稣教自立会大纲(附历年案卷、旅行日记)》,第 21-22 页。
3 《中国基督徒月报》第 27 号,1910 年 11 月,第 12 页。
4 《中国基督徒月报》第 29 号,1911 年 3 月,第 10 页。

再旧称曰内地会。因内地会三字。譬如人之乳名。至成人时，必另取一名也。此后既以自立命名。诸君须存自立之思想。筹自立之款。振自立之精神。惟念教会为主血所买。其价无可限量。慎弗漠视。是即余心之殷望也。"[5]

行开幕礼期间，中国耶稣教自立会总会长俞国桢牧师亲临祝贺，总会发函祝贺，全文为："上海中国基督徒自立会贺浙江温州府平阳县自立会开会颂辞。维大清宣统二年。庚戌季秋。即主历一千九百十年之十月也。为浙江温州府平阳县。中国基督徒自立教会。特别开会之期。际此鸿雁宾秋。声动祖国之梦。黄花报获。祥凝邥山之云。先小春以开盛会。自立之主义在抱。仗大同以兴圣教。立意之宏伟可钦。两浙信徒。闻风翘首而忭舞。三吴英哲。知名引领以腾欢。敝同人等。既属同志。又荷联络。理应亲赴瓯郡。虔祝鸿禧。只以各羁职守。莫遂雀私。兹公举会长俞国桢牧师为敝总会全体之代表。赍词兔趋。恭申燕贺。聊表同志之谊。以纾葵藿之忱。窃贵会之自立也。宗旨正大。目的精纯。办理有序。举助无私。前三年已植嘉禾。今四月果歌丰收。合七乡之教侣。道传不二。联三千之志士。心思惟一。社党超群。虽遇挫折仍坚志。团体固结。纵使摧残不易心。自传自养。务达自治之彼岸。立己立人。造就立国之根基。挽教权。袪交涉。保存国民之元气。弭教案。消嫌疑。培养信徒之资格。保国保种。爱神爱人。故诸君等因难尽心事上帝。始能如是立教会。既能如是立教会。即能尽心爱国家。谚曰。宗教自立。国家亦自立。宗教文明。国家亦文明。当此文明进化。自立维新之世代。正基督徒振刷精神。维持全局之时机也。惟愿贵会成立。全国响应。同心联络。同力经营。务期教自我立。权无旁贷。众志成城。提倡扩充。喜今朝盛会一堂。灵光布绕于斯座。愿他年实结百结。神恩普降于中华。美哉同德同心。精神贯注。允矣合志合力。血脉流通。行见吾中国基督徒自立会之兴。以征吾中国富强之始基焉。敝同人等。不禁为浙江温州府平阳县。中国基督徒自立会贺。亦为吾中国四万万同胞之前途颂云。"[6]

二、中国耶稣教自立会平阳分会简章

中国耶稣教自立会平阳分会在建立之初就已经定下简章。开幕当天，发起人之一黄时中先生报告简章：

5　《中国基督徒月报》第28号，第11-12页。

6　《中国基督徒月报》第29号，第11页。

一、会名：中国基督徒自立会。

二、宗旨：挽回教权。弭消交涉。

三、办法：甲、择定办事处所。乙、公举办事人员。会长一人。副
会长一人。会计一人。干事一人。书记一人。调查二人。
丙、按时聚会。坚持本会宗旨。丁、筹集捐款。以供本
会费用。戊、开办费先由发起人捐助。己、各支会之捐
款费用。统由会计处量入为出。庚、各支会聘请传道。
视财力之强弱为准绳。或派专务传道。及义务传道。皆
须因时制宜。

四、会友：无论男女教友。品行端方。热心会务者。均可入会。

五、传道：本处向有专务传道。义务传道之称。为义务传道者。须
先有执事长老之资格。为专务传道者。须先有义务传道
之资格。为总协理者。须先有专务传道之资格。

六、选举：凡在一支会听道。满一周年者。不拘已受洗礼。未受洗
礼。均有选举该支会办事人及传道人之权。已受洗者。
有选举全会之权。

七、预备：仍于专务传道。义务传道之外。另举预备员数位。以补
将来之缺。若为俗务牵缠。不能专心任事者。虽才德兼
优。亦当作为无效。[7]

显然，该会建立之初，其《简章》参照中国耶稣教自立会总会，在〈自
立会会纲〉中，将名称解释为"本教会之设，由吾华教友具有爱教爱国爱人
之思想、自传自治自养之精神所集合而成，故名称曰中国耶稣教自立会。"[8]

1913 年 7 月，中国耶稣教自立会会刊《圣报》登载了〈平阳耶稣教自立
会简章〉，全文如下：

平阳耶稣教自立会简章[9]

一、会名：浙江平阳耶稣教自立会

二、宗旨：自传自养以遵基督之圣训，以弭民教之交涉，免致牵连
国际为目的。

---

7 《中国基督徒月报》第 28 号，第 11-12 页。

8 《圣报》第 6 年第 3 期，1916 年 3 月，第 9 页。

9 《圣报》第 3 年第 7 期，1913 年 7 月，第 8-9 页。

三、会友：凡品行端方，遵守圣道领洗者，本会方可认为会友。

四、职员：本会设正、副总理及干事、会计、文牍、书记各一员，各支会职员由各支会自设，任期例定一年，更举时得继续任之，但不得三次连任。

五、责任：总理任会内一切事务，副理有襄辅总理之权，干事员有调和民教交涉之责，会计员掌出入银钱，文牍员掌公文函件，书记员开会时缮写记录。

六、会期：每年定于阳历二月第三圣日后三日开大会一次，选举职员及传道员，并讨论会务。

七、薪水：凡本会职员尽义务者为名誉职。如无力任义务者，当大会时由全体职员议酌薪水，其薪水概摊各支会，由各会会计员按月照给。

八、传道员：当大会时选定合格者，转由各支会认可自择，毋许擅行延聘，其薪水一节，均归各支会自给，任期以二年为限，不得三次连任，助工者概尽义务。

九、会所：总会议设鳌江为中心点，以便交通。

十、戒约：本会会友如有不守规则，致伤本会名誉者，一经察觉，轻则停餐四个月，其能悔过自新，得本会全体承认者，方可复还圣餐，重则宣告除名，立令出会，以昭炯戒。

十一、附则：本简章如有未善之处，当大会时由全体修正。

该会的宗旨原为"挽回教权。弭消交涉。"1913 年改为"自传自养以遵基督之圣训以弭民教之交涉免致牵连国际为目的"。从文字上可见，原宗旨中"挽回教权"有很强的针对性，特别是针对外国宣教士。1913 年用"自传自养"则更加温和地表达了自立的精神。1913 年的宗旨与中国耶稣教自立会总会的宗旨相近："本会以实行圣道、宣传救恩、调和民教、维持公益、保全教会及国家之荣誉为宗旨" [10]。在〈自立会会纲〉中解释为："基督为救世主，凡属人类，皆应皈依。国人不察，往往目基督教为外国教，种种蜚言殊多障碍。本会对内免假借外力之嫌疑，对外负自立自养之责任。然饮水思源，不敢忘本，任重道远，正赖提携。乃外间有谓本会与西教会素称水火积不相能者，

---

10 《圣报》第 6 年第 3 期，第 9 页。

殊属昧于真相，特此声明。"[11]其中还特别声明与外国差会之间的关系并不如外间所传说的水火不容。

对〈简章〉最好的解释应属该会发起人之一黄时中于 1915 年 4 月，在《圣报》登载的〈平阳支会创办始末情形之佳报〉一文，详情解释平阳自立会成立的原因、时间、效果及其经费、产业等，从中可见当时自立教会在五年内的成绩及发展规模。现将全文抄录如下：

平阳支会创办始末情形之佳报（计七条）黄时中[12]

自立会成立之原因：同人等因传教以来视教案层见叠出，致起国家交涉伤国体、丧主体，以为隐忧，即行发起组织，完全自立教会，自行传教，不由西士从中预开。

自立会成立之年代：溯自前清宣统庚戌年，会长俞国桢禀请增抚立案，通饬各属保护。迨民国成立于二年十一月，复由会长禀明内务部批示第六百九十八号准予立案，至今民教相安，教堂教民之数目有日新月异之势。

自立会办理之效果：自英教士所设之内地会改为自立教会，共表同情者仅有九处，计会友约有五百左右。至今六年于兹教堂增至三十四处，会友增至三千余名，此亦成绩之颇著也。

自立会常年出入之经费：本会会友量力输捐（中略），至民国三年，传道经费约二千元之谱，均系三千余名会友所输也，司理会务者亦先预算量入为出，不致于亏如，稍有盈余，必分设分会于未有斯道之地点。

自立会会员之名称：本会会员有会长、司库、书记、干事之称。为会长者，总理教中一切事务；司库为筹款；书记专为缮写一切文件；干事专为处置会友交涉事宜。此外，又有宣教师、长老、执事专为布道领袖，礼拜祷告等事。其薪水最多者每月拾元，至少者每月三元。此中尽义务者实过半数。

自立会职员并传道员之姓氏：本会会长林溥泉、副朱志道，司库范志笃、副朱启明，干事陈宝善、副黄时中，书记姜醒魂。受俸传道者：金聘南、黄和玉、林庆贤、陈善、林识真、吕信真、谢景

11 《圣报》第 6 年第 3 期，第 9 页。

12 《圣报》第 5 年第 4 期，1915 年 4 月，第 9-10 页。

义、杨俊卿、苏实卿、吕体道、杨宣仁、欧识卿。义务传道者：苏炽卿、姜新民、李文廷、周郁文、周林木、陈锦从、卓温瑞、黄仁和、吕信体、杨明勋、黄一川、叶其蓁、陈俊卿、陈峄琴、林铭卿、朱配道、范国桢、项继春、王鹤楼、陈杏园。此外男女教友助工者，不胜枚举。

自立会公有产业之价值：鳌江总教会，约值一千二百金；平阳南阳总公所，约值一千一百金；郭丰分会，约值三百金；钱镇分会，约值七百金；溪尾分会，约值三百金，田十九亩，约值三百五十金；方家坑分会，约值五百金；曾山脚分会，约值三百金；腾蛟堡分会，约值七百金；蒲门分会，约值九百金；马站分会，约值八百金；水头街分会，约值九百金；阮家山下分会，约值五百金。以上十二处共值八千五百五十金，其余二十二处均就教友之家或由典押租来者，共值五百金，均系会友历年捐建，并无西士之助。敝支会创办布道团，分赴各区演说，曾承县议会议决，由官厅拨助二百金，以资经费。　一月九号呈。

三、中国耶稣教自立会平阳分会总公所

平阳分会建立之初，各样事工均草草了事。稍得安定之后，该会黄时中于 1914 年春，发起筹款，作为建立总公所的预备。[13]黄时中 4 月在《圣报》登载〈平阳通讯〉一文，其中谈及总公所建筑的缘由及募捐的情形。他说："平阳城内系县治之区，各乡教友来城暂寓，向在西门内地会公所。一经自立，不准少驻，只得另寓客栈，每欲歌诗、祷告，殊觉不便。本年又发起建造，定名为：自立会总事务所，以免与鳌江总会名称之相抵触。现已托中寻买高大屋宇一面，筹捐已有杨玉生先生，现杭州二等军医官之老太太，倡捐英洋壹百零五元。鄙人亦捐壹百元，内子捐大洋五元，小儿捐壹元，小女捐壹元，合家共捐大洋壹百零七元。城内外教友均效合家捐之法，男女大小量力乐捐，小孩压岁之钱，亦乐为输，将统共亦捐有壹百余元，总计已捐有三百余元。此举非仅为本区教友礼拜之宽畅，又为各乡教友来城之旅邸，亦必须向全县教友劝其乐助，共成美举。今已印成捐单，分头劝捐矣。"[14]

---

13 《圣报》第 5 年第 5 期，1915 年 5 月，第 10 页。
14 《圣报》第 4 年第 4 期，1914 年 4 月，第 10 页。

1914 年 8 月，该会在平阳县城坡南购得吴恒春旧址，该址原有正屋、横轩共计 11 间。俞国桢牧师于 1914 年 10 月 19 日至 11 月 28 日到温处旅行传道，在《中国耶稣教自立会大纲（附历年案卷、旅行日记）》中记录 11 月 10 日，他曾在平阳分会黄时中的陪同下参观了平阳南门外的总公所，详文如下："十号早点后。黄时中君陪同至南门外新购平阳自立会总公所一座。计银六百余元。已登记入册。完粮纳税。除所有房屋基地外。不日将欲新建圣堂。已派定筹捐员至平阳七乡各堂募捐。大有眉目矣。"[15]

1915 年 5 月 2 日（农历三月十九日），该会总公所召开落成大会[16]。《圣报》登载："七乡教友到者，计一百七十席，即一千三百六十人。教外来观者，络绎不绝，数亦盈千。办事、招待井井有条，丝毫不乱，诚为各界所佩服。"[17]

总公所的建立本是为教会复兴与发展，但由于它地处平阳县城，其地位是不容忽视的。但是，就在该公所创建之初，就已经产生内部平阳分会中间有合一的现象，因为《圣报》所登载的〈平阳耶稣教自立会总公所开落成大会记〉一文中提到在各地教会慷慨捐输，共同建造平阳总公所的时候，"惟鳌江教会至今分文未捐未知其何故也"[18]。很有可能，该公所的建立本身不得鳌江教会（即平阳总会所在教会）的支持，从此正预示了总公所将取代鳌江堂。

在俞国桢牧师〈第四次温处旅行传道记略〉中提到 1916 年 11 月 25 日再次参观平阳总公所，其中所指的"南门总堂"，可能意味着当时的总公所已经成为整个平阳分会的总堂："二十五日……三点半将至平阳北门。遥见栏杆桥上有红绸白字一长条。众皆拥立于桥上近视之。乃欢迎中国耶稣教自立会总长俞宗周牧师之字样也。众遂脱帽鞠躬。扶上岸乘轿。二童扶送于两旁。大众随行于后面至南门总堂。灯彩辉煌爆竹燃响众皆立正行三鞠躬礼入座茶点有黄君时中导引参看。内外布置整齐。中堂悬有瓯海关监督兼温州交涉员无偏无党匾额一方。其余联对。不计其数。"[19]

---

15 《中国耶稣教自立会大纲（附历年案卷、旅行日记）》，第 34-41 页。另载《圣报》第 5 年第 1 期，1915 年 1 月，第 9-10 页；《圣报》第 5 年第 2 期，1915 年 2 月，第 10 页；《圣报》第 5 年第 3 期，1915 年 3 月，第 9-10 页。

16 《圣报》第 5 年第 5 期，第 9-10 页。

17 《圣报》第 5 年第 5 期，第 10 页。

18 《圣报》第 5 年第 5 期，第 10 页。

19 《中国耶稣教自立会大纲（附历年案卷、旅行日记）》，第 42-53 页。

四、中国耶稣教自立会平阳分会布道团

平阳分会布道团的建立对于教会的"自传"来说，是一件可喜的大事。早在民国元年（1912年），平阳分会的宣道师林溥泉、范志笃曾就设立自立会布道团向平阳县金知事报告，并请求保护。平阳县知事于该年12月18日发出〈平阳县金知事保护布道团示〉[20]，全文如下：

> 平阳县知事兼管防务执法长周继善示，兹据筹募浙江温处义赈会主任俞宗周函称，平邑宣道师林溥泉、范志笃两君报告，拟就平邑设立自立会布道团，向七乡中大小村庄派人出发演说布道，其宗旨以开通民智、破除迷信、改良风俗、热心公益、培植国民之资格为目的，请予一体保护，并给示晓谕等情前来。据此，查自立会布道团，专以发挥道德、讲究人格为宗旨，自应一体保护，并出示晓谕。为此示仰该地民人知悉尔等。须知该布道团实为宣布正道、启迪民智而设，如有无知之徒有意破坏、出头阻挠，一轻警出或被告发，定即从严究办，其各凛遵毋违，切切特示。

> 民国元年十二月十八号给

得平阳县知事的保护之后，平阳分会的布道团积极到平阳七乡布道。《圣报》登载〈平阳布道团佳音〉[21]，该布道团分为两队，一队由范志笃为首的谙瓯音者，一队由林溥泉为首的谙闽音者。范志笃报告说："本布道团。本定于阳历四月一号出发。先时选定谙瓯音者七人。即鄞人。黄时中。朱信之。金志亮。苏炽卿。姜明臣。陈磋心君是也。谙闽音者七人。即林溥泉。吕信真。俞竹庭。黄和玉。杨俊卿。金丙山。吕信忠君是也。于是到城乡各自治及学校等处。报告自立宗旨。所到之处。无论自治职员。及学校校长。教员。学生诸君。均各欢迎。官厅亦委教育科科长刘次饶君。为吾自立布道团解释宗旨。且宣布爱国爱教之思想。存真去伪之要道。本团员所宣大旨。谓专制推翻。共和成立。实五千年来之大幸福也。吾侪为国民。务须竭诚爱国。热心公益。勿种罂粟。快去胡尾。消除迷信。改良风俗。为国祈祷。同归真道云云。当时来场聚听者。有千余人。六七百人。四五百人。二三百人不等。自申至晚。犹觉举手注目。津津有味。其啧啧称美者甚多。而又至各教堂听道。乐意输捐。及入团者。亦复不少云。"

---

20 《圣报》第3年第2期，第9页。
21 《圣报》第3年第7期，第9-11页。

经过几次各自出队布道之后，林溥泉总结说："总言此次与前次布道之良好机会若非我主之大开恩门乌能如是乎。所以晚与信真。论及两次布道。有三特色（一）诸绅士格外欢迎（二）闽音与瓯音。出发布道运动之方法。不约而同。令人有趣。（三）每处设场均在宫庙之戏台上。聆者如此之众多。且又消融民教和霭可亲斯。可谓特色中之特色也"。

平阳分会布道团得以稳步的发展，走遍平阳七乡，带领许多人皈依基督。1930 年 12 月，《圣报》登载〈浙温平阳中国耶稣教旅行布道团奋兴情形报告〉一文，文章报告该布道团的工作成绩："（1）出发地点。本团主任刘师云恩同姜畏三先生由林蒲桥到小南乡之大坑山墨城两处（十九年九月十九日起至二十八日止）（2）'悔改重生'。蒙圣灵感动痛哭悔改得重生者二百七十一人。（3）'誓守主日'。当场起誓愿撇世事而恒心谨守清洁之主日者一百八十七人。（4）'努力捐钱'当众立誓捐十分之一或加倍捐者四十四人。（5）'每日读经'。得圣灵之激动而知灵粮之急需，便起立志每日读经者四十二人，（6）'领人归主'。当众立志每年领一人归主者五十九人。（7）立志作工。愿全身献上当作活祭一生悉听神用者五十六人。（8）'誓戒烟酒'即折断击碎烟具而拒绝烟酒者三十一人。（9）'追求和睦'在场互相和睦或起立表示与敌求和者五十九人（10）奉献子女。夫妇同心当众起立在主前将子女献上，一生归主用者八十九人。（11）立志信道。当痛哭悔改得重生而未受洗者或新来听道今后立志信道者共七十八人。（12）家庭礼拜。立志每日设立家庭礼拜或查经班者一百零四人。"[22]

五、兴建自立会圣堂

平阳分会自创立之初，就开始着手自立会圣堂的建立，这是其自立精神的主要体现。平阳分会最早的堂产大概就是 1911 年春溪尾寺会善堂僧人开慧（本名林雪修）弃佛归耶后所捐给自立会的堂产。虽然，该堂产引来民愤与官司，但最终还是得以妥善解决。至 1914 年 7 月，平阳自立会共有分会 27 处，总会设在鳌江，除平阳县所辖的七乡之外，还涉及瑞安县、福鼎县，共有教友 604 人，慕道友 2000 多人。[23]

---

22 《圣报》第 20 卷第 12 号，1930 年 12 月，第 6-7 页。

23 《圣报》第 4 年第 7 期，1914 年 7 月，第 9-10 页。

1913-1914 年，在《圣报》报道的新堂建筑消息如下：平阳腾蛟堡分会新建会堂[24]；钱仓于 1913 年冬买地兴工建造教堂[25]；曾山脚教会建造洋式教堂落成[26]；1914 年马站教堂落成[27]。1914 年，平阳分会林湄川、范志笃两位宣教师向全国耶稣教自立会总会报告说："兹因迩来吾平自立会甚为兴旺，是故筹建新会堂者，日有所闻，如现在蒲门之马站、而钱仓、而曾山脚等处，俱系近日落成"[28]。可见，教堂兴建对于初建的平阳分会有着重要的意义。

黄时中于 1915 年在《圣报》发表〈平阳支会创办始末情形之佳报〉一文，其中统计当时平阳分会的产业及价值："自立会公有产业之价值：鳌江总教会，约值一千二百金；平阳南阳总公所，约值一千一百金；郭丰分会，约值三百金；钱镇分会，约值七百金；溪尾分会，约值三百金，田十九亩，约值三百五十金；方家坑分会，约值五百金；曾山脚分会，约值三百金；腾蛟堡分会，约值七百金；蒲门分会，约值九百金；马站分会，约值八百金；水头街分会，约值九百金；阮家山下分会，约值五百金。以上十二处共值八千五百五十金，其余二十二处均就教友之家或由典押租来者，共值五百金，均系会友历年捐建，并无西士之助。敝支会创办布道团，分赴各区演说，曾承县议会议决，由官厅拨助二百金，以资经费。"[29]

1916 年初，平阳水头街自立会圣堂奠基，该会张济世函寄全国总会，预先邀请总会长俞国桢牧师于会堂告竣之时亲临水头宏开落成大会[30]。同年，该堂"于阴历八月初六主日举行，是日也天气晴明。本会众友早已将新堂内悬挂灯彩及儿凳等，咸排列整齐。维时全港各支会男女教友，赴会者不下七百余人。洵一时之盛会焉。"[31]另外，先后有项家桥[32]、东庄卢口[33]等召开落成典礼。

---

24 《圣报》第 3 年第 6 期，1913 年 6 月，第 10 页。

25 《圣报》第 4 年第 4 期，第 10 页。

26 《圣报》第 4 年第 4 期，第 10 页。

27 《圣报》第 4 年第 4 期，第 10 页。

28 《圣报》第 4 年第 8 期，1914 年 8 月，第 11 页。

29 《圣报》第 5 年第 4 期，第 9-10 页。

30 《圣报》第 6 年第 3 期，第 8-9 页。

31 《圣报》第 6 年第 10、11 期，第 10-12 页。

32 《圣报》第 6 年第 8、9 期，1916 年 8、9 月，第 9 页。

33 《圣报》第 6 年第 8、9 期，第 9 页。

平阳自立会正会长林湄川于 1916 年农历 8 月报告该会六年来的发展及该年信徒捐资的情况。他说："溯平阳耶稣圣教当遇溪尾堂风潮簸荡之时，致一般依赖性从中阻力，冲散者实繁有徒。然而，间有数处支会会友，颇竭力维持自立会宗旨，并惨淡经营以来仅六载。于兹各支会捐款日见进步，会友日益加多，现男女会友已增至四千余人，分会亦逐渐扩充，今计有五十余所。且近来会友自新建洋式会堂者，陆续不绝……先就本年建筑捐款一节而言，项家桥新建一所，费金六百余元，江南东庄新建一所，费金七百余元，水头街新建一所，费金二千元，三门郭岙会堂，现始兴工建筑、捐输，已筹英金一千元左右，鳌山方购基建筑之际，已筹的英金一千五百元（外尚有五百元未曾捐齐约数二千元之谱）。目下宜山曾在建筑已捐集英金六百余元，象岗款筹备建筑已捐英金四百余元，万全郭庄亦筹建筑捐三百余元，此毕本年筹建会堂共有八处，总捐英金七千余元，均捐自本会会友乐助输将不特此也"[34]。

第二节　自立运动的受阻

若从曹雅直等外国传教士传教的目的来说，教会自立自然是值得庆幸的事情，但在中国耶稣教自立会平阳分会预备创立与创立之初，则很意外地遇到多方的拦阻，甚至发生了不少冲突。这些拦阻有的来自母会，有的则来自教会所在地的民众。

一、创建之初的阻碍

在未正式宣告成立之前，平阳基督徒的自立精神遭到平阳内地会西人牧师的极力反对。赴上海与俞国桢牧师会晤的平阳自立会代表俞竹庭在信中说："沪上联合。过蒙垂青。并承禀准浙抚。札属保护自立。仆当叩辞登舟。一路赖神恩佑。安抵平阳。欢报同人。不胜欣感至极。不意本处内地会。某某二西牧。出为反对。阻挡自立。同人等甚为焦灼。现经会众决议。坚定心志。遇挫弗退。遇折不回。昔摩西恃圣父之力。足可携以色列民而出埃及。众使徒恃圣子之力。足可以传基督福音于异邦。路得马丁恃圣灵之力。足可以改旧教而订新律。吾侪恃三一之合力。岂不足自立教会于祖国哉。"[35]在另一篇刊登于《中国基督徒月报》上的文章〈平阳开幕〉之中，提出西牧反对的理

34　《圣报》第 6 年第 10、11 期，第 10-12 页。

35　《中国基督徒月报》第 27 号，第 10 页。

由是："势必争分堂产"[36]。

由于内地会西牧的反对，平阳基督徒领袖于1910年农历8月4日邀集平阳七乡七十余位同志，在萧江渡支堂举行会议。会议商讨："开议问题数端。一自立之毅力。如何可达。二西人之霸产。如何争持。三挫折之猝临。如何坚进。四现时之教政。如何整饬。五捐款遇不敷。如何接济。是日灵光绕座。烛耀全群。演者如怨如慕。闻者乃泣乃诉。大获圣灵之感。各誓自立之愿。逐条议决。踊跃输捐。一时间经费有绪。垫款有人。订期再开奋兴大会。并请会总莅临。"[37]

1910年10月，中国耶稣教自立会平阳分会行开幕礼。会议气氛和谐，特邀请平阳内地会英藉传教士施恒心牧师到会勉励。

有意思的是，内地会牧师衡秉钧夫妇在1913年还在继续拦阻自立会的发展，其手段可见于中国耶稣教自立会刊物《圣报》1913年6月登载〈内地会衡牧笼络教士教友之手段〉，全文抄录，作为参考："平邑往年教会西士足迹数年未到者，今已梭巡不已，甚至委其师母往金乡水头街、前库各会堂，笼络各教友妻女等。至一处必住十余天，而之他往来作工，专防吾自立会弟兄姊妹，如防蛇蝎一般。又如，往年西教会帮助金十元者，今凑加三十元、四十元、五十元不等，以上数端不过举其大略。至于种种笼络手段，笔难枚举，且阻吾自立会教师、会友等，不准入内地会堂讲道或礼拜，亦不许内地会教友入吾自立会堂礼拜。如隔深渊、如对大敌。吾不知衡牧之所为合乎基督教之本旨否耶？寄语衡牧尽爱人如己，视敌如友，此耶稣之训语，如教友等苟能改革？无论如何皆当视为一体，况吾中国耶稣教自立会实无仇视母会，不过求自立以扩充圣道、消弭教案耳，公何不明之甚耶？岂为己不谙他省方言，睹平邑之自立，有碍于噉饭地步乎？不然须守主训毋违神诫。"[38]

二、溪尾教堂的民教纷争

1911年春，平阳溪尾寺会善堂僧人开慧（本名林雪修）弃佛归耶[39]，并

---

36 《中国基督徒月报》第29号，第10-12页。

37 《中国基督徒月报》第27号，第12页。

38 《圣报》第3卷第6期，第10页。

39 在《基督教溪湄教堂简史》中记载开慧皈依基督的缘由："三十九岁的林慧修和尚身患绝症，无法治疗，他终日忧忧不乐。可是林慧修的姐姐是一位基督徒，她把耶稣基督的福音传给他。林慧修接受了耶稣的救恩，相信耶稣是人类的救主，礼拜日到鳌江信徒家中聚会——守主日。神起首工作，使他的病得好转，以后慢慢地痊愈。"陈世其主编：《基督教溪湄教堂简介》（未刊本），2009年，第11页。

将会善堂堂产捐助给平阳耶稣教自立会，致使民教之争。在《基督教溪湄教堂简史》中记载当时双方的争执："林慧修献'会善寺'佛堂产给耶稣教，激怒了当地群众，他们认为'会善寺'堂产不是林慧修的私人财产，没有权利把佛堂产交给耶稣教。为了'会善寺'的财产，两方各持己见，争执不下。那时耶稣教的负责人林湄川和范志笃（志泉）知道这是一件棘手的问题。预料到事情可能会趋向恶化，在清除佛堂偶像那天特地召集了方家坑信徒林南照、林南彩、肖应三、肖应贵等四位拳师以应不测。当时当地群众以人数居多力量大，个个气势汹汹、摩拳擦掌，双方便发生了一场武斗。甚至住在横溪的信徒徐启仁、徐启义两人也站在耶稣教一边勇敢参加。这次武斗的结果，耶稣教信仰人数虽少反而获胜。但仍然有不服气的人，谋划用火把'会善寺'焚烧了。范志笃等人抓住时机，呈请调解。"[40]

该文所载的武斗情形是否属实，《圣报》所载资料中只字未提。另外，该案曾引起内地会英藉传教士衡秉钧牧师的注意，他曾趁机致函平阳县令以图收回自立会教权，信中也没有提到武斗一事[41]。

民教之争集中的问题在于弃佛归耶的和尚开慧是否有权将堂产捐助给自立会。就此，俞国桢牧师给平阳县王大令的信中可知其原委。该信全文为："兰荪仁翁明府大人阁下，谨启者，前奉芜函谅蒙赐览。兹接平阳自立教会执事等来函得悉，仁台于十二日，亲往踏勘不胜感激。捧读台谕，亦甚钦佩。该堂果系地方公物，应作地方公产，开慧一人何能擅主？惟据该堂业主周粹栋、周成光、周寿仁等声称，是堂系周氏家庵，且为地方绅士所公认。当助与自立会时，均有笔据可凭。仙坛寺僧诬称前朝勅建，何以平阳邑志，并不载明？况果系公物，平阳绅学各界，亦应早与开慧有言。学界设学、劝学总董姜会明君，更可不必向自立会乞借，乃绅学各界均认为周氏己业。独仙坛寺僧不知业各有主，妄想僧寺僧得出而妄为，亦属太无礼法。若开慧入教系为抵制地方起见，弟已有函专致自立会执事，令伊体察开慧入教缘由，及信道后情形报告前来，一面示以民教一律之宗旨，必不任开慧妄思抵制，以坏自立会之名誉也。惟此事当经黄陈数君理处明妥，则仙坛寺僧人凶横妄为，断不能姑从末减也，专函奉达顺请升安。弟俞国桢顿首。"[42]

---

40 陈世其主编：《基督教溪湄教堂简介》，第12页。文中"溪湄"中的"湄"字温州话与"尾"字同音；"林慧修"指的就是开慧。

41 《圣报》第5期，1912年1月，第9页。

42 《圣报》第1期，1911年9月，第6页。

在双方僵持不下之时，当地乡绅姜会明、陈毓琦出面于 5 月邀集平阳县 19 处自立会的司事共同磋商[43]。磋商后达成〈溪尾堂产协议草案〉，全文为：

溪尾堂产协议草案[44]

一、溪尾堂舍遵照前批拨归自立会改作教堂。

二、此案议结后，由原理公人禀请县宪谕令，本区公正绅耆集款募捐另建僧寺、招僧住持、兼办该区学堂。

三、堂产除交管印册内所载，民田二十五亩七分五厘照数归还地方外，再由公人捐助洋银，向自立会顶来租田八亩半拨充地方，新寺住持供奉香火之需，余田均拨助自立会。

四、本年二十五亩七分五厘之田，除收租田外，既由自立会雇工种作，碍难半途退还公议，自种之田本年暂由自立会每亩认交租谷一百觔，充作地方公用，冬下退还地方收租管业，札种田八亩半，亦于冬下顶归新寺住持承种。

五、周阿栋、阿保二人已与地方不洽，嗣后不准住持该堂。

六、堂边余地如何分划，应查照陈黄二绅原议，候县宪勘明界。

七、该堂屋宇田产让归自立会后，自立会不得转让他人及其他教会，将来自立会如果不愿承管此项产业，仍应归还地方办理公益事宜。

八、自立会成立后，各乡当公举名誉赞成员，以协助之。嗣后遇有民教交涉事件，应先由名誉赞成员协议和解以调和民教。

九、归还地方之二十六亩七分五厘寺产公议，变卖十六亩七分五厘充作新寺建筑经费，留田十亩及租田八亩半作新寺住持香坛田亩以全香火。

十、此约俟禀县夺准后，应由该案经承另缮二纸，呈请盖用骑印，分给双方各资信守。

宣统三年五月日调理公人议订

蒲门教堂司事林湄川

水头街教堂司事俞筠

南河油车坑教堂司事同前

---

43 《圣报》第 1 期，第 5 页。
44 《圣报》第 1 期，第 5-6 页。

显桥教堂司事同前

凤卧教堂司事同前

扬美教堂司事吕体道

清街教堂司事同前

大施教堂司事同前

腾蛟堡教堂司事林识真

下溪教堂司事同前

林家吞教堂司事同前

萧江渡教堂司事周成光

方家坑教堂司事萧声和

铁仓教堂司事苏更生

老河前教堂司事柯立苏

朱家斗教堂司事朱德铭

大鳌头教堂司事范志笃

平阳东门教堂司事姜铭臣

闹市教堂司事吕体道

该协议得平阳自立会的支持，被邀的 19 个自立会教堂司事纷纷签名赞成。但溪尾地方民众不久后再次翻变，在某礼拜天进溪尾堂闹事并驱逐正在礼拜的信徒。后来平阳自立会黄时中出面邀请乡绅及长者集中溪尾堂另议订约，得乡绅、代表签字认可，该约共十三条。而驱逐信徒一事，宜山乡绅陈锡琛（小垱）认服罪酒一席以息事宁人。[45]另外，内地会西牧衡秉钧恢复教权的企图[46]，一方面被平阳耶稣教自立会反驳[47]，另一方面平阳县令对于内地会衡秉钧的函件也不预理会，只婉言作出批示说："案经众绅再四协议、苦心调停、业已明定。议约自立双方遵守。本县已将原案具言文详覆，无论何造不能听其翻变。至内地会来函云云，措词用意重在保全彼教名誉，似尚未悉兹事始末，当先由县详细审覆。此后之事，不必徒为口舌之争，全赖会中人好自为之，勿令外人有所藉口也可。"[48]

---

45 《圣报》第 3 期，1911 年 11 月，第 8 页。

46 《圣报》第 5 期，第 9 页。

47 《圣报》第 6 期，1912 年 2 月，第 6-7 页。

48 《圣报》第 6 期，第 6 页。

俞国桢牧师于 1912 年农历五月五日至六月十日到平阳旅行布道之时，于六月初一，在方家坑教会为林雪修施洗。俞国桢牧师在其《行道记略》中记载："林雪修年四十一。闻道二载。此即溪尾寺开慧僧人也。前在溪尾寺有田四十八亩。长工二名。佣工一名。居然主人翁也。今寄寓方家坑堂中。种田三亩半。苦守度日。信道中不可多得之人。"[49]后于六月初二到达溪尾堂，俞牧师描述该堂的情况："初二日早。雇小舟二十里至溪尾堂。即开慧僧所居之庵基也。四围丛林修竹。环以溪水。幽雅非凡。真修行者之乐境。前年为此案费许多周折。兹不具述。蒙全能主之恩典。案已断结。泰然作主圣堂。上写篆文匾额曰去假归真。下悬联对曰印度传僧。疆域今归英吉利。安南事佛。版图久属法兰西。又联曰菩提树结成无花果。青莲池辟作葡萄园。"[50]

三、宜山教堂的堂产之争[51]

平阳自立会在创建之初，西牧施恒心虽到开幕现场支持自立并发表演讲，但并未得温州内地会衡秉钧牧师的同意。后来，衡秉钧屡次出面干扰，甚至导致堂产之争，其中最为明显的就是宜山堂产之争。

1916 年农历 4 月 20 日，宜山部分内地会信徒在宜山教堂召开自立会成立大会，信徒及来宾约有三百，宜山乡绅陈筱垞到场演说。然而，内地会衡秉钧牧师得获悉后致函瓯海交涉员控告自立会仝人为结党分争、毁坏教规。宜山自立会陈峄琴在〈创办宜山自立会记〉一文中追溯其过程："丙辰夏。宜山信徒。闻自立之风。不啻木铎警众。一旦被圣灵之感。翻然自悟。憬然自觉。热心奋志。组织自立。欲将该堂改革之举。来商于余。曰。吾平各会。均已正式自立。而本会可不步其后尘乎。言未竟。骤见一人复告我曰。不若全体。咸认自立。较为欣幸。细视之其人非他。即内地会司库何君涛秋也。于是遂决其议。邀教友亲往平阳自立总会。请职员姜君鸣琴等。于四月廿日开成立大会。信徒及来宾计三百许。且来宾中有陈君筱垞等。演说自立之趣味。姜君鸣琴等。宣讲自立之宗旨。闻者不胜欢赞。至下午四句钟。欣然散会。讵料内有无耻之徒。依赖性成。被陈日铭之唆惑。讨求西教士衡平君。函致瓯海交涉员。诬控余等。结党分争。毁坏教规。谬不堪闻。余也素仰西教士之

---

49 《中国耶稣教自立会大纲（附历年案卷、旅行日记）》，第 32 页。

50 《中国耶稣教自立会大纲（附历年案卷、旅行日记）》，第 32 页。

51 宜山镇现属苍南县。

道德。不料其外蒙羊皮。内含狼毒。且官厅又受其诬。果于廿六日。派队长刘君捷三。及警队十余名。偕西教士。至宜山破坏自立。盖欲一网打尽。以为快也。保罗有言曰。圣徒相争。当以圣徒判决。断不以不义人审之。(哥林多六章一二节)斯言也。若辈岂不知哉。岂不知哉。呜呼。彼牧师也。不以圣经而行。安得令其教师教友。不骄矜自傲者乎。奚怪是日。若辈自恃自傲。莫可言宣。至晚。队长等召吾侪集议该案。余曰。向者建筑该堂之费。由教友筹之者。十分之七。牧师助之者。不过十分之三。而今以全堂产业。均畈牧师己有者。此余等所不解也。彼西教士聆之。乃默然无语。惟刘队长曰。琴君乎。自立会诸君乎。鄙人虽不才。尚有一言以作忠告。夫内地会者。基督教也。自立会者。亦基督教也。是乃耶稣一脉。一体同胞。岂可同室操戈。贻笑外人乎。况贵教会之宗旨。鄙人犹知一二。其大纲系共和民教。消弭中外交涉。且西教士来华。乃宾客耳。君即让之。何不可之有。众善其言。后归于俊卿家。再三斟酌。重建会堂。竭力经营。毅然前进。皆以救人救世为己任。"[52]

内地会衡秉钧牧师致瓯海交涉员冒鹤亭(广生)的函件内文为:"敝教在平阳各村镇设立教堂传教和平并无意见。讵料前清宣统二年,有本会教民一、二人,不服教规,出会另组自立名目。前因敝会庚子年闹教良莠不齐,因受池鱼之殃,特在上海开全国百年大会。嗣后遇有教民口角、词讼等情,只许理息、不得干预,但不守教规教民不服此议,特行出会自立,各行其是。当自立会初设,敝会已有数处姑许占让,均有契据可凭。孰意现在平阳廿五都宜山地方,复有不安分教民数人,特在礼拜堂改为自立。如二三人愿出本会,固属无从勉强,惟不得逞凶霸夺。恳饬平阳县知事,谨速示禁存案,悬贴教堂,以清界限,各管各业,均凭契据,不得侵占分毫等语前来,仰即示谕弭患无形等因。奉此合行出示晓谕,自示之后,仰即遵照毋违,切切特示。"[53]

平阳自立会林溥泉连续三次致函瓯海关一一作出反驳。在第一封函件中,林溥泉认为衡秉钧的函件所陈是污蔑自立会名誉。针对"本会教民一、二人,不服教规,出会另组自立名目",林傅泉反驳,特别指出平阳自立会的设立并非不服教规,而是通过内地会牧师首肯,且得官府立案保护的。文称:"溥泉信道多年,恪守教规,安分可查。每阅报章载有某地闹教风潮,演成辱官割

52 《圣报》第7年第10期,1917年10月,第9-10页。
53 《圣报》第6年第6、7期,1916年6、7月,第8页。

地偿金诸悲剧，呜呼，官国民之父母也，地国民之土地也，金国民之膏血也。闻之伤心，见之酸鼻。具有国民之资格者，莫不痛哭流涕者也。夫自立会宗旨纯以弭中外交涉、挽回教权、保全国家体面为目的。初始于上海，继则遍行于各省。溥泉闻风向慕，于宣统二年间，会集全体教民，实行自立。金请内地会西施牧恒心先生首肯后，方敢约期函请上海中国自立会总会长俞国桢牧师，与西施牧同往鳌江礼拜堂，开平阳自立会成立大会。西施牧曾经登台演说，竭力赞成褒奖，演词尚在，另日抄呈一面。禀请浙江抚宪增通饬道府县立案保护。迨民国成立，又承中央政府继续保护，各在案附呈，政府保教明文汇刻。希请察阅。"[54]

针对"前因敝会庚子年闹教良莠不齐，因受池鱼之殃，特在上海开全国百年大会。嗣后遇有教民口角、词讼等情，只许理息、不得干预。"林溥泉说："然自立会各词早已发现于庚子之前，且西人传道来华不得干预词讼条约，载有明文，稍有知识者莫不皆知，何待在上海开百年大会后而始有此议乎？况平邑自立会成立已有七年，除地民勒派教民迎神赛会诸费外，绝对不以自立会名义要求官厅请饬查案。"[55]

针对"当自立会初设，敝会已有数处姑许占让。"林溥泉反驳："然思中外强弱势力殊悬，辱官割地偿金，国家尚且忍泪吞声。何况区区自立会，岂敢出头与其争产哉？查平阳全县教堂，均系本地教民集资建筑，外人所佽助者，不过十之一、二或十之二、三。如金乡殷云溪先生，愿将老当店全部送为礼拜堂之用，约值二千余；金钱仓兴国寺改为教堂，值洋一千余元。此皆完全华产，其契据悉存外人之手，何也？盖因当时常有闹教之风，而自立会正在萌芽时代，故各处集资建造之堂宇各契约送存上海内地会。原冀免意外之虞，初不料有今日之把持乎？"[56]

针对"在平阳廿五都宜山地方，复有不安分教民数人，特在礼拜堂改为自立。如二三人愿出本会，固属无从勉强，惟不得逞凶霸夺。"林溥泉反驳："因该堂亦是集资而筑，缘有不识文义、不明道理蔡协周，前在瑞安曾被教友在西人面前控指十三条劣迹，彼乃不容于瑞邑。今仗西人强欲滥竽于宜山教堂。故该堂多数教友将请求衡西牧更调蔡某。讵料此日内地会西人均不在平，

54　《圣报》第 6 年第 6、7 期，第 8-9 页。
55　《圣报》第 6 年第 6、7 期，第 8-9 页。
56　《圣报》第 6 年第 6、7 期，第 8-9 页。

于是各教友迁其目的，希冀自立。爰于四月十九日即礼拜六特县公函来请敝会派员代为宣讲，溥泉于四月二十买舟前往该地，且试视各教友自立之心理极承。本地巨绅到会演说，竭力提倡自立前途。敝会既为全县自立会机关，焉能摈斥不与联络？至下午四时散会，随棹而归，并无行李器具等存放其堂。"[57]

在第三封函件中，林溥泉报告原宜山内地会 80 多位（占 80%）主张自立的信徒放弃宜山内地会教堂而暂借民房聚会的情形，并期望瓯海关、平阳县给予恢复自立会名誉。他说："缘宜山教堂全体教民仅百余人，其热心于自立会者约有八十余人，意欲与内地会办正当交涉。溥泉深明中外强弱以国势，如此无可奈何，一经起诉必致官厅为难，且与自立会弭中外交涉之宗旨未宜。故溥泉力持利害大势，以晓明之一面，婉言相劝云：如果有志自立，何必争此区区产业，致伤睦谊，但愿各存众擎易举之心，不患无另外购基建筑之日乎？然此处教堂已受外人愚弄，彼巧以百数元饵我六百余元之产业。总恨当时知识太低，致有今日之吃亏。第既失守东隅，尚可守之桑榆。吾辈信道须以忍耐谦虚为先，深望诸同志其各勉之该教民等。经溥泉再四劝慰，始肯借用民房，暂为礼拜之用所。最难堪此者日八十余人聚集礼拜祷告时，惟闻哭泣之声。恳求 救主佑我中国国势富强，以免被欺于外人。溥泉心非木石，亦为同声悲泣。凡此情形业经平阳县知事派饬刘队长连升前往该处弹压查勘所目击者也。现宜山教堂虽已和平解释，而敝会无辜被诬各情，尚恳 先生设法昭雪。迅饬平阳县知事出示恢复名誉，以慰 吾等自立会四千教民之众心，是为祷切也。"[58]

面对双方的争执，瓯海关交涉冒广生于 5 月 31 日致函平阳自立会，肯定自立精神，并提出与内地会和睦的劝勉。他说："贵会之宗旨，纯以弭中外交涉为目的，良深钦佩。今以意见稍乖与内地会，偶有冲突。然同在耶教，尚望力主和平，藉敦睦谊。"[59]7 月初，平阳自立会林溥泉与黄时中到瓯海关与交涉员冒广生面谒[60]，瓯海关于 7 月 12 日特赐匾额"无偏无党"以彰自立会之纯正[61]。

---

57 《圣报》第 6 年第 6、7 期，第 8-9 页。

58 《圣报》第 6 年第 6、7 期，第 10 页。

59 《圣报》第 6 年第 6、7 期，第 9 页。

60 《圣报》第 6 年第 8、9 期，第 6 页。

61 《圣报》第 6 年第 8、9 期，第 7 页。

　　放弃原宜山内地会堂产之后，平阳自立会在宜山另外购地鸠工建堂。该堂除全体自立会信徒捐资之外，还得当地尚未皈信基督的乡绅民众的捐助[62]。遂于第二年农历 4 月 21 日召开落成大会[63]。《中华基督教会年鉴》刊载，7 月 12 日 "平阳耶稣教自立会荣誉。该会为中国耶稣教自立会之分会。信徒日增。教誉日隆。蒙浙江瓯海关监督。兼温州交涉员冒广生君。赠以匾额。其文曰 '无偏无党'。"[64]

第三节　自立事业的兴起

一、兴办实业

　　平阳自立会创立之初，面对极大的经济压力，因此大力开展教会自养是很重要的工作。在 1912 年 6 月的《圣报》中登载一则〈平阳通信〉，描述平阳耶稣教自立会创办实业之举。信中，林溥泉（湄川）报告在平阳蒲门有四百多位自立会信徒，他们 "提倡实业为自立之基础，去年创办畜牧公司，今岁又续办染织学校，诚不愧为自立者矣。"[65] 很明显，这正是在强大的经济压力下，平阳蒲门教会全民参与教会自养的举措。

　　林溥泉于 1915 年追忆蒲门城的一位实业家，即金丙山先生，详述其在实业方面的贡献。金丙山，蒲门人，曾任平阳耶稣教自立会的书记员。约于 1911 年，在出外布道时，先被人抢劫，后又被拐骗。辗转上海时，在旅店邂逅一位湖南人袁镇国，得知此人专门研究牧畜，回平阳蒲门之后，蒲门自立会中集资开办养鸡牧畜一事。第二年，又转办织绵学校，不久改良为染织公司。民国成立之后，金丙山办实业之举得教会内外的赞赏，选立他为蒲门自治局总董、农会会长及蒲门自立会会长。[66]

　　1912 年农历五月五日至六月十日，中国耶稣教自立会总会长俞国桢牧师赴平阳分会旅行传道，在其〈行道记略〉中介绍有关蒲门自立会的情况："十

---

62 《圣报》第 7 年第 10 期，第 9-10 页。

63 《圣报》第 7 年第 9 期，1917 年 9 月，第 11 页。

64 中华续行委办会编，《中华基督教会年鉴（第 4 期）》，上海：广学会，1917 年 12 月，台北：中国教会研究中心、橄榄文化基金会联合出版，1983 年 3 月重印，第 22 页。

65 《圣报》第 10 期，1912 年 6 月，第 9 页。

66 《圣报》第 5 年第 10 期，1915 年 10 月，第 9-10 页。

八日……下午四时半方至岭下。蒲门公会领袖林溥泉君。率会友十余人。出埠十里至马站迎接。……上轿至蒲门。晚膳后开会讲道。来宾三百余人。外教人居多。……教堂新近乘虚而入造。其费均出自教友。楼上圣堂。专拜神之。楼下染织实业公司。上午开实业学堂。教授生徒。下午织各色之布。有机六七座在焉。染坊在街上开设。营业颇好。在南关海岛。又有畜牧公司。惜无眼一观。"[67]这种全民从事实业的现象，相信不但是解决了当地教会的经济需要，同时又成为当地信徒致富的一个途径。

在平阳分会中，蒲门只是一个比较典型的案例，由于林溥泉为当地的宣教师，就将其现象登载于《圣报》，但在平阳各地的教会中应该普遍开展实业。林溥泉在 1924 年记念逝世的同工吕信真教师时，曾简要叙述他的生平，其中提到他也曾多年从事实业，但可惜的是屡屡失败。

吕信真教师原是内地会信徒，与林溥泉、范志笃等人同为平阳自立会的发起人。在俞国桢牧师第二次旅行宣道时封为闽音宣教师，历任北港水头街、福鼎前岐等堂传道。1917 年，全国自立大会于上海召开，吕信真被推举为中国耶稣教自立会董事，后调入蒲门堂为主任[68]。1923 年，与林溥泉牧师一同被派至南洋一带劝募建筑上海总会永志堂之资。在新加坡自立会中，他邂逅福建同宗吕砥山长老。吕砥山特聘他为福南园植物公司总经理一职。但在一次出差时，于 1924 年农历六月廿四日，在海上堕船溺水而亡。[69]终年 51 岁[70]。

二、储金社

储金社是平阳自立会的特色自养方式。该会于 1916 年初[71]由黄时中、林湄川、姜鸣琴等创立，由时任平阳全会总务部长黄时中负责。张济世曾撰文〈论储金社能巩固自立教会之根基〉，详细论述储金社的创办缘由及其对平阳自立会的重要作用。他首先介绍储金社的创设方法："册立一千二百五十人为小团。二千五百人为全团。每人输金一大圆。以购公产。输一小圆以赙丧葬。其中抽十分之四。以助传道。"[72]按此，我们可以看到储金社的创设对于教会

---

67 《中国耶稣教自立会大纲（附历年案卷、旅行日记）》，第 25-33 页。

68 《圣报》第 12 年第 3 期，1922 年 3 月。

69 《圣报》第 14 年第 1 期，1924 年 1 月，第 15-16 页。

70 《圣报》第 14 年第 2 期，1924 年 2 月，第 17 页。

71 《圣报》第 6 年第 10、11 期，第 10-12 页。

72 《圣报》第 6 年第 8、9 期，第 5-6 页。

硬件的兴建，对会员家庭的助益，对教会福音传布的推动，有其积极的作用。

因此，张济世肯定储金社的作用，说："苟笃信基督稍知自由之大义者。莫不曰储金社。是教会中人群之团体也。是教会中自治之基础也。果能卓立不倚。坚立不废。则我会中不必藉他山之助。用之无尽。取之不竭也。曷故。观夫布道者有储金则身俸充足登山涉水往返不患其无资谢世者。有储金则丧死无憾。棺椁坟茔葬礼不患其无备。他如西人赖海陆军医院济贫院瞽目院养老院以及大小学校储善事业。异日我之自立会何莫非由此储金公产生生不已。蓄积丰富。有以玉成之也。猗欤休哉。自立会有此善策。教会安得而不兴。自立会有此良谟。福音安得而不普。自立会有此种保护维持之策。根基何患而不固。诚如是也。"[73]可以肯定，储金社集众人之力，积攒财力，必然大力推动教会的发展。

最后，他在文中向众信徒倡议积极加入储金社，说："为问乐善不倦之人。受圣神所感动。欣然输自镪以入社。今生既福利无疆。来世尤幸福无量。谓储金于地上乎。抑储金钱于天仓乎。吾愿同人各宜苏醒。踊跃争先。以为未入社者。勖慎毋半途而废。致贻旁观者有有初鲜终之诮。由是储金社之作。前唱后和。立一社复有一社以相应。继继绳绳。往者过。来者续。不数十年。流传于中国。凡有未自立之教会。皆仿而行之。何难使四百兆同胞。如兄如弟。化国为家。熙熙焉。皞皞焉。相与舞抃而歌。共奏大同之盛治也哉。"[74]很明显，对于张济世来说，对储金社的前景非常乐观，甚至认为它可以被推广到各地教会，对于教会自立大有裨益。

但创办储金社的教会领袖们，万万没有想到，如此大为看好的储金社，其实并不能如理想般发展，更不用说如张济世所形容的"共奏大同之盛治"。在创办三年之后，储金社在经济上亏空超过二千元，遂黄时中于1919年致函中国耶稣教自立会提出辞职，建议由范志笃接任。他报告当时储金社的情形是："酌就办法。一呼百应。组成名数。将达至千。讵知入社者良莠不齐。百弊丛生。办至三年。亏空大洋八百元。（已经开过清算大会）担负债务愈重。兼之此五年所拆之官利。约共亏空二千余元。以当年之存心。原欲鞠躬尽瘁。死而后已。讵料于民国七年十一月三十日。传集全体教友。以负重债项。无力进行会务。"[75]

73　《圣报》第6年第8、9期，第5-6页。

74　《圣报》第6年第8、9期，第5-6页。

75　《圣报》第9年第8期，1919年8月，第9-10页。

然而，黄时中在经济亏空而引咎辞职之时，还不忘因储金社而带来的教会事工的复兴。他说："虽我一人似此亏空。其全体在传道事业上之进步。其成绩大有可观。计此民国四年至今首尾五年。各乡同人努力建筑会堂。并租赁大小共五十二处。值银不下三万有奇。为主作工不谓不力也。同负重轭者。不乏其人也。各皆以我主为我舍命。"[76]

三、兴办学校

兴办学校是平阳耶稣教自立会自立精神的又一实践。该会十位全人自立运动第二年（1911 年），就率先在萧江渡自立会堂兴办男女学校。《圣报》登载该校办学的"序文"，详情如下："基督教者。所谓有过相规。有善相勉。普济君生。万物皆我。助人为善之宏道也。而吾民识见浅鲜。目前异端。民教相仇。屡起冲突。我同胞犹酣梦如故。窀窀无知。蛊国之祸。莫此为甚矣。今欲求民教之相和。以塞祸水之来源。莫不以教会自立为定论也。故近岁以来。国民醒悟。攘臂而起。大声疾呼。共谋自立。其自养之心。自治之念。勃然而发。油然而生。奋兴学校。整顿社会。诚吾民前途之幸福也。故今岁同人等于萧江渡自立会堂。附设精通蒙学。男女两校。翼临左右。形式焕然。男生四十八人。男教员三位。分办三级。均在东厢。女生十四人。女教员二位。分办二级。皆在西厢。其一切规模程度。均仿官立定章。筹款一节。听同志乐意输助。其旨在乎拯我国民于水火。登之衽席。培植子弟之才德。改良社会。革依赖之旧风。树自立之新基。聊尽信徒之义务。以完国民之资格耳。"[77]

该"序文"明示学校创办的缘由，相信与自立会摆脱外国差会控制，开启国人民智，实行教会自立，改良社会旧风等息息相关。

1919 年，平阳自立会两位会友陈进意、董尚雅与地方领袖张合县、温清佑、陈步美等，在江南乡小渔村（今属苍南县）组织大光国民学校。学校教员吴懋业报告该校组织详情："江南小渔。距金乡十里许。是地背山面海。景色清幽。居民约有百余家。耕种少。而渔鱼为业者多。第以人心腐败。民德堕落。风俗浇漓。已无过于此。进化呆滞。礼教不修。作奸犯科之徒。时触眼帘。蔑理丧心之事。喧腾于耳鼓。推原其故。无提倡教育之良否。幸客岁。本地会友。陈君进意。董君尚雅。并地方领袖。张君合县温君清佑陈君步美

---

76 《圣报》第 9 年第 8 期，第 9-10 页。
77 《中国基督徒月报》第 30 号，1911 年 4 月，第 9-10 页。

等。热忱组织学校。欲移风易俗。开导民智。以达补救之方。遂以宫殿为校址。招学生数十人。聘请万全叶松庭先生为校长。又聘陈志平先生为教员。叶陈二君。教授有法。管理有方。对于学生感情尤颇融洽。亦可谓地方人称许云。今年春。业由清江学校聘请至此。曾任校员之职。今已阅半载余矣。校中一般子弟。都遵守校规。信仰耶教。亦颇热心。余与教职员等。每日未上课前。全校学生先行礼拜式。敝校内中设立小子勉励会。小子主日学。并德智体群四育。使儿童促进门径。储国民资格。为急务。亦叶校长之感动。更有进步学生数十人。每次勉励会捐钱百余文。购圣经。颂主圣歌。教授。培其道德。指引幼童。渐臻永生之域。并唤起一般少年。爱国热忱以祈发达主道。则学生道德日益高尚。智识日维新。品行日益修进。此种效果。皆蒙上主祝福。虽然。仍祈主恩沛降。俾此学校。日进步也。本校学生礼拜。缺欠圣诗教职员。同全校学生祈祷求主赐恩遂函请上海中国圣书会。大英圣书公会赠送圣诗事。二会无有不听。中华圣书会赠送圣经事迹一千张。有一英国童子储蓄英洋。投入大英圣书公会愿以帮助中华童子。适敝校函至。送新旧圣经十二本。业在金乡邮局接到。无极欢欣。归与众等祈祷。谢谢上帝祝福的大恩。然主赐非鲜浅哉。时教职员坐论校务。欲建筑学校。捐款无所由出。忽然而触见一岛孤立海中。在小渔海口外。现无人居住。此荒岛俗名官山。草木繁多。生长最易。敝校将该山。向政界报购。知事出示准本校开垦。永远管业。前缴地价二百余元本春栽插松树长已尺余现招工人开垦栽种。创办实业。以出利之款。备将来兴工建筑。学校。并教堂。敢望海内同道诸公。代祷为幸。"[78]

四、人才培养及神学教育

　　人才培养可谓是教会自传工作的前提，更是教会自立的必要手段。平阳自立会创立之初，不少传道人原是平阳内地会西牧所培养。为解决"稿多工少"之现状，1915 年农历六月初十日，平阳自立会召开为期一月的圣经研究会[79]。

　　1917 年 12 月，范俊楷在《圣报》记述说："窃以教会之扩张。必赖乎人才之荟萃。人才者。维持教务。有以固教会之基础也。譬之建屋。欲其栋宇

---

78 《圣报》第 10 年第 12 期，1920 年 12 月，第 15 页。
79 《圣报》第 5 年第 7 期，1915 年 7 月，第 6-7 页。

恢宏。必注重乎基址。基址坏。则栋宇终致倾覆。根基固。则栋梁不致动摇。是理所当然。无可议者。推之教会成立。"[80]范俊楷记述俞竹庭在马站创立蒲乡夏令联合研究会，于 6 月 15-30 日举行，详情如下："俞师竹庭。为我蒲乡一部之会长。热诚宣道。欲为教务之进行。思蒙养圣工。必持乎始基之巩固。而后圣道可以扩张。故再四筹维。遂联合蒲城。前歧。矾山。赤溪。马站。各教会。复敦请中学肄业员。温君竞高。及詹君启明。牺牲时光。大施教育。以为全部各会倡。乃组织一会。颜曰蒲乡夏令联合研究会。拟定六月十五日。至三十日为学期。假马站教会为会所。是日届期。詹温二位教员。跋涉而至。愿为圣道效劳。各学员赴会查经。如械朴作人。有多士济济之气象焉。逐日参观旁观者。亦络绎不绝。此皆俞师道德照人。与各教员教授之得法。殊令人莫不倾心向慕也。每日教授七点钟。上午讲台驳道。温君任之。下午四福音。俞师任之。又圣诗及保罗书信。乃鄙人滥竽之。夜间通俗学校。及尺牍。詹君任之。而女界所有之功课。范会长树德任之。此次聚会。虽历二旬日之久。曾无片时稍懈。愈见精神百倍。毅力坚持。口讲指画。务使人人脑海。深入其境。而得引导之善法也。故缙绅及新学之子弟。来会参观者。莫不啧啧称美研究会之成立。以补助教会。正所以为将来教务之效果也。"[81]

1917 年 8 月 21-23 日，平阳耶稣教自立会分会黄时中发起义务传道员考试[82]，有十五人参加是次考试，《中华基督教会年鉴》记载："平阳耶稣教自立会分会考试义务传道员。发起者。为黄时中君。与考者。林廷卿。叶礼卿。陈杏园。周复源。陈子仁等十五人。考试课目。有说文题旨。经义。演喻。训词。手法姿势。声音形容。圣经历史。地理诸端。为期三日。由评判员评定甲乙丙三级。分奖有差。"[83]

1947 年 9 月，平阳耶稣教自立会为培养教会侍奉人才，创立学道院一所，称为"平野学道院"，该院于农历八月二十日正式开学。[84]

---

80 《圣报》第 7 年第 12 期，1917 年 12 月，第 7 页。

81 《圣报》第 7 年第 12 期，第 7 页。

82 《圣报》第 7 年第 11 期，1917 年 11 月，第 10-12 页。

83 中华续行委办会编，《中华基督教会年鉴（第 5 期）》，上海：广学会，1918 年，台北：中国教会研究中心、橄榄文化基金会联合出版，1983 年 3 月重印，第 38 页。

84 中国耶稣教自立会全国总会编，《圣报》（复刊后第 3 期），1947 年 12 月 10 日出版。

第四节　平阳分会的发展

一、平阳自立会退修会

平阳耶稣教自立会在创立后的首十年，可以说是教会自立运动的最高潮，平阳七乡共建分会六十余处，会友达六千余人[85]。到 1920 至 1930 年代，该会进入稳步发展时期，同时也因基督徒聚会处的传入而使教会陷入分裂的危险。1930 年代末期至 1940 年代，因为林湄川、范志笃牧师相继去世，平阳自立会陷入内忧外患的危机。

在平阳耶稣教自立会中，每年都会举行一次退修会。1926 年 6 月，中国耶稣教自立会《圣报》登载〈浙江平阳自立会在退修会中进行之事二〉[86]一文，报道平阳自立会中有关组织"修养院"、"传道部"、"藏书楼"、"家庭改良社"等事项，并将各项"章程"公开发表。

修养院，全名为"平阳中华基督教修养院"，其宗旨"为热心传道及服务教会与虔心教友至老而无倚者抑或中途遇迹无所依赖者经部员介绍均可入院修养"。该院院址在平阳九都的大康山上。初始经费是由几位热心同工捐助，如范志笃牧师乐助大康山二岗院所一座，民田十亩；吕玉田先生乐助民田八亩。后在退修会中议决常年经费每年向长工传道（全时间传道）募集而得，要求每位传道每年捐出薪金的百分之二以充经费，其他则鼓励乐捐。每位传道长工为当然部员，并由部员选举正院长一人、副院长一人、会计一人、司库一人、文牍一人，任期二年，连选得连任。

传道部，是平阳自立会为规范传道队伍的有效举措，特别是为各堂长工传道而设。该部部员均为传道员。传道员资格为"凡受洗礼后确有传道经验者或曾任助工三年者经牧师认许者方可膺任。"传道员均需经传道部议决，请牧师给予证书。初任传道员者，先由各乡小总会认许，方可给予证书。传道员若是违反会规，当即除名、追还证书。各教会聘请长工传道，必须经过总会认许方可。受聘传道员的薪金一概由教会长老、执事负责，需要按月发放。传道员任期以二年为限，若有优良的传道员，该会强留可以续任。每年夏令的退修会，各传道员要求一律出席，所在教会需要给予支付津贴，若不到会则由总会向他扣除薪金。

---

85 《圣报》第 30 年第 1 期，第 9-10 页。
86 《圣报》第 16 年第 6 期，1926 年 6 月，第 16-19 页。

　　藏书楼，是"以启迪智识开化人心使社会变为基督化目的附设贩卖部以便会友购买书籍"，地点设在平阳鳌江自立总会内。经费由各乡支会每一位董事捐大洋一元作为资本金。购买中外历史、文学、常识、科学、哲学、伦理学、神学、名人著作、报章杂志、圣经注解、讲义、典林、辞源等书籍。每日从上午八点至十一点，下午一点至五点为借阅时间，每人限借一本。藏书楼还附设贩卖部，专卖赞美诗、礼拜单、传道派单、新旧约圣经及基督教之各种阐道书籍。

　　家庭改良社，该社创建的缘由为："近日教会虽形发达或有人相信不过一代推其原因实于家庭教育及婚姻种种不良之所致也"。由各乡支会传道或长老、执事负责。先由各支会长老、执事等详查信道人家，分为甲乙丙丁四等，以全家相信者为甲等、以半家相信者为乙等、以二人相信者为丙等、以一人相信者为丁等。内容分为家庭礼拜、男女婚嫁、违法婚姻等三项。家庭礼拜，由各乡支会传道先生于所辖境内，每晚照家数次序轮流礼拜，为传道师宜预先划定某晚于某家内做勉励会或祈祷会，以资鼓励。男女婚嫁，"各乡支会宜先查童男童女若干年龄几何及何等资格是否相配，又宜各乡举一证婚人，专管将及笄之男女灵通消息，以便撮合姻缘，庶免与外人联姻，致生信仰阻碍。倘教友中之男女资格不配，必须择外教人者，宜规定勿违教会宗旨，勿从物质风俗，使魔鬼不得乘隙而入"。违法婚姻，"凡受洗礼进教之会友，已娶一妻又娶一妾者，停止圣餐。又如娶有夫之妇，经众相劝而不听者，亦停止圣餐。"

二、与其他派别的纠纷

　　平阳耶稣教自立会与内地会之间的纠纷，从该会建立之初就已明朗化。在 1930 年代，该会受到基督徒聚会处的影响，有许多会友易帜，使该会大受挫折。1934 年 10 月，《圣报》登载〈平阳分会纠纷真相〉一文，介绍倪柝声聚会处对于平阳一带的影响，内文载："我国教会，近年因信仰问题，常发生思想上之冲突，甚至引起派别之争。平阳自立会，经林溥泉范志笃诸牧师等之发起，会员计有万余人，分支会达七十余所。大都系自建之大礼拜堂。每逢礼拜上下午两次，均济济一堂，不特为本会全国各地分支会之冠，抑且为其他公会所一致佩仰。乃近有所谓倪柝声先生派，摭拾教义，别树一帜，以致该地凡真心奉道，热忱拥护本会者，均与该派势成水火。而该派曾不稍敛迹，近复盘据教堂，侵占器具，情形极为恶化。本会迭据该处报告，倪派自立派系曲解教义，希图摇动信徒信心等情。当时只认为系教内思想之争，曾一面劝勉该地会友，镇静忍耐，一面冀该派或有翻然改悔之一日。乃该派竟至变本加厉，公然霸占教堂器物，业已牵入法律范围，绝非教义之争可比。爰乃请求平阳县政府颁给民字第五四号布告，略称'耶稣教自立会，纯系我国人信仰基督教义者自创之宗教团体，已历有年所，与向由外国教士设施之各教会有别。是会在本县各地既均设有分会等会，本政府自应予以保护，不论会内会外之人，对于教会之财产会堂等，毋得以任何名义图谋侵占，并藉端捣乱秩序，致干查究'等语。自此项布告发贴后，该派自知理曲，不敢蹈入法网，闻已销声匿迹矣。"[87]

从资料显示，平阳分会中一位健将王雨亭[88]，就成为平阳基督徒聚会处的领导人之一[89]。

在《平阳县志——宗教志：基督教部分之一》中提到："二十世纪三十年代，我国出现了打着'土生土长'招牌，自命为'无宗派'的所谓'属灵'的新宗派，以福州到上海为核心，面向浙南、闽北的平阳县为基地，以财利收买用'打进来'、'拉出去'等手法，各派基督教会都受到严重破坏。自立教会也有被侵占或分裂，影响很大。自此以后，平阳七乡的自立教堂只剩下62处，信徒人数也减少了不少。"[90]

聚会处对平阳分会的影响，到1940年代仍然继续。1948年10月9日，《天风》第六卷第四十期登载〈浙江平阳教会鸟瞰〉一文，其中提到平阳分会受聚会处影响的情况。该文作者评价平阳教会以自立为"老大"。文载："老大的自立会——教堂数目最多的要算自立会了，全县约有八九十所，教牧师约有六十左右，他们几乎全是农、工、商各界在被主召来的，当然没有经过神学的训练，一半传道一半医药或其他副业，待遇极低，他们那种苦干硬干的精神，确是令人景仰。可惜自立会因为'大'，而有些尾大不掉的样子，内部分裂，各自为政，任劳任怨的领袖，往往无过地遭毁谤、受批评，

---

87 《圣报》第24年第10期，1934年10月，第7-8页。

88 《圣报》第12年第1期，第7-8页。

89 《通问汇刊》1934年2-3月第3期，载于《倪柝声文集》第2辑第5册，美国：水流职事站，2005年，第28-44页。

90 叶挺超、金守夫、陈更新编著：《平阳县志——宗教志：基督教部分之一》，未刊发，1989年6月23日，附件第8页。

这也是今日教会的普遍现象。他们的内忧未除，外患频临，弟兄会的势力，已侵入各地方教会，有大批的教会，已易帜更名，脱离鳌江总会。教友见形势不佳，许多人已打回老家去——回到内地会去了，也有投入循道会的，观目下的形势，大有朝夕瓦解之势，真叫范甦牧师有说不出的苦衷。所幸近来已在鳌江办了一个平野学道院，不久即将出来一批生力军，或者可以转危为安。"[91]

三、林、范二牧离世后的情形

林湄川、范志笃二位牧师，在平阳分会中的影响实在是无人替代的。他们俩先于 1939 年、1941 年离世，对于受到基督徒聚会处影响的平阳分会，可谓是雪上加霜。

在《平阳县志——宗教志：基督教部分之一》中提到："当时自立教会与其他各教派人一样，受到自称'土生土长'的无宗派之宗派的分裂活动影响，出现了离心混乱现象，为了稳定局面，推选范志笃老牧师次子介生（号大任，新名更生）为会长。协助八十多高龄的范老牧师，执行浙闽各县自立教会的教务与会务。"[92]

1940 年，范更生在鳌江永平堂的教牧退修会上，被提名选为牧师，经彭善彰、候仁芳二位牧师按立。在范志笃牧师去世之后，范更生牧师接替教务，调节教会内部出现的分裂现象。那时，基督徒聚会处的活动较为积极，以"打进来"、"拉出去"的口号，在平阳及周边各县发展，对平阳分会的影响尤甚。范更生为保持和谐，与基督徒聚会处妥协和让步，但始终有不少教会受聚会处影响，甚至离开自立教会。

1947 年夏令退修会在鳌江永平堂举行，会议选举了叶挺超、林绳武为牧师，由范更生牧师按立，并将浙闽教区工作交由他们分担管理。1948 年，平野学道院第一届学员结业，有郑集昭、施正受、郑集辉、杨经明、孙华民、谢炳庚、朱志勤、周上飞、朱志通、谢慎敏等学员，被派遣到各地教会负责教会圣工，成为该会教牧队伍的新生力量[93]。

---

91 《天风》第 6 卷第 40 期（总 141 号），1948 年 10 月 9 日，第 16 页。
92 叶挺超、金守夫、陈更新编著：《平阳县志——宗教志：基督教部分之一》，第 8 页。
93 叶挺超、金守夫、陈更新编著：《平阳县志——宗教志：基督教部分之一》，第 9 页。

第五节　平阳自立会的先驱

在平阳耶稣教自立会创立之初，出现几位对该会献出诸多贡献的传道人。他们有共同的信仰、共同的心志、共同的意念，在平阳分会发展的历程中，可以说是值得大书特书的。

一、俞国桢（1852-1932）

俞国桢（1852-1932），字宗周，浙江宁波鄞县人，生于1853年1月30日，为中国耶稣教自立会创始人。自幼聪颖，深得塾师器重。1868年在美北长老会受洗入教，1872年毕业于美北长老会在杭州设立的育英义塾（Hangchow Presbyterian Boys' School，之江大学前身）。同年，在鄞县高桥镇教会小学任教。1875年，再入育英书院深造，兼宁波平桥教会小学教员。1877年毕业，先后被派往杭州、余杭、临安、昌化、桐庐、富阳、诸暨、湖州及安徽等地传教。1884年9月按立为牧师。1892年，被聘为上海虹口长老会牧师。[94]1906年，他与同道发起组织"中国耶稣教自立会"，继而引起全国性的自立运动。

俞国桢牧师由于其浙江籍的身份，以及中国耶稣教自立会在浙江的发展，使得他与浙江的关系特别密切。在此，我们简述他与温州、平阳的关系。

1910年，平阳诸同道发起教会自立，派俞竹庭、吕信真赴沪与俞国桢牧师接洽。俞牧师于同年农历五月十日向浙江巡抚部院禀报设立中国耶稣教自立会平阳分会。[95]从1910年起，俞国桢牧师与平阳分会的关系密切，俞牧师先后六次到平阳进行布道旅行，对于平阳分会教会管理、人才培养、牧职按立、教堂纠纷、信徒受洗等留下重要贡献。他于1910年10月首次赴平阳，参加平阳耶稣教自立会开幕大会，并带来中国耶稣教自立会总会的贺信[96]。

俞牧师于1912年农历五月五日至六月十日进行第二次布道旅行。此次为期一个多月行程的主要目的是为"施洗讲道，收人进教"[97]。他在行程中，探访了平阳七乡各个自立教会，并在行程中为一百零五人施洗[98]。他在给中国耶稣教自立会总会全人的信函中借用黄时中的话来描述平阳自立会许多慕道信

94　张化：《社会中的宗教·观察与研究》，上海：上海人民出版社，2015年1月，第181-182页。

95　支华欣编著：《温州基督教》，第8页。

96　《中国基督徒月报》第29号，第11页。

97　《中国耶稣教自立会大纲（附历年案卷、旅行日记）》，第25页。

98　《中国耶稣教自立会大纲（附历年案卷、旅行日记）》，第33页。

教者需要领洗："敝地望牧师之来如大旱之望云霓目今平阳东门坡南古鳌头溪尾堂水头街北港蒲门等处慕道信教者尚无一人领洗欲待牧师之来施洗已非一日矣"[99]。为解决平阳分会无牧师施洗的状况，俞国桢牧师于7月12日，即农历五月二十八日晚，为平阳自立会封立首批宣教师，即林溥泉与范志笃，准予宣道施洗[100]。

第三次旅行布道于1914年10月19日至11月28日，该次行程历温州、松阳及平阳，主要是为探望教会及施洗。在其《温处旅行传道记略》中统计当时"平阳七乡。计教堂四十所。教友约四千余名。新建教堂五座。将欲建者尚有三五处。总观以上各处教友。每人随带圣经赞美诗乐守完全主日。祈祷无遍数。圣经当饭食。非亲历其境者。几乎所不信。"[101]

1916年11月6日至12月24日（农历十月十一日至十一月二十五日），俞国桢牧师第四次到温州、平阳进行旅行布道。俞牧师总结说："按本次旅行共四十八日。计程三千八百六十里。封立牧师三人。宣道师二人。立长老二十三人。立执事十五人。进教一百九十八人。孩提领洗十三人。"[102] 其中，俞牧师于11月21日（阴历十月二十六日），借平阳耶稣教自立会举行教友大会之机，于下午"公举林溥泉为平阳闽音牧师。范志笃为平阳瓯音牧师。黄时中为平阳全县总务部长。姜鸣皋为瓯音宣道师。吕信真为闽音宣道师。张济世为北港乡总长老。范树德为蒲门乡总长老。黄楚玉为江南乡分务部长。朱子箴为南港乡分务部长。遂祈祷——当众按手而专其责任。"[103]

1919年11月，俞国桢牧师来温旅行布道及巡视教会会务，为时三星期。随行庞子贤在《圣报》登载《俞会长旅行纪要》，概括此次旅程共二十六点。从此文中可见，俞牧师此行有一目的就是为中国耶稣教自立会总堂募捐，文载："各分支会对于上海建筑捐一事。各友均量力乐输。其数最钜者如金乡之徐博廷。鳌江之范指旋。项家桥之林铭卿。都口之叶君定。及蒲门、马站、福鼎、等堂。更称踊跃。"[104] 文中肯定了平阳自立会所创办的慈善事业："矾

---

99 《圣报》第12期，1912年8月，第10页。

100 《中国耶稣教自立会大纲（附历年案卷、旅行日记）》，第31页。

101 《中国耶稣教自立会大纲（附历年案卷、旅行日记）》，第41页。另载《圣报》第5年第3期，第10页。

102 《中国耶稣教自立会大纲（附历年案卷、旅行日记）》，第53页。

103 《中国耶稣教自立会大纲（附历年案卷、旅行日记）》，第45页。

104 《圣报》第10年第2期，1920年2月，第11-13页。

山蒲门、马站、赤溪、水头街、等之感恩会。鳌江之明明学院。项家桥之尚志学校。山门、都口、闽之霞林、刘坑、马龙、东峤、笏石、之国民学校。金乡之爱仁医室。"[105] 俞牧师在此行中还为平阳自立会一百三十四位慕道者施洗："浙之平阳城总堂念一名。宜山分堂八名。洪桥支堂七名。矾山分堂四名。蒲门分堂念名。马站支堂三十五名。云遮支堂一名。赤溪支堂十四名。岭脚支堂十三名。项家桥支堂三名。金乡分堂念五名。都口支堂念三名。"[106]

　　1929 年 9 月 6 日至 10 月 28 日（农历八月初四至九月二十六日），年届 78 岁的俞国桢牧师，因建造自立会全国总堂尚有亏空，遂第六次赴浙江温州、平阳作为期 52 天的巡游布道筹款，其《第六次旅行瓯平日记》中详细描述过程。他说："到瓯六次十年后再能会晤予心之乐无可言喻"[107]。此次行程中，俞牧师尤其辛劳，从而过劳得病。于 9 月 28 日晚开始腹泻，次日呕吐[108]。即将回沪之时，于 10 月 23 日高烧不止[109]。据俞师母回忆，俞国桢牧师回沪后即中风病倒[110]，于 1932 年 11 月 16 日于上海病逝。

二、范志笃（1863-1942）

　　范志笃，平阳鳌江人，生于 1863 年（清同治二年），早年受内地会英籍传教士朱德盛牧师影响受洗入教。受庚子教案影响，于 1910 年，与平阳城关黄时中、姜铭臣、陈日铭；鳌江陈楚卿、朱信之；北港林溥泉（湄川）、昌信真、俞竹庭等发起自立，成立平阳分会，任该会副会长。于 1912 年 6 月 28 日，与林溥泉一同由俞国桢牧师按立为宣道师，林溥泉为闽音宣道师，范志笃为瓯音宣道师[111]。后任平阳耶稣教自立会播道团团长[112]。1916 年 11 月 21 日，在俞国桢牧师第四次旅行布道时按立为平阳瓯音牧师[113]。

　　范牧师热心教会自立，惨淡经营数十年之久，增设自立会堂达八十余所；对于教内信徒一视同仁，宏扬圣道，勉励信徒谨守圣洁；对于教外人民以和

---

105 《圣报》第 10 年第 2 期，第 11-13 页。

106 《圣报》第 10 年第 2 期，第 11-13 页。

107 《圣报》第 18 卷第 10 号，1929 年 10 月，第 9-10 页。

108 《圣报》第 18 卷第 12 号，1929 年 12 月，第 3-4 页。

109 《圣报》第 20 卷第 1 号，1930 年 1 月，第 4-5 页。

110 〈俞宗周太太的自述经过情形〉，《圣报》第 20 卷第 7 号，1930 年 7 月，第 4 页。

111 《中国耶稣教自立会大纲（附历年案卷、旅行日记）》，第 31 页。

112 《圣报》第 3 年第 8 期，1913 年 8 月，第 9-10 页。

113 《中国耶稣教自立会大纲（附历年案卷、旅行日记）》，第 45 页。

平感化，不使稍有强加之意；对于教会建设，慷慨解囊，热心奉献，为教会信徒的楷模。

由于鳌江耶稣教自立会信徒剧增，以致堂无容足之地。1917 年冬，教堂由于"邻居失慎，时值狂风怒吼，以致堂宇尽付一炬，损失计值二千金之谱。"[114] 范牧师遂在街后空旷之处另购地基。该地基前邻河道、后隔街中、清幽雅丽、人皆赞美。为鼓励信徒认捐，范牧师首先认捐大洋五百元。1918 年，鳌江自立会堂落成。[115]1926 年，平阳自立会在退修会中议决组织修养院，范志笃牧师捐助大康山二岗院所一座和民田十亩，作为该修养院的院址。[116]

范牧师于 1942 年 3 月 25 日寿终正寝。次子范介生曾留学日本，法学专业毕业，任律师职。[117]受父亲影响，他在平阳耶稣教自立会中积极教务，在 1939 年林湄川牧师去世之后，被选为该会会长。[118]

三、林湄川（1877-1939）

林溥泉，字湄川，平阳北港扬美村人。1877 年 8 月（光绪三年农历七月十三日）出生，卒于 1939 年 6 月 1 日（农历四月十四日）。[119]历任中国耶稣教自立会副会长、平阳耶稣教自立会总会长等职。

20 岁时，他得听福音，随时舍弃一切、忠实皈依、穷经不懈。一日，受派到扬美教会主日讲道的传道人没有到来，林湄川登台讲道，后得西教士朱德盛牧师的赏识，擢升为传道员。后受派在扬美、腾蛟、蒲门等地传道，成绩斐然。朱德盛回英之后，施恒心牧师继任，更是对林欣赏有加，选派为平阳教会的代表，出席温州奋兴大会，回平阳后在北港、萧江、西门等地仿开奋兴会。1910 年，与范志笃等人，响应上海俞国桢牧师建立平阳耶稣教自立会，并出任会长。[120]1912 年 7 月 12 日，他与范志笃在鳌江总堂被俞国桢牧师封立为宣道师[121]。1916 年 11 月 21 日，在俞国桢牧师第四次旅行布道时按立

---

114 《圣报》第 8 年第 7 期，1918 年 7 月，第 4-5 页。

115 《圣报》第 8 年第 5 期，1918 年 5 月，第 8-9 页。

116 《圣报》第 16 年第 6 期，第 16-19 页。

117 《圣报》第 8 年第 5 期，第 8-9 页。

118 《圣报》第 29 年第 2 期，1939 年 11 月，第 11 页。

119 《林氏宗谱（大宪公派下）》，共和己酉年修，第 59 页。藏于平阳县水头镇闹村乡杨美村"林氏宗祠"内。

120 《圣报》第 30 年第 1 期，第 9-10 页。

121 《中国耶稣教自立会大纲（附历年案卷、旅行日记）》，第 31 页。

为平阳闽音牧师[122]。至自立 10 周年之时，平阳自立会有分会 60 余处，有会友 6000 余人[123]。

1917 年，全国自立大会于上海召开，林湄川牧师作为平阳代表之一，大会选举林为中国耶稣教自立会副会长。1923 年，因林能操闽语，被派至南洋一带劝募建筑上海总会永志堂之资。在新加坡时，该处华侨教会因他能操闽语，遂欲以厚金聘任为传道之职，林以国内自立根基不稳，婉拒之。回国后，又被全国总会推举为全国教务部长、兼摄平阳会长之职[124]。

林湄川牧师终因积劳成疾、体力衰竭于 1939 年 6 月 1 日在平阳南门溘然长逝。中国耶稣教自立会《圣报》刊载："平阳区会创办人林牧湄川，忠心事主，提倡教会自立，三十年如一日。今年夏间，止息劳苦，蒙召归天，本会同人闻讯之下，怅惋不已。……"[125]

1940 年 1 月，平阳自立会撰《挽林湄川牧师歌》，抒发对林湄川牧师的悼念，载于《圣报》，详文如下：

挽林湄川牧师歌（平阳自立会）[126]

善哉林牧闻道即信从。专心传教不与流俗同。

德性坚定有始必有终。何以去匆匆。

但在主爱中。灵感永相通。

鳌水汹汹雁荡山重重。髣髴见我公。

伟哉林牧自立建丰功。四十年来翼教以明宗。

起于海隅名望播西东。何以去匆匆。

劳哉林牧为道不顾躬。东南西北振聩复发聋。

教内信服教外亦推崇。何以去匆匆。

贤哉林牧态度最从容。调排教务忍耐更谦恭。

继起无人前路尚濛濛。何以去匆匆。

四、吕信真（1873-1924）

吕信真，讳英滴，名仁安，字信真。1873 年，出生于浙江平阳北港扬美

---

122 《中国耶稣教自立会大纲（附历年案卷、旅行日记）》，第 42-53 页。
123 《圣报》第 30 年第 1 期，第 9-10 页。
124 《圣报》第 30 年第 1 期，第 9-10 页。
125 《圣报》第 29 年第 2 期，第 11 页。
126 《圣报》第 30 年第 1 期，第 17 页。

村。幼年父家小康，有弟兄五人，排行第三。青年时期，追求管商之学而善于经营，被称为商界之巨擘。后因丧妻而遁世，听闻基督福音之后，他毅然信主，每周日到数十里之外的灵溪镇作礼拜。他热忱服侍，引领其父母、兄弟姊妹、邻里及族人皈依基督。他常言个人夙愿为以身殉道[127]，并与林溥泉同时蒙英籍牧师特选为传道之职[128]。

吕信真后迁居水头街，借经商之名在该处传讲福音，并建立教会。英籍牧师得听消息之后，就劝他放下生意，专心传道之职，但他却愿意由商获利、自聘传道、代己作工。英籍传教士朱德盛牧师离温回英之后，平阳内地会曾一度萎靡不振。"先生感西人传道之力。谓吾侪系中国之主人翁。当卸彼之担。力倡自立之先声。提办以来。同事者虽多。而最有力不辞劳瘁之心。惟先生有焉。时吾平自立会勃然而兴。继起自立者。日以扩充。"[129]此时，得知上海俞国桢牧师创立中国耶稣教自立会，吕就奋袂而起大声疾呼，成为平阳自立会的先锋，并于1910年与俞竹庭等人一同赴沪，与俞国桢牧师商量自立事宜，回平后与林溥泉、范志笃等人发起平阳耶稣教自立会[130]。

在俞国桢牧师第二次旅行宣道时封为闽音宣教师，历任北港水头街、福鼎前岐等堂传道。1917年，全国自立大会于上海召开，吕信真被推举为中国耶稣教自立会董事，后调入蒲门堂为主任[131]。

然而，吕信真素来义务传道，曾创办实业作为教会自养的基金。但他操办实业，资本难胜，屡遭失败。林溥泉回忆说："君蒿目时艰思欲自食己力效保罗传道之良模遂向我平各会提倡实业噫述其生平所创办之实业微特无效果可观而屡屡败北者较其商战尤甚泉乘此哀启略举其荦荦大端以明其坚忍与毅力者计其所创实业一则见败于蒲城之民元染织公司二则败于北关山之民生农牧场三则败于水头街之以色列颜料厂四则败于福鼎前岐小南垦荒公司呜呼其志可嘉其心良苦顾其名誉为此而一败涂地"。[132]

1923年，与林溥泉牧师一同被派至南洋一带劝募建筑上海总会永志堂之资。在新加坡自立会中，他邂逅福建同宗吕砥山长老。吕砥山特聘他为福南

127 《圣报》第14年第1期，第15-16页。
128 《圣报》第14年第1期，第24页。
129 《圣报》第14年第1期，第15-16页。
130 《圣报》第14年第1期，第24页。
131 《圣报》第12年第3期。
132 《圣报》第14年第2期，第17页。

园植物公司总经理一职。但在一次出差时，于 1924 年农历六月廿四日，在海上堕船溺水而亡。[133]终年 51 岁[134]。

五、俞竹庭（1874-1921）

俞竹庭，出生于 1874 年农历八月初五（清同治十三年），浙江平阳北港俞思坑人。出身富裕家庭，书香门第，为北港望族。少时，好读书，由于体弱，不能考取功名。后来，扬美人吕信忠、吕信真兄弟在水头开新义丰布庄、济仁药铺，聘请他为经理。在经营、医术方面，有口皆碑。

一日阅报，目睹上海俞国桢牧师创立中国耶稣教自立会，遂与吕信真一同赴平阳鳌江，谒范志笃、林溥泉、黄时中、朱信之、陈善等人，倡议教会自立。后与吕信真被推举为平阳七乡教会总代表，赴沪与俞国桢牧师接洽。回平阳后，平阳各地代表，即蒲门的林溥泉、鳌江的范志笃、朱信之、城厢的黄时中、北港的俞竹庭、吕信真等人志同道合，于 1910 年建立平阳耶稣教自立会。

1913 年（民国二年），俞竹庭被选为平阳县议会议员。同年，在他的倡议下创立平阳播道团，该团得官厅资助。1916 年，他受马站自立会聘请任传道之职。由于他素来嗜烟酒，刻不离口，"抽烟必尽枝香，衔觞必至狂醉"。任传道之职后，他立志戒酒、戒烟，并创立戒烟兴业社，有社员七十余人。同年冬，又设立感恩会，成为平阳自立会谢恩会的前身。

俞竹庭于 1921 年 8 月 25 日离世，享年 48 岁。[135]

---

133 《圣报》第 14 年第 1 期，第 15-16 页。
134 《圣报》第 14 年第 2 期，第 17 页。
135 《圣报》第 11 年第 12 期，1921 年 12 月，第 12-13 页。

第三章　中国耶稣教自立会温州分会

1935 年，中国耶稣教自立会柴连复访问温州耶稣教自立会[1]。面对温州教会仝人，柴连复说："论到温州教会及河南教会，大家都认为是我们自立会的左右手，因此总会仝人对于温州教会亦特为关心"。[2]柴连复的表述充分见证了温州耶稣教自立会在全国的影响力。

第一节　温州耶稣教自立会的成立

1910 年，平阳耶稣教自立会成立，这对于早已开始筹备的温州内地会信徒有落人后的感觉。因此，蒋宝仁牧师于 1911 年正月间邀请代表商议自立之事。然而，温州内地会的自立运动却因观点不同而走向教会分裂。西教士衡秉钧牧师、夏时若牧师等人给予华牧蒋宝仁施加压力，以致蒋宝仁也改变初衷认为时机未到为由力图阻止自立。然而，以梁景山、谢雨仁为代表的信徒代表则极力主张自立，他们得上海中国耶稣教自立会俞国桢牧师之助成立自立会，从温州内地会中分立出来。

一、成立经过

1912 年 11 月，适逢上海中国耶稣教自立会会长俞国桢牧师及书记蔡觉非被委派至温州，处理水灾义赈事宜。11 月 19 日晚，温州内地会主张自立者谢

1　温州耶稣教自立会，又可称为中国耶稣教自立会温州分会，后又有称为中国耶稣教自立会永嘉分总会，中国耶稣教自立会永嘉特别区联会，中国耶稣教自立会温州教区等。

2　《圣报》第 25 年第 10 期，1935 年 10 月，第 10-11 页。

雨仁、陈时俊、王活泉、陈时荣、黄志振等十人在乘凉桥下益华旅馆东轩与俞、蔡两人，邀集商量事宜[3]，"先由蔡觉非君祈祷继由俞宗周君宣布自立之大纲者三（一）欲团结各会联络信徒不可不自立（二）欲消弭教案调和民教不可不自立（三）欲造成中华宗教之美风酬报母会百年之劬苦不可不自立"。[4]11月26日晚上，主张自立者二十余人聚于施水寮李成修家，选举李笑波为正会长，梁景山为副会长，陈时荣为会计，谢灵弼为书记，谢楚庭、潘仲华为司事，陈时俊为布道委办。当晚又定俞、蔡二人放赈完毕之后于12月5日召开成立大会。[5]

1912年12月5日，温州耶稣教自立会成立，推选梁景山为首任会长，会址设在施水寮日新浴池楼上。[6]俞国桢牧师亲临会场祝贺演说并祝福。蔡觉非在中国耶稣教自立会会刊《圣报》上登载过程：

温州支会成立（觉非）[7]

十月间鄙人偕会长俞宗周君因瓯括账灾事宜自沪去瓯蒙各教友发起组织温州耶稣教自立会业经举定梁君景山为会长陈君时荣为会计谢君灵弼为书记陈君便雅悯为布道委办已于十二月五号下午开成立大会兹将其开会秩序录下　一振铃开会　二全体唱诗　三梁景山君祈祷　四读经　五谢灵弼君报告自立宗旨　六全体唱诗　七总会长俞宗周君演说　八上海总会代表蔡觉非君演说并平阳支会代表俞竹亭君演说女传道代表翁娘娘演说来宾大同女学校校长演说　九全体颂赞　十俞会长祝福　十一散会撮影　十二茶话

《圣报》又载温州耶稣教自立会的缘起及简章，抄录如下：

温州耶稣教自立会缘起简章[8]

溯西士传道来华历兹百年有奇吾瓯信徒受西会之惠亦数十年矣感情实非浅鲜也际此时机吾侪仍抱依赖之性质将何以副主播道于万民之训况吾侪一日不能自立则西士一日难以脱此重任更一日不能使基督救道早普全瓯俾家喻户晓同得永生且更难联络宗教合而为一况亦无以调和民教而消除障碍鄙等窃以不得不自立者有四试聊陈如左

3　《圣报》第3年第2期，第6-7页。

4　《圣报》第3年第3期，第6页。

5　《圣报》第3年第3期，第6页。

6　支华欣编著：《温州基督教》，第8-9页。

7　《圣报》第3年第1期，1913年1月，第9页。

8　《圣报》第3年第1期，第8-9页。

盖佛教东渐未闻有呼印度教者惟吾基督纯全之圣教反被目为异类名之洋教推原其故皆繇一切教务悉由西人监理所致苟不自立洋教之名难以改革一也凡遇教民有所构讼必赖西士通信政府无识之平民不以理之曲直为论断直以假西人之威抑我国民为隐限苟不自立民教难以调和二也道本为一会名复杂意见各异礼节或殊苟不自立宗教难以合一三也高丽得道未尝在中国之先彼教会之振兴甲于亚洲总核民数而信者居多我国建设百余年四百兆之众仅廿余万耳以之比较相悬如天壤矣苟不自立圣道难以振兴四也鄙等有感于斯提倡自立庶期振兴圣道联络信徒调和民教酬报西会为宗旨果能得达完全之目的实吾瓯教会之幸亦我国前途幸焉

一　颜名　温州耶稣教自立会

二　宗旨　振兴圣道联络信徒调和民教酬报母会且热心劝道极力鼓吹俾全府信徒早到自立之地步

三　基址　暂假施水寮李成修处为播道所通信处五马街普益大药房

四　捐项　开办费由人量力月捐自一角至一元止特别捐不在此例

五　职员　会长一　会计一　书记一　干事二　文牍一

六　圣工　甲（宣教）每主日由会长派员轮讲

乙（招募）介绍同志入会共表同情

丙（联络）与西牧和睦并请补助指教以及自立教会互相通讯

丁（研经）每礼拜三晚聚集同人研究圣经以资鼓励道德

七　附则　本简章有未备之处俟成立后再行磋商完善

中国耶稣教自立会总会长俞国桢牧师并致函永嘉县知事，要求予以保护，得到永嘉知事金仲荪答覆：

俞会长致永嘉县金知事书[9]

仲荪先生大鉴敬启者中国耶稣教自立会由鄙人等在沪上组织以来已历八载嗣后各省同志继起承认本会为总会其宗旨以消弭教案振

_____

9　《圣报》第3年第2期，第8-9页。

兴圣道为目的并由前清政府暨两江总督批准在案旋于庚戌年五月间平阳教会创办自立会经禀准浙抚札饬温处道府县一体保护去年间贵治教友本亦相继组织倡办被西士阻挠未果此次鄙人等由上海筹募浙江温处义账会推为主任来瓯办理账务接见各教友于教育自立主义颇见热诚缘即定于十二月五号暂假温州施水寮李君成修教友宅内特开中华温州耶稣教自立会成立大会公举李君镜澜梁君树声为正副会长查李梁二君均系本地教会中巨擘且才德兼优名誉卓著固无持鄙人赞述者也将来再由上海派职员来温力求进行为此备函奉达诸希詧照务祈执事随时维持并恳给示保护发施水寮会所实贴为荷自立教会幸甚中华民国幸其肃此敬请公安　十二月三号

　　永嘉县知事金仲荪君覆书[10]
　　宗周先生鉴接诵手示欣佩热诚自当出示晓谕以维教务除饬缮稿给示先此奉覆敬颂公安名另肃　十二月四号

二、自立受阻

　　从 1906 年开始，温州内地会在西教士的支持下，有自立之萌芽，也做了相应的预备。但以衡秉钧为代表的温州内地会西教士们，却无意建立完全独立的自立教会，乃是建立中西合办，依然由西差会所控制的教会。因此，在温州内地会部分信徒因平阳自立会的创立而提出自立之诉求之后，就立即引来西教士的反对。其中华牧蒋宝仁则因"忽惧西士之阻执并思权利之无着意不赞其事且从中以才德未全时机未至为辞。"[11]

　　在 12 月 5 日温州自立会成立大会之前，蒋宝仁于 11 月 30 日传唤王活泉、梁树声等人商议合办。据载："三十号蒋牧传唤王活泉君。召集发起人与会长梁君。商议合办。是日各友齐赴花园巷。蒋牧示下条件七。王君奉众观览。众胥承认。惟展期开会一条。因已致函各会。有捐失信用之关系。碍难承认。讵伊有意破坏自立。即云此条不可。不能联络合办。"

　　在确定成立之期时，梁景山等人"且议决凡理任母会之勉励会或主日学会职员者。须克尽厥职。应宜半日在此。半日在彼。不可任意放弃云云。"12 月 1 日，在母会任职的自立者接到西教士夏时若牧师与师母华翰的消息："谓

10 《圣报》第 3 年第 2 期，第 9 页。
11 《圣报》第 3 年第 2 期，第 6-7 页。

既已自立。毋庸再任其职。自能另选他人等语。"[12]众人被拒绝之后，不得不力图自立会之扩充。[13]

另外，温州耶稣教自立会原于 11 月 26 日选举李笑波为会长、梁景山为副会长，却在 12 月 5 日改选梁景山为会长，而李笑波却没有出任任何职位。李笑波为圣道公会白累德医院的医生，在温州教会中有很高的声望。因此，温州耶稣教自立会想请他出任会长一职，然而温州内地会为阻止自立，而函商圣道公会西教士海和德牧师，劝李笑波不要出任自立会会长一职。[14]很明显，事发突然，连俞国桢牧师也不得而知，因此他在 12 月 3 日给永嘉县知事要求出示保护的信中，还称会长一职由李笑波（镜澜）出任。[15]

12 月 5 日下午，温州内地会英籍传教士夏时若特开茶话会邀集素有自立之志的柯成三等人，再三劝阻他们不要加入自立会。

蒋宝仁从大力倡导自立到反对自立，令当时积极从事自立事业的自立会领袖失望，在〈温州支会上浙江联会书〉中评价说："蒋牧早已潜心于此。提倡自立。唤醒人心。有破釜沉舟之势。善牧教会者。莫蒋君若。讵料出尔反尔傀儡信徒。以致教会离散。人心隔阂。"[16]他们写了一封严厉的信给蒋牧，题为〈又致内地会中牧蒋君书〉，内文为："敬启者鄙等热诚热血组织自立之举曾荷各会赞成各界称许独阁下一人大不为然出而阻止底是具何心肝（中略）然鄙等乳臭未干程度尚稚阁下须时加振刷培养完全请速图自立以副吾主之圣训而彰民国之荧光鄙等殊深厚望焉肃此敬请道安。"[17]信中虽严厉批评蒋宝仁对自立事业的反对，也盼望蒋牧加入自立。

吴伯亨曾提到蒋宝仁的态度及对自立事业的影响："夫蒋牧师宝仁者。蒋君德新之令尊也。提倡温州教会自立竭力鼓吹悉心劝导。筹月捐撰对联（其联有云。自治自由破除依赖性质。立人立己振作维新精神。又莫大爱。惟救世舍身。期我辈力传流血架。最可怜是依人成事。幸此间忻建独立旗。）于是乎。自立之声。颇有一日千里之势。第恐经济支拙。西牧见弃。权利方面。未免有所损失。故自立之说。秘而不宣。进行之势。反致一落千丈之慨。壬

---

12 《圣报》第 4 年第 6 期，第 9-10 页。
13 《圣报》第 4 年第 6 期，第 9-10 页。
14 《圣报》第 3 年第 1 期，第 9 页。
15 《圣报》第 3 年第 2 期，第 8-9 页。
16 《圣报》第 4 年第 6 期，第 9-10 页。
17 《圣报》第 3 年第 3 期，第 6-7 页。

子岁。俞牧国桢。适道经温州。(主任瓯括赈灾事宜)旋集同志组织自立会。当成立之初。同志等抱合一之宗旨。愿与母会联络进行。嗣由蒋牧提出合一条件凡七。同志等均赞成。只展期开会一条。(因各地信已发出)未得承认。奈彼有意反对者。故多方暗中破坏。故合一之举等诸梦幻耳。于是乎。温州自立会遂有不得不谋分设之势。"[18]

温州耶稣教自立会同工谢灵弼对其母会内地会阻挠的行径作出反应：

温州自立会书记谢君致内地会西士夏君书[19]

敬启者久沐栽培铭泐五内兹值敝国共和得享信仰自由之幸福鄙等趁此时机已提倡自立以副吾主播道之圣训分任先生之劳瘁荷上主庇佑业已成立吾先生定必欣慰外间齐东野语物议沸腾致彼此不合诚非先生之所望亦非鄙等之所愿故于昨下午五句钟特邀同志造府聆教磋商办法讵知事不凑巧未晤空回(中略)展期间会一事万难承认蒋君宅如若是之作为明见其肺肝矣然敬杯之约尚不爽信况教会之大事乎岂可夺人之信用破坏自立之前途乎吾辈素赖先生之荃养幸今成人自立感惠靡既决于十二月五号下午二句钟开成立大会谨请驾临鸿赐教诲望弗吝趾是为至祷肃此敬请道安

三、唇枪舌战

与温州内地会之间的紧张关系一直延续，且经常发生唇枪舌战。1914年5月11日温州耶稣教自立会给浙江基督教联会上理由书，并派黄志振、陈时荣、潘仲华、谢楚廷、谢禹仁及平阳代表黄时中等与联会代表沈再生、任芝卿、倪鸿文、张葆常、俞献廷、刘天德等座谈。联会代表以强制口吻威迫温州耶稣教自立会合并母会，不标自立树帜。但温州耶稣教自立会代表则坚持自立原则，认为："自立会系偕我内地两会组织而成不能属于一会如欲联络必以两会始符吾等合一之初心否则改中华基督教会亦可"[20]。第二日早晨，浙江联会沈再生、任芝卿等代表表示："如果不属母会管理联会不承认为正式教会"[21]。自立会代表说："任凭如何吾侪有上主承认可也谢君

---

18 《圣报》第 6 年第 10、11 期，第 7-8 页。

19 《圣报》第 3 年第 3 期，第 6-7 页。

20 《圣报》第 4 年第 7 期，第 10 页。

21 《圣报》第 4 年第 7 期，第 10 页。

谓无须尔等承认"[22]。此次会见最终不欢而散。

1916 年，蒋宝仁牧师之子蒋德新在《通问报》发表一文，题为〈教会急宜更换自立名词〉。自立会吴伯亨则在《圣报》登载〈驳蒋德新君论教会急宜更换自立名词〉，对蒋氏所言进行详细且激烈的批评。其中提到温州耶稣教自立会在筹备阶段，蒋氏的父亲蒋宝仁为主要倡导者。他说："夫蒋牧师宝仁者。蒋君德新之令尊也。提倡温州教会自立竭力鼓吹悉心劝导。筹月捐撰对联（其联有云。自治自由破除依赖性质。立人立己振作维新精神。又莫大爱。惟救世舍身。期我辈力传流血架。最可怜是依人成事。幸此间忻建独立旗。）于是乎。自立之声。颇有一日千里之势。"[23]

吴氏辩称自立会成立之初，同志皆抱合一的宗旨，愿意与母会联络进行，无奈被温州内地会中西教牧所拒绝。他说："嗣由蒋牧提出合一条件凡七。同志等均赞成。只展期开会一条。（因各地信已发出）未得承认。奈彼有意反对者。故多方暗中破坏。故合一之举等诸梦幻耳。于是乎。温州自立会遂有不得不谋分设之势。（现会堂建筑颇为宏大支会亦有十二处之多）此可谓之离抗母会大背我主合而为一之宝训耶。彼以为温州教会自立舍我其谁以人从我则我尊而人卑以我从人则人主而我役。此人情之所不乐从也。"[24]

对于教会用"自立"一名，吴伯亨认为是"目前统一教会权宜之计。如举国教会。皆已自立。则自立二字。当然取消。更名为中华基督教会。正所以救他会之分门别户而谋合一之效者耳。"[25]

第二节　自立教会的发展

一、教会拓展

温州耶稣教自立会成立引来温州各地教会自立的浪潮。最先响应被实行自立的是永嘉县楠溪峙口和朱山教会。1913 年 2 月 10 日，永嘉楠溪峙口、朱山教会召开成立大会。两处教会教友约为 50 人，不论贫富，教友均踊跃捐输。

---

22 《圣报》第 4 年第 7 期，第 10 页。
23 《圣报》第 6 年第 10、11 期，第 7-8 页。
24 《圣报》第 6 年第 10、11 期，第 7-8 页。
25 《圣报》第 6 年第 12 期，1916 年 12 月，第 3-5 页。

成立之初，教友李忠金捐民田 3 亩，陈鸣进捐民田 2 亩，卓盈廷捐民田 1 亩，作为教会基本金，供给传道薪俸，并派张鲁臣为首任传道。[26]

继峙口、朱山教会之后，各地自立教会不断建立：

1. 1913 年 8 月 24 日，永强镇自立支会成立，参加人数约有 100 人[27]。

2. 1914 年农历三月初三，乐清圣道公会部分信徒宣布自立，并请求总会致函乐清县知事出示保护，参加人数约 30 人[28]。

3. 1914 年 9 月 3 日，永嘉蒲州内地会得母会许可成立自立会，教友共 40 余人。[29]

4. 1916 年 5 月，乐清西乡盐盆召开成立大会，教友人数 24 人，禀报县公署钱知事批准予备案出示保护。[30]

5. 1917 年 3 月 25 日，瑞安塘口自立支会开成立大会。[31]4 月 12 日，瑞安县知事发布〈瑞安县公署布告第十六号〉，其中提到瑞安已有二都竹溪、三都塘口两处设立支会。[32]

6. 1917 年 5 月 4 日，瑞安城区自立会成立。[33]

7. 1918 年夏，瑞安莘塍自立会成立。成立之初，该会仅十多人，至 1920 年人数达到 50 人以上。[34]

8. 1919 年冬，泰顺仕洋、雅洋、小溪、瀛滨等处先后成立自立会。[35]

9. 1922 年春，瑞安山坑原内地会教会成立自立会。[36]

10. 1923 年 2 月，温州旅沪信徒何文波、陈宝麒、陈永锡等 30 人在上海南市区小石桥路成立江苏十一分会。[37]该自立会虽不属温州自立会管辖，但其人员以温州旅沪信徒为主。

---

26 《圣报》第 3 年第 5 期，1913 年 5 月，第 9 页。

27 《圣报》第 3 年第 10 期，1913 年 10 月，第 10 页。

28 《圣报》第 4 年第 5 期，1914 年 5 月，第 6-7 页。

29 中华续行委办会编，《中华基督教会年鉴（第 2 期）》，上海：广学会，1915 年 11 月，台北：中国教会研究中心、橄榄文化基金会联合出版，1983 年 3 月重印，第 11 页。

30 《圣报》第 6 年第 4、5 期，1916 年 5 月，第 8 页。

31 《圣报》第 7 年第 7 期，1917 年 7 月，第 8-9 页。

32 《圣报》第 7 年第 7 期，第 9 页。

33 《圣报》第 7 年第 7 期，第 8-9 页。

34 《圣报》第 10 年第 3 期，1920 年 3 月，第 9-10 页。

35 《圣报》第 11 年第 4 期，1921 年 4 月，第 9 页。

36 《圣报》第 12 年第 11 期，1922 年 11 月，第 20 页。

37 《圣报》第 13 年第 1 期，1923 年 1 月，第 2 页。

11. 1923 年春，温州新桥自立会成立。[38]

12. 1927 年 12 月 26 日（农历 12 月初三），温州会昌镇有八处圣道公会由于西教士离温而宣布自立，归温州耶稣教自立会分总会管理，并呈报官厅备案[39]。

温州耶稣教自立会的发展稳步，至 1929 年春，该会共有支会 22 处。在该年春季常会中报告称："该分会因现在支会林立，而对于圣餐一节往往不敷分配。当由该分会执行委员会议决在未开大会以前，应通函各支预先选择道德兼优资格相宜者得为长老执事负此责任。庶可以尽天职，不致轻忽圣礼。并分别经各支会报请该分会，举行正式宣誓受职典礼。"[40]

二、圣堂建造

温州耶稣教自立会在成立之初，没有自己的教堂，其会址暂由李成修提供，因此建立自己的教堂，是最先需要努力的。1914 年 10 月 10 日，温州耶稣教自立会新堂落成。当天适为纪念辛亥革命胜利的"国庆日"，社会上学界休息、公务停辍、商铺悬旗、行人欢祝。下午两点钟，800 余人齐集一堂，会长梁景山主持落成典礼。李景贤演说该会成立之初的外阻内碍，得蒙上主呵护才得造成美善轮奂之堂宇。平阳耶稣教自立会会长林湄川先生到场祝贺，并先后有李笑波、陈善、张鲁臣、林丽生、潘华卿等相继发表演说，堪称为温州瓯海道空前之盛会。[41]

1923 年 9 月，温州自立会总堂新堂落成，于农历八月二十日开奉献礼，《圣报》登载：

　　温州新堂落成盛典[42]

　　温州乘凉桥下之堂。为本会发轫之始也。自创办以来。颇称完善。迄今十周。慕道日繁。且附设男女学校。生徒不少。而本会原有之堂。不足供用。因由同人等。筹集巨款。于堂之前。建造圣殿。在本月内。一切工竣。当由会长梁景山等。议择夏历八月二十日。开行新堂落成奉献礼。是日悬灯结彩。高扬旗帜。且有瑞安分会。林君士桢。因慕道不远而来。并送来军乐队一班。大吹大㩦。门壁

---

38 《圣报》第 13 年第 3 期，1923 年 3 月，第 13 页。

39 《圣报》第 18 年第 1 期，1928 年 1 月，第 15-16 页。

40 《圣报》第 18 卷第 4 号，1929 年 4 月，第 10 页。

41 《圣报》第 4 年第 10 期，1914 年 10 月，第 9 页。

42 《圣报》第 13 年第 1 期，1923 年 1 月，第 16-17 页。

加威。来观者。争先恐后。拥挤一室。不下数千人。上午八时起。由牧师梁景山。行新堂奉献礼。次由执事李景贤。宣布会训。下午二句钟。由本会各支会友等。依序演说。晚七时。敦请客会诸君。布道。各尽其长。不及细载。闻道者。异口同音。莫不赞叹。诚主恩无极。更得多入天仓耳。至十时。祝福散会。

《圣报》另载〈西人欢迎自立会之赠仪〉，介绍圣道公会谢道培牧师夫妇参加温州耶稣教自立会新堂落成典礼并捐资以表鼓励，详文抄录：

西人欢迎自立会之赠仪[43]

温州自立会。夏历八月二十日。落成之期。兼开布道大会。敦请诸君。深蒙圣公会。西牧谢道培。同师母。惠临宣讲。且乐我人自立。如此巍峨耸立之象。尽其身有带来。大洋十元。小洋二角。以作仪礼。同人等心领。爰志报端。以伸鸣谢。

三、牧职按立

1914 年 10 月 10 日下午，温州耶稣教自立会堂落成典礼之时，上海中国耶稣教自立会俞国桢牧师到会，按立梁景山为宣道师。《圣报》报道："下午二时又开堂会友到者如前即询众愿意梁景山为宣道师否众皆起立欢迎即令梁景山跪祈祷毕以按手之礼封立为温州宣道师之职"。[44]10 月 25 日，俞国桢牧师给梁景山颁发宣道师证书，证书全文如下：

中国耶稣教自立总会会长俞

为给发证书事。照得温州自立会自光复初年组织以来。四乡成立之分会。已有十一处之多。受洗进教者。实繁有徒。既经本城及四乡之教友。公举梁树声为主任宣道师。是众望所孚。德高年迈。确为教会中不可多得之人。故定于甲寅九月初七日。即民国三年十月二十五号当众封立之为宣道师。准于各分会境内宣教施洗。便宜行事。为此特缮证书。付梁树声收执。以照慎重。须至证书者。中华民国三年十月二十五号给[45]

---

43 《圣报》第 13 年第 1 期，第 3 页。

44 《圣报》第 4 年第 10 期，1914 年 10 月，第 9-10 页。

45 《中国耶稣教自立会大纲（附历年案卷、旅行日记）》，第 41 页。另载《圣报》第 5 年第 1 期，第 8 页。

　　1916 年 12 月 23 日，温州耶稣教自立会召开四周年大会，正在温州"旅行传道"的中国耶稣教自立会总会长俞国桢牧师莅临，并详细记载了大会的经过及圣职按立典礼：

　　　　二十三日上午感恩礼拜。每年十二月第一礼拜常例。此次因牧师在平阳特展期两礼拜也。八九点钟。男女各会友。以各种礼物奉献于主。或以大洋小洋者有之。或以铜元制钱者有之。或以绒帽线袜者有之。或以斧头锅铲厨刀者有之。花色甚多。约计数十种。值价数十元。九点半礼拜。以后哥林多十二章吾恩与尔足矣为题。讲毕施洗与孩提十名。谢用彬潘昭勋潘昭熙高娇弟高娇妹林爱娟谢爱娟妹谢小娟谢吟香李崇恩。当众按手。封梁景山为温州及各属牧师。立陈家桂陈时荣为长老。立谢雨仁潘仲华谢楚廷为执事。立林友三为状元桥支会长老。黄雨亭张玉山为状元桥支会执事。立徐芝来为丁岙支会长老。立陈骏声为永强支会长老。立王博如为传道。时至十二点散会。[46]

四、倡办实业

　　自立教会包括自治、自传、自养。温州耶稣教自立会自成立以来，已实现自治、自传，但在自养方面却是不容易的。因此温州自立会为实现自养，就大力倡办实业，其中会长梁景山牧师犹为积极。1924 年 5 月，梁景山牧师的儿子梁栋在城南山前创办美达席厂。[47]同年农历四月初八，梁景山牧师、师母及公子志刚在永嘉城南所创建的美达工厂的教堂（称为厂堂）举行落成典礼[48]。

　　同年 7 月，瑞安自立会创办席厂。《圣报》报道："吾国自抵制外货以来。提倡实业之士。所在蜂起。他处且不暇论。即就吾浙温州之织席一业以观之。便可知其进步之速。温州地临瓯畔。江北一带。盛产三角草。性坚而韧。可以织席。热心实业者。就地创办席厂。迄今仅逾数年。席厂林立。女工数以万计。所出之品。销行各国。茫茫瓯海。竟成席地。再瑞安距温州七十里商业虽不如温州之盛。而工业一项。如布厂袜厂纸厂肥皂厂等。亦次第设立。

46 《中国耶稣教自立会大纲（附历年案卷、旅行日记）》，第 52 页。
47 《圣报》第 14 年第 5 期，1924 年 5 月，第 9 页。
48 《圣报》第 14 年第 7 期，第 27 页。

然皆男人之习业所。而妇女工场。尚付缺如。社会上生活。日形困难。该会有鉴于此。爰于本年春间。招集会中同志。暨地方热心实业家。提议创办席厂。使一般分利妇女。咸得生活技能共肩经济责任。众皆赞成认股。于是订定简章。建筑工场。置办席机。而雏形惟一之女工厂产生焉。"[49]

同时，温州何改尘在《圣报》登载〈中华自立之模范〉谈及教会自立的根本在于振兴实业。全文照录：

中华自立之模范（改尘）[50]

振兴实业乃教会自立根本之问题

近年来风灾叠叠。水患重重。米珠薪桂。人民生计问题。困苦莫可言状。我温梁牧景山先生与师母及世兄志刚。平时讨论。谓礼义生于富足。盗贼出自贫穷。纵欲热心呕血。引人皈主。恐舌敝唇焦。不生效力。每念及此。不得不于经济根本问题。为之再三研究也。爰于去冬发起提倡。创办一美达花席工厂。厂中用人。均系忠信门徒。惟招募女工。大半教友家之妇女。外教人居少数。主日一律停止作工。遵守礼拜为宗旨。平日梁牧随时巡视。监督之。劝化之。开导之。秩序井然。工厂一福音堂也。俾该妇女等。手作工而耳听道。一举两得。莫善于此矣。本止该妇女等。多蒙圣灵引导。参透觉悟。异想天开。织花特别各类。达到百余样。整齐缜密。精益求精。成绩大有可观。而且价廉物美。四远驰名。上海先施永安两公司。及各大埠等富商。群相购办。恐后争先。究其原因实由克己之道德心之所致也。恳请阅报同道伯姑兄弟。代为祷告。但愿自今以后。自立立人。磐石坚固。庶几无诈无虞。愈推愈广。将来芥种成林。非但利权由此而挽。抑亦圣道由此而光也。中华幸甚。教会自立幸甚。

在温州自立会所创办的实业中，以吴伯亨所办的企业为著名。1935年10月，中国耶稣教自立会《圣报》登载〈温州百好炼乳厂营业蒸蒸日上〉一文，介绍温州实业家吴百亨所办企业的情况："温州百好炼乳厂，为本会吴百亨先生经营，吴先生除从事实业外，并致力教会事工。闻本年该处某分会宣教师常年经费，均由吴君一人所负担云。吴君创立该厂迄已数载前因商标问题，

---

49 《圣报》第 14 年第 7 期，第 13 页。
50 《圣报》第 14 年第 7 期，第 20 页。

曾与英商鹰牌炼乳公司，讼涉数年风传国内外，卒被吴君胜利。因此加意努力，内部设备，制造技术。颇能熟练。关于卫生清洁防菌等事项，尤为注意，出品优良，久已驰名遐迩。近又添置机件。加心试验已能提制白脱油，其质料亦可与舶来品颉颃，预料将来该厂营业前途，将愈见发达矣，兹闻是项白脱油及炼乳。极受某国欢迎。闻日前有两外籍商人，偕同吴君前往该厂调查以谋订约。承销倘告成功。亦可挽回利权于万壹也。"[51]

五、兴办学校

温州耶稣教自立会自成立之后，就开始创办男女小学。[52]至 1922 年，男女两部学生达 150 人。李景贤在《圣报》发表一文，介绍温州自立会小学毕业礼详情："小学毕业礼温州自立学校自开办迄今成绩卓著计男女两部学生有百五十多名今夏国民科四年级学生十二名业已修业期满应予毕业本月十四日举行礼式到者有地方长官张敬菴知事暨第三科闻逖生科长警局厉瀛程局长瓯海关科员各报主笔及士绅吕文起吴璧华等二十余人合共各学生文兄与会友不下六七百人下午三时振钟开始唱诗祈祷后由鄙人报告本校创办原因及成绩次由朱廉青之小姐爱兰与赵爱春两女生合唱荣耀归主名歌众拍掌毕即请张知事发给证书及训词又次来宾相继演说彼等虽属外邦然因本校之结果累累故极表赞同次日瓯海日报评论栏内载耶教能兴国再次学生代表张秀绅演说暨毕业生答谢该两生年仅龆龄而言词明亮从容大定殊出意外听者咸赞美不已末由鄙人祈祷而散如此盛况诚吾温教会学校破天荒之举动也"。[53]

在 1919 年 10 月 10 日，温州市永强镇自立会通俗教育社召开成立大会。该社于 11 月在《圣报》登载〈永强镇创办通俗教育社说明书〉，介绍创办的原因、措施及意图：

> 永强镇创办通俗教育社说明书[54]
> 敬启者我镇地处海滨。距城五十里。风气不通。毋怪乎人尽野蛮。罔知大义。皆由无社会教育开导之灌输之之所致耳。所以智者聪明误用。愚者固执鲜通。叩其实。爱身爱家爱乡之思想。每不及

---

51 《圣报》第 25 年第 10 期，第 6 页。
52 《圣报》第 13 年第 1 期，1923 年 1 月，第 16-17 页。
53 《圣报》第 12 年第 10 期，1922 年 10 月，第 21 页。
54 《圣报》第 9 年第 11 期，1919 年 11 月，第 12-13 页。

觉。尚懵如也。而爱国之热忱。奚自而触发也耶。今日者外交失败。国势阽危。一发千钧。岌乎可殆已。伏思民为邦本。本固邦宁。盖欲树此邦本者。非先开通民智不为功。究之开通民智者。则莫如通俗教育。一书报社。二讲演所。三半日学夜学校。三者鼎立。大有裨益于我镇不识字者。稍识字者。欲识字者。及既识字而又知文者。诚匪浅鲜矣。改尘有鉴于斯。爰集敝会同志。提倡发起。创办通俗教育社。三者一致进行。拟将附设寺前街基督教自立会为基址。特于十月十号。开成立大会。同人等公推改尘暂担义务。竭尽天职。第事关公益。分固难辞。虽才疎学浅。老迈无能。不得不勉任其难。因此再四思维。凡创一公益机关。总以经费为命脉。倘经费无着。同人等虽具有螳臂当辕力。终难为巧妇无米炊。纵创始热心。仍难垂成于久远。况敝社备置书报。均系教会捐助而来。得毋惠赠不多。范围太狭。恐不足动阅者之目。餍阅者之心。非增添最新之机关报几十种。择尤函购。加入其中。供人溜览。何以达到完全之目的。今乃为山九仞。功亏一篑。同人等希图推广。困难经济。亦只束手而已。改尘以事在人为。责无旁贷。不得已说明理由。陈请全镇学界诸君。签字赞助。相与有成。联名呈请道尹大人。通饬县知事及教育部立案。准予筹捐合办。一面出示保护。并指令本镇自治委员。学务委员。会同磋商。召集各界。或我镇固有学款。与地方糜费各项下。调查明确。备文详报。提充为常年经费各等情。将来事无半途。办有成效。端赖众擎易举。毋虞一木难支。同人等不胜馨香顶祝之至谨启。

永强镇基督教自立会附设通俗教育社同叩

1923 年，温州自立会宣道员李兆华因重视儿童灵德教育，而在学校中召集全人，组织小子勉励会和主日学会，其主要的理念是："教育是开通儿童智识的基础。灵德是万本的命脉。现在教育普及。若没有道德。有什么基础呢。有道德。没有灵德。有什么根基呢。道德何什么。不称为根基呢。不错啦。我现在人人都说要道德。且说。我要将真道德。他实地上。没有灵德啦。" [55]

---

55 《圣报》第 13 年第 12 期，1923 年 12 月，第 24 页。

六、神学教育

1926年2月16日，温州中华基督教会与温州耶稣教自立会合办的"宏道学院"正式开学，《圣报》登载梁景山牧师致中国耶稣教自立会总会长俞国桢牧师的信函，全文为：

> 俞宗周牧师伟鉴迳启者缘敝分会公同创办宏道神学院速成科原为造就时世传道人才已于本月十六日行正式开学聘尤建人君为神学教员并请郑悟述君为国文诗歌教员预定每月开支约百元左右该款由会众乐意捐助现已着手并呈简章以供阅览希登圣报专此通布并请道安 温州分会牧师梁景山启（二月二十七日）[56]

七、其它公益事业

除教堂建设、创办实业、创建学校之外，温州耶稣教自立会因时代需要，还与其他教会一同创设一些公益事业，以佐教会福音事工。

1. 温州自立会救国团

1919年9月，温州自立会因青岛问题而发起组织救国团，以尽国民义务。该团与圣道公会热心信徒尤树勋、董鹤龄、朱小鹤、陈合利等人合作。推选李景贤为正团长，尤树勋、董鹤龄为副团长，吴伯亨为文牍兼书记，谢楚廷为募捐员，董鸣高为演说部长，李志哲为交际部长，高志武为庶务员。[57]该团规定每日早晨六时，同声为国祈祷，并随时逐家讲演。每主日礼拜晚，组织青年男女排队赴公众地点，开正式救国讲演大会。[58]

1923年7月，瑞安莘塍自立会阮百川发起瑞安自立救国会。《圣报》介绍说："瑞安县莘塍镇。自立支会执事阮百川君。心诚爱主。志切救国。对于教务。异常出力。素为同志所景仰。此次因国耻纪念。又与瑞安县城。分会同人。发起一会。名曰（瑞安自立救国会。）订定简章十九条。并编著国耻之文字以促进行云。"[59]

---

56 《圣报》第16年第3期，1926年3月，第14页。
57 《圣报》第9年第9期，1919年9月，第3-4页。
58 《圣报》第9年第9期，第3-4页。
59 《圣报》第13年第7期，1923年7月，第23页。

2. 永嘉基督徒救火会

1919 年 9 月 18 日，温州自立会、内地会、圣道公会合办"永嘉基督徒救火会"。中国耶稣教自立会刊物《圣报》介绍详情：

温州自立会倡办救火会（李景贤）[60]

温州自立总会。以本邑人烟稠密。火警时闻。基督徒应有服务社会救济同胞之责。特于前月召集内地会代表池翔廷、詹庆元。暨圣道会代表董鹤龄、朱小鹤、陈启敏、诸君。在本会堂开会。组织救火联合会。以尽开职。先推临时主席。范介生君。报告宗旨。次由三会代表互相讨论。赞成表决定名为永嘉基督徒救火会。宗旨专为教友遇火险者搬运物件而设。嗣贤谓迩来社会因本会创办救国团。有利社会国家。非常钦仰。民教意见。亦甚融洽。今办此会。专利教友。未免有利己之讥。况会名既为救火。自当购办水龙。扑灭火患。以称其实云云。大众以理由充分。遂表决通过。当推池翔廷君为办水龙总委办。谢扶仁、谢楚廷、高知武、三君。为分委办。董鸣皋君为顾问。并举池翔廷、詹庆元、二君。为内地会干事。朱小鹤、陈启敏二君。为圣道会干事。高知武、李景贤二君。为自立会干事。朱廉青君为三会代表。谢林弼君为书记兼文牍。高宝元君为会计。水龙已于夏历八月二十四日动工。一月内即可告竣。置龙所即定自立会堂云。兹将简章录下。

（一）宗旨　专为救护火险而设。

（二）定名　本会由自立内地圣道[61]三会合组。故定为永嘉基督徒救火会。

（三）职员　代表一人。干事员六人。书记兼文牍一人。会计一人。

（四）救火员　于其会内选举会友中之年龄在二十以上五十以下道德体力坚定者肩任之。其数每会暂定二十名。

（五）监察　每会各举监察二名。监察救火事宜。

（六）旗号　白布蓝十字。

（七）灯号　遇火之家以灯光为记。

---

60 《圣报》第 9 年第 12 期，1919 年 12 月，第 8-9 页。

61 原文为"本会由自立内地三会合组"，从上文可知"圣道会"也参与其中，组成所指的"三会合组"。

3. 妇孺收容所

1936 年 9 月，中国耶稣教自立会《圣报》登载〈温州同道设立妇孺收容所〉一文，介绍温州潘庸甫先生事迹及其所倡办的妇孺收容所。详情抄录：

温州同道设立妇孺收容所[62]

本会常务理事潘君家勋字庸甫，系浙江永乐瑞特别区联会及温州分会之常务理事也，其一身兼任三常务，责重位要可知矣，潘君业商，开设潘道生木板行于温州，经营鼎盛；遐迩咸知，是以得诸神佑亦愈丰。潘君天性慷慨，激义有才智，而服务主工，惟诚惟谨，躬行实践，无分昼夜，其克己持躬，谦厚待人，尤非吾教内所得多睹，凡识潘君者，莫不异口同声一致赞美，故无待记者之赘述焉。近岁潘君鉴于教会之盛衰，系于信徒之善行，盖善行精诚所至，感人最深且切，爰邀集当地各基督教团体，倡办妇孺收容所，闻已建筑所址，开始收容妇孺矣，尚希各方同道知所黾勉，并为祈祷：荣耀主名，嘉惠一般颠连无告之妇孺，身有寄托，免饥寒之忧，兼能浇灌灵粮，获救生命，诚善莫大焉。

4. 公济眼科医院

温州耶稣教自立会梁树声牧师创办公济眼科医院。1923 年 10 月，中国耶稣自立会会刊《圣报》登载〈致永嘉警局免予试验给照行医函〉，详情抄录：

致永嘉警局免予试验给照行医函[63]

敬启者。顷悉浙江省所订取缔医生。暂时规则二十二条一事。无任钦迟。足见执政诸公。拯命为怀。抱癏有道。不禁敝教同人有口皆碑也。查辖下巽山前之公济眼科医院。系温州自立教会附办。该院主任兼义务牧师梁树声。专于眼科。精理有素。历在瓯郡。行医服务。已经四十余载。凤为邦人景佩。缘敝自立教会。附办学校医院。及一切公益事宜。得与西人所立之教会。受同等之待遇。前经呈明大部。暨各省层宪。有案可稽。兹除由梁树声。谨按暂行规则第三条。自行报请查核外。特书证明。尚乞贵局长。俯予查照第

---

62 《圣报》第 26 年第 9 期，1936 年 9 月，第 6 页。
63 《圣报》第 13 年第 10 期，1923 年 10 月，第 12 页。

七条之免试办法。并请准给行医执照。以资执守。而昭郑重。至纫
公谊。不胜感荷。谨致

　　　浙江永嘉县警察局长陈　总会长印

第三节　30年代的温州自立会

20世纪30年代，历经20年之久，温州耶稣教自立会得以稳步的发展。

一、建筑堂舍

1931年，温州耶稣教自立会自创设以来，已有近20年之久。因信徒人数
增多，原教堂已无法容纳。该会计划于1931年在该堂对面另建新堂为主日礼
拜之用，而旧堂改为勉励会堂。[64]当年建成楼宇三幢，于10月9-11日举行三
大典礼纪念，即二十周年纪念、堂舍落成纪念、国庆纪念。

10月9日，温州耶稣教自立会总会新屋及礼拜堂均悬灯结彩。温州内地
会送来锦帐一幅，题"神恩盈宇"四个大字。圣道公会送来联一对、匾额一
方，匾额题"同沐神麻"四字。温州中华基督教会巽山教会、白累德医院及
温州各县耶稣教自立会分会均有贺仪送到并派代表莅会。会议期间，温州内
地会西牧王濂牧师、王春亭牧师登台讲道，并有中国耶稣教自立会副会长、
平阳耶稣教自立会会长林湄川牧师莅会演讲。[65]

1935年9月，中国耶稣教自立会柴连复来温巡视永瑞平等县自立会，《圣
报》描述温州耶稣教自立会堂的情形："该堂面西高五丈余。可容一千余人。
其右两面。各有平房四间对立，其一为救火会水龙。及会役住所之用。其一
为厨房及教师饭厅。再右为三层四开间大楼。内有会客厅牧师教师住宅。及
办公室男女会友宿舍。并男女幼童勉励会所等。颇为庄严而完美。"[66]

二、与各公会推诚合作

温州耶稣教自立会在创立之初，母会温州内地会的中西教士曾有不少反
对及阻拦的行动。20余年之后，温州内地会西教士衡秉钧、夏时若等先后离
温回国，华人牧者蒋宝仁离世。20年代的非基运动，教会内部兴起的自立运

---

64 《圣报》第21卷第6期，1931年6月，第15-16页。
65 《圣报》第21卷第11期，1931年11月，第9-12页。
66 《圣报》第25年第9期，1935年9月，第8-9页。

动浪潮日盛，许多教会纷纷自立。新一代教会领袖对教会自立有充分的认识。且20年代末至30年代初，中国教会兴起合一运动的浪潮。因此，至30年代初期，温州耶稣教自立会与各公会之间，在教会事务上可以推诚合作。

1934年，中国耶稣教自立会总会在一封致永嘉平阳自立分会的信中嘉勉该分会与各公会言归于好，推诚合作，共同谋教会会务之发展：

> 迳启者：迩来吾基督教会诸同道，往往因思想与信仰之参差，致有门户之见，互相攻讦，派别纷歧，所谓党同伐异是也。此种分裂现象，适足减少灵工，助长魔力；箕豆相煎，言之至可痛心。而历年本会，对于与其他各公会，力谋亲密合作之事，亦鲜注意。大错铸成，曷胜遗憾。此种缺点，实基于少数会员，误解自立之真谛。以为本会自立，即应反对其他与外人有关系之教会，以示决心。殊不知本会自立，系谋达个人能自养自传自治之目的。并非盲目排外，或唯我独尊，凌人傲物，而故示标新立异者也。六月二日本会第五次常务委员会议，总干事报告巡视贵处教会务，甚形发达。而予其最良印象者，即贵处诸同道于努力事工之外，复能于其他各公会，密切合作，声气相应，请传谕嘉奖，决议通过等议在案。具征诸同道，灵恩充溢，深明教义，轸念贤劳，弥殷钦佩。相应录案函达查照。嗣后并格外努力，再接再厉，以期收分工合作，和衷共济之效，为荷此致永嘉平阳分会。[67]

三、成立永乐瑞特别区联会

按照中国耶稣教自立会总会的会章，各省市县乡镇，凡有会员达7人以上，均可设立为支会。会员100人以上，则定名为分会。总会在各省设立省联会，以协助总会，办理各省内分会、支会会务。若各省内有特别情形，得设特别区联会。在总会辖下，共设立四处特别区联会，分别是上海、永乐瑞、平阳、南洋等，其中永乐瑞（永嘉、乐清、瑞安的简称）、平阳都在温州境内。1935年10月，总会特派总干事亲往温州的永乐瑞督促进行特别区联会成立事宜。10月20日，召集永乐瑞三县共30余分支会代表举行特别区联会成立代表大会，选举潘庸甫、梁树声、庄柳兴、吴百亨、何敬之、陈骏声、王成恩、范任、蒋志卿、王贤会、袁宝珍、刘云恩、周步连、陈素清、孙宝兴、李培

---

67 《圣报》第24年第10期，第6-7页。

昌、张禄卿、林作迪、王步友、王步瀛、朱廉青、严进林、陈志鹤、金炼夫、王声波、陈文波、林言波等人为理事，其中以潘庸甫得票最高。并选举潘庸甫、朱廉青、蒋志卿为常务理事；梁树声为教务主任；范任为会务主任；潘庸甫为干事。[68]

关于分支会、省联会、特别区联会的设立，中国耶稣教自立会在《圣报》发布第五十四项通告，内文："本会总章及分支会组织条例暨省联会特别区联会等章则均已呈准公布施行在案各地分支会亟宜依照改组而各省联会特别区联会亦应设法成立查本会乃系自立先锋各方均甚重视惟以平时组织似嫌严密遂致事工不能统一且各地分支会现在负责人员暨名称既不一律而职责又未专司殊非慎重之道又查各省应设省联会各特别区应设特别区联会并经前执行委员会第二次会议议决指定上海永乐瑞平阳南洋四处设立特别区联会并派员到各地督促进行组织各等议在卷惟以因种种困难本总会一时不获一一派员前往办理深为憾事用特先行通告各地分支会领袖查照相机办理具报至纫公谊。"[69]

第四节　抗战时期的温州分会

1940 年左右，梁景山牧师去世，陈骏声牧师继任。1940 年，该会在松台山麓，建筑规模宏大的圣堂[70]。10 月 10 日，中国耶稣教自立会永嘉分总会总堂"永光堂"举行献堂典礼。同时，该堂聘请上海林景牧养。[71]1941 年，该会开设道学院[72]，名为"永光圣经学校"。

1944 年 7 月，温州又遭沦陷，日军进驻自立会永光堂，以致信徒无法敬拜。在一位佚名人士的回忆中写道："教会派金玉铭和陈春生二人，因他在日本 13 年，能讲日语。二人冒险去见日军司令，央求还我教堂，使我信徒敬拜我的上帝。当时日军司令严厉说礼拜堂自英美差会，不能退还。二人从温柔谦虚心，说这是中国耶稣教自立会，是中国人自立自养自治教会，经济由中国信徒奉献和英美无关。日军司令听他二人分析，所以日军司令面带笑容，

---

68 《圣报》第 25 年第 10 期，第 6-7 页。

69 《圣报》第 25 年第 10 期，第 11 页。

70 《圣报》第 30 年第 3 期，1940 年 3 月，第 16 页。支华欣牧师在其《温州基督教》中记载永光堂于 1938 年开始建造，于 1940 年建成。该记载与《圣报》登载有不符，故以《圣报》记载为准。参支华欣编著：《温州基督教》，第 100 页。

71 《圣报》第 30 年第 11 期，1940 年 11 月，第 11 页。

72 《圣报》第 30 年第 6 期，1940 年 6 月，第 14 页。

对二人说如果真的，这样，待后我找到适合住处，就还给你。三天后，日军找到天主堂增爵小学就搬走，真是主大能，恢复了教堂的敬拜神。"[73]

---

73 2012 年 11 月 4 日于温州市基督教两会档案室。

第四章　基督复临安息日会浙南区会

　　基督复临安息日会，简称"安息日会"，于 19 世纪 40 年代产生于美国，1902 年传入中国，原属远东总会。1931 年，全球总会议决将远东总会划分为中华总会和远东总会。中华总会包括华中、华东、华北、东北、华南、华西等六个联会。[1]

　　据 1919 年报告，华东联会下设三个区会，即皖宁区会、江浙区会和浙南区会。[2]1930 年华东联会已有教会 43 所，教友 2,059 人[3]。同年，华东联会将江浙区会分成江苏区会与浙北区会[4]，并于 1931 年另增苏北区会[5]。抗日战争爆发后，华东联会大部分地区沦为战场。1941 年太平洋战争爆发，西教士晋遍撤离或被拘禁。此间，浙北区会与江苏区会再次合并为江浙区会。[6]

　　解放后，全国安息日会投入控诉运动之中。1951 年 10 月 24 日，安息日会在上海举行代表大会，成立中国基督复临安息日会三自革新筹备委员会[7]。1954 年 12 月，成立中国安息日会全国总会[8]。1957 年 3 月 22 日，华东联合会扩大会议中决定将所属四个区会按着省行政区会合并成三个区会，其中将浙北一带教会与浙南区会合并，成立浙江区会筹委会[9]。

1　杨健生主编：《中华圣工史》，香港：基督复临安息日会华安联合会，2002 年 11月，第 66 页。

2　杨健生主编：《中华圣工史》，第 51 页。

3　杨健生主编：《中华圣工史》，第 158 页。

4　杨健生主编：《中华圣工史》，第 69 页。

5　杨健生主编：《中华圣工史》，第 25、158 页。

6　杨健生主编：《中华圣工史》，第 159 页。

7　杨健生主编：《中华圣工史》，第 121 页。

8　杨健生主编：《中华圣工史》，第 122 页。

9　《天风》1957 年第 10 期（总 529 号），1957 年 5 月 27 日，第 32 页。

1958 年，全国基督教取消会名，实行联合礼拜[10]。1978 年，党的十一届三中全会之后，中国教会得以重新恢复，安息日会也随之得到信仰自由。到 2002 年，浙江省共有安息日会信徒 49953 人[11]，其中温州地区信徒超过两万[12]。

第一节　浙南区会

1917 年，安息日会传入温州，后发展至处州、台州地区[13]。据传，1917 年，江浙区会派两位书报员曾路得、熊湘元到温州作工[14]。未开工前，他们先到一座小山上祷告，求天上的能力指引他们。开工后不久，便有一大群人开始遵守安息日，研究《圣经》。不久，安息日会传入温州附近各乡村，建立了 20 多个遵守安息日的团体。1917 年，温州所建立的教会划归江浙区会管辖[15]。

1918 年，华东联会派韦更生牧师（G. L.Wilkinson）到温州专习土语。1919 年，华东联会区会将温州、台州和处州三府割让，另组为浙南区会，推任韦更生牧师为会正。[16]《中华圣工史》中记载："1919 年，上海总会先后派遣三名美国牧师韦更生，耿光廉，方适前来温州开展圣工。起初他们暂住在瓯江的江心寺西国人住宅区内，因他们初来不懂当地方言，就请一温州弟兄教他们温州话，他们边学习边工作，使圣工得到逐渐的发展。" [17]

1920 年，韦更生在华东联合会的年会中报告：浙南区会有教会 5 所，教友 122 人，有本地男传道 9 人，女传道 4 人，教员 3 人，书报员 3 人，其它 4 人[18]。1919 年秋，浙南区会开办高级小学。1920 年正月，耿光廉牧师奉派来到，加强教育事工[19]。1924 年，浙南区会在温州南门外购地 40 亩，创建"浙南三育初级中学"，并附设小学。[20]

10　杨健生主编：《中华圣工史》，第 123 页。

11　杨健生主编：《中华圣工史》，第 152 页。

12　杨健生主编：《中华圣工史》，第 123 页。

13　杨健生主编：《中华圣工史》，第 49 页。

14　杨健生主编：《中华圣工史》，第 25 页。

15　杨健生主编：《中华圣工史》，第 27-28 页。

16　杨健生主编：《中华圣工史》，第 28 页。

17　杨健生主编：《中华圣工史》，第 162 页。

18　杨健生主编：《中华圣工史》，第 62 页。

19　杨健生主编：《中华圣工史》，第 62 页。

20　杨健生主编：《中华圣工史》，第 28、471 页。

1928 年 8 月 17-25 日，浙南区会召开年会，《末世牧声》登载概况，并介绍浙南区会的整体情况，相关内容如下：

浙南的年会（李博）[21]

此次我所赴的年会、可算极好的。我在同工之中、从未见过有如此属灵的交往、和弟兄的感情。浙南会期、于八月十七起、到廿五止。凡来赴此聚会的工人、及一切代表、总计约有百余人。

年会期中有查经聚会、有议事会、及灵修聚会等。每次聚会、人人心中都很觉有趣味、并且大家也很注意。如此的精神、足见得上帝的灵、奋发在各人心中。在信道的人中、有铁匠、木匠、及农夫等。然而他们所得之人、较比那些在教会作工之人所得的还多些、据该会正之报告、在本年的起头、新教友加入教会者、共计卅七位。但是其中就有廿位、乃是由这般平常的教友而来的。一切作工的人、就因着这般平常教友的新创设、也随着忙起来了。例如一位作铁匠的弟兄、他移到一个新村庄去、开设铺面、就在那里宣讲福音、所有一切费用、都由他打铁所得来的钱来供给、他又另外在别的三个村庄、也是照样开设铺面。若是每一位教友、都有如此计划作工的精神、这福音、岂不快要传扬开了么。浙南教会、是都助这般平常教友的工作、又多勉励他们。该教会现受浸归主者、共有四百廿五位。他们的安息日学、总计有了一千一百六十二位。但是安息日学部的新干事陈民君、希望在年底之前、能达到二千人。由此看来、真是可以多得新教友。因为安息日学的目标、乃是多得人。他们在一千九百廿八年内、就是盼望能得一百八十五位教友。但是在有的分堂、是已经超过了所限定的数目。我们料想将来必要加增很多的教友。因为那些平常教友及工人们、都是献上他们的生命、为"要吸引万民"来归向主基督。

他们的工人、都抱有一个教会自养的心、并且报告好些极有趣味的事、乃表明上帝是已经为福音开了门。有一位弟兄、于三月之前、出去作工、除了丰富的灵和他的薪水随着他以外、如租礼拜堂、和置家具的钱分文无有。但今天他在年会报告说、已经在三个村庄

---

21 《末世牧声》，民国 17 年 10 月 15 号，第 19-20 页。

中、能有聚会之地、以及一切用具、并又开设初等小学、且聘请了一位教员、这一切都是当地人自己供给的。

……

当时所选省会的一切职员、会正是魏更生、司库耿光廉、安息日学部干事陈民、家庭布道干事朱德明、教育部与青年义勇团干事陈友石、书报部干事姜仲刚、妇女部韦更生师母。方适夫妻二位、对于华语研究似有极好的进步。此次去赴浙南年会的有周尔鼎曾路得嘉华达来鸿宾各位弟兄、并我兄弟、大家都很快乐、且同心合意的祷告上帝。但愿他将他丰富的恩典、在来年多多赐给浙南教会的工夫、以及一切的工人。

1930 年，浙南区会有教会 16 所，教友 513 人。[22] 同年，基督复临安息日会《中华基督教育月刊》刊载：

"温州教会在本月（十一月）间曾举行浸礼一次，计共人数二十八位。若分开来说：在城内会堂者十位，在南门外三育中学者十八位。但城内会堂本年受浸目的是三十位（三育学校在外），前次已有十九位，今又加上十位，共有二十九位；那末与本年内引人受浸的目的仅相差一位了。然而年内尚有一个月的工夫；况且近日已有几位加入了求浸班。预料本年的目的，不但达到，也可以超过。可以说今年温州教会于引人归主上开了一个新纪元。这是上帝特别的恩赐，我们不得不感谢他的。（朱德明）。"[23]

该刊另载，浙南会正魏更生牧师报道："浙南区会的工作，今年蒙上帝特殊的祝福，直至本年十一月上旬已有一百七十九位领受了洗礼加入末世的教会。对于本区会于本年底要达到八百位教友的目的不难达到矣；因现已有七百九十二位了。此外我们温州中学也是异常发达，秋季开学时有一百六十余位学员。"[24]

1937 年左右，浙南区会会长方适[25]，教会 41 所，教友 1，306 人，牧师 5

---

22 杨健生主编：《中华圣工史》，第 158 页。

23 《中华基督教育月刊》，总编辑：梁思德，中华民国 19 年 7 月份，第 11 卷第 7 期，第 39 页。

24 《中华基督教育月刊》，第 11 卷第 7 期，第 39 页。

25 方适（Fossoy, Alfred）于 1932 年来温。杨健生主编：《中华圣工史》，第 927 页。

人，教士 9 人，传道士 34 人，中学教员 7 人，小学教员 7 人。[26]

抗日战争期间，温州、台州、处州三府经历数度沦陷，教会圣工受到极大阻碍。浙南三育研究社被日寇占据，抢劫一空[27]。西教士普遍撤离，浙南区会改由华人牧者陈友石担任总干事并代理会长。抗日战争胜利后，西教士回到浙南区会。1946 年，浙南区会由狄思白担任会长，陈友石担任总干事，由蔡步洲担任书记兼司库。[28]1948 年，狄思白全家返回美国，区会长一职仍由陈友石继任。

1948 至 1949 年，浙南区会设有执行委员会，有 9 位成员组成，分别是：狄思白、陈友石、蔡步洲、陈文思、朱德明、梅介中、陈飞、吴晓东、萧庆元等。区会先后按立陈友石、潘子璋、刘笑天、朱德明、陈文思、蔡步洲、杨辅世等 7 人为牧师。[29]

第二节　浙南三育初级中学

浙南三育初级中学由基督复临安息日会浙南区会所办。1919 年秋，浙南区会开办高级小学。1920 年正月，耿光廉牧师奉派来到，加强教育事工[30]。1922 年，浙南区会先在甜井巷租用民房办起三育小学。[31]1924 年，浙南区会在温州南门外购地 40 亩，创建"浙南三育初级中学"，并附设小学。[32]

三育初级中学首任校长为耿光廉牧师。1929 年由加拿大籍方适牧师接任。其时，学校任课老师与课程如下：陈友石任训育主任，陈诒甫任教务主任兼任圣经教导、音乐课，张达生任国文兼历史教师，温询任数学与理化教师，瞿鸣秋任地理教师，方适任英语与生理卫生教师，一位黄姓老师担任体育课教师。该校附设三育小学，教师由教内的家属与子女担任。校内另办一个织布厂，提供学生半工半读的机会。[33]

---

26 杨健生主编：《中华圣工史》，第 159 页。
27 杨健生主编：《中华圣工史》，第 101 页。
28 杨健生主编：《中华圣工史》，第 159 页。
29 杨健生主编：《中华圣工史》，第 163 页。
30 杨健生主编：《中华圣工史》，第 62 页。
31 《鹿城文史资料（第 11 辑）》，第 172 页。
32 杨健生主编：《中华圣工史》，第 28、471 页。
33 《鹿城文史资料（第 11 辑）》，第 172 页。

为了回避向政府立案，该校先后改名为"浙南神道学院"、"浙南三育研究社"、"浙南三育训练社"。1929 年该校曾因开除两名谈恋爱的学生而引起一场大风潮。同时，城内省立第十中学与私立瓯海中山中学的部分学生指责三育中学没有开"党义课"（即国民政府于北伐后规定大中学校开设专讲三民主义及国民党政策的课程，30 年代后期，改设"公民课"，目的为进行政治法律等思想教育），且没有经教育局立案、违反办学制度，极力要求政府关闭该校。后来，时任南京三育神学院院长李博报告南京国民政府孔祥熙，电令温州政府，内文大意为："西人李博在南京办理三育神学院颇著成绩，其在温分校（即指温州三育中学）希予照顾方便"[34]，风潮才告平息。为避免风潮再次发生，该校除改名之外，还改为专招教会子女入学，校长由陈友石担任。[35]1931 年，"浙南三育中学"改称为"浙南三育研究社"，此后，该社先后有陈友石牧师、刘笑天牧师与何经隆教士担任社长。[36]

在三育学校发展历程中，国文教师张达生的长期革命斗争与被称为浙南共产党地下交通站的三育学校教师宿舍"小洋房"是一直被称道的。张达生（1893-1970），平阳县人，于三育创校时到校任教，在校任职达 20 多年，是全校教职员中任期最长的教师。而他被认为最大的贡献就是在任职期间长期担任共产党的地下交通、联络重责。[37]1930 年代中期，共产党浙南临时革命委员会的组织干部吴毓联系张达生，并于 1936 年间以三育学校内的教师宿舍"小洋房"为共产党的温州城区工作通讯处、交通站。1937 年，抗战爆发前夕，浙南地区国共第一次和平谈判开始，三育学校的"小洋房"成为最稳妥的秘密联络处。[38]5 月，张达生曾被国民党逮捕，后经刘英、吴毓等营救出狱，其时张达生担任浙南共产党的地下交通员。次年，张达生又担任浙江临时省委交通员。1942 年，"温州事件"发生，浙江省委书记刘英在温州被捕，三育学校的交通联络活动中断。1945 年，三育学校又恢复了交通站的作用，直到1949 年温州地区解放。[39]

---

34 《天风周刊》1952 年第 31 期（总 326 号），1952 年 8 月 9 日，第 10-11 页。

35 《鹿城文史资料（第 11 辑）》，第 173 页。

36 杨健生主编，《中华圣工史》。

37 《鹿城文史资料（第 11 辑）》，第 174 页。

38 《鹿城文史资料（第 11 辑）》，第 174 页。

39 《鹿城文史资料（第 11 辑）》，第 175 页。

解放后，1950 年校产由温州市人民政府接管，即今温州市委党校，该校历时共 26 年。[40]

第三节　代表人物

一、陈民（1900-1984）

陈民，字爱三，英文名 John M. Chen，温州人，1900 年 1 月 26 日生。父亲陈明澜，清末武状元，后以裁缝为生。陈民自幼好学，于 1918 年毕业于温州圣道公会艺文中学。1919 年受洗加入基督复临安息日会，后任韦更生牧师书记，并兼任翻译和传道工作。

1925 年，陈民于上海三育学校毕业，受派至温州安息日会工作。1930 年，再入江苏省句容县桥头镇中华三育研究社大学部攻读商科，一年后因成绩优异，兼任商科簿记和英文打字部教师。1933 年受中华总会派遣至东北沈阳区会任司库，后升任东北联合会干事，并被立为教士。1935 年调任东北三育研究社任教务长。1936 年夏，调任上海中华总会安息日学部，负责翻译安息日学学课、圣工季刊、良助等材料。

1937 年抗战爆发后，陈民将家属送回温州老家，只身至香港，继续在中华总会安息日学部工作。1939 年随中华总会人员回到上海。1941 年升任中华总会安息日学部干事。1942 年被中华总会按立为牧师，同时任中华总会传道协会干事，兼任华东三育研究社社长。1948 年任中华总会干事直到 1951 年止。

1951 年底，陈民受到冲击，离开中华总会，在家中义务翻译怀爱伦著作，先后翻译《历代愿望》、《先祖与先知》、《先知与君王》、《使徒行述》、《善恶之争》等五部丛书。1984 年 8 月 29 日逝世，享年 84 岁。[41]

二、陈友石（1900-1974）

陈友石，原名陈荣泉，1900 年 1 月 13 日出生于浙江平阳，为家中长子。1920 年至上海三育大学就学。1924 年任浙南区会浙南三育中学校长。1926 年调任桥头镇中华三育中学院男生训育主任兼导师。

---

40 支华欣：《温州基督教》，第 94 页。

41 杨健生主编：《中华圣工史》，第 467-469 页。

1931 年秋，因浙南三育中学闹风潮，改称为浙南三育研究社，陈友石被调回温州任社长。同年，被按立为牧师。1941 年太平洋战争爆发，外国传教士回国，陈友石任浙南区会会长及司库。1945 年战争结束，外国传教士返回温州，陈友石卸任，回三育研究社任社长。1948 年解放前夕，外国传教士回国，陈友石再度任浙南区会会长。

1950 年 9 月，陈友石奉调至桥头镇中华三育社任男生训育主任兼圣经导师。该校于 1952 年被政府接管，陈友石继续任总务科工作约半年之后辞职回老家。1952 年，陈友石回到平阳，在平阳县安息日会会堂内任义务传道。1974 年 11 月 25 日病逝。[42]

---

42 杨健生主编：《中华圣工史》，第 471-473 页。

第五章　真耶稣教会

　　真耶稣教会(The True Jesus Church of China)原名万国更正教耶稣真教会。创始人魏恩波[1]。魏氏于 1904 年在北京磁器口伦敦会礼拜堂受洗礼，1915 年吸收了守安息日的信仰。1917 年 4 月 3 日，改名为魏保罗，并立志传道，以万国更正教耶稣真教会名义开始传教，后改名为真耶稣会。1918 年 2 月，在北京成立总会，自任总监督。1919 年，创办《万国更正教报》。同年，魏保罗因肺病去世，由其子魏以撒继承。

　　真耶稣教会于 1924 年传入温州，1927 年传入平阳，不过由于其发展受到温州原教派的制约，相关的资料极其缺乏，本处根据有限史料简述如下：

一、温州

　　真耶稣教会于 1924 年传入温州。当时温州甜井巷五号安息日会教友潘巴米拿、陈以撒、周存仁等人，因不满教会内部纷争嫉妒，纠合同志，另立教会。他们于 1924 年 6 月读到真耶稣教会长沙本会所印行的《真耶稣教会圣灵警告》报，很受感动。1925 年农历七月初，真耶稣教会派张巴拿巴赴温州主领布道会，有 130 多人归入教会，领受圣灵者达 50 多人。[2]

二、平阳

　　1927 年 3 月，温州平阳籍台湾侨民朱惠民，从台湾回到故乡平阳传讲真

1　姚民权：《上海基督教史》，第 193 页。
2　魏以撒主编：《真耶稣会创立三十周年纪念专刊》，真耶稣教会总会发行，1947 年
　　12 月，第 185 页。

耶稣教会信息。但受到老宗派教会的制止，未得发展。真耶稣教会总会于1929年派朱恩光来平阳传道，牧养半个月，设立祈祷所。《真耶稣教会卅年纪念专刊》登载详情："平阳城本会经过历史情形，自民国十六年三月间，朱惠民执事在台接受真道后，回归故里，宣布真道，撒晚雨圣灵种子，同时圣灵大动工，使异邦人来信者甚多，不料老教会极其猜忌，尽力破坏，以致渐渐冷落，至民国十八年，总部直派朱恩光执事来此牧养半个月，设立祈祷所，至十八年秋殷荣高灵兄趋上海总部第四期神学会肄业，回梓培养弟兄，然真神不丢弃我们，至二十四年适朱惠民执事赴总部全体大会，蒙派回故籍，作暂时牧养，业经施洗三次，计十九人，合以前原有十余人，共有三十余人，同年于九月一号正式成立本会，延至三十二年，朱羽仪执事与殷荣高传道者相继而逝，无人牧养，使教会渐趋冷淡，无法挽回，时常聚会者，只有十余人，但愿诸负责时刻关心，为我们平阳教会祷告，扑灭魔鬼，使真神的救恩显现，降福平阳。"[3]

---

3 魏以撒主编：《真耶稣会创立三十周年纪念专刊》，第186页。

第六章　温州中华基督教自立会

在温州圣道公会中，早在苏慧廉时期就已经开始着手自立的预备，在发展过程中亦时时提倡自立，但最终因爱国、反帝风潮中实行的自立却遭到传教士们的极力反对，最终使得教会在相互斗争中分裂。以尤树勋为代表的自立运动发起人，虽尽量寻求和睦，却因政治与利益的冲突使得双方分道扬镳。本文将详细叙述温州中华基督教自立会成立的过程。

第一节　自立的预备

若说自立的预备，继 1906 年中国耶稣教自立会的成立，1910 年平阳教会与 1912 年温州分会的建立，对于温州华人牧者来说，肯定是很重要的启发。也就在 1912 年，温州圣道公会开始积累信徒奉献款项，为教会自立作预备。在 1954 年出版的《浙江青田基督教会之创始及自立经过的报告》中记载："主历一九一二年温州圣道公会英人海和德（J.W.Heywood），秉承苏慧廉的计划，积极征收教会自养的基金，（原名谢恩款）每年由华信徒所捐献的积累起来，预备作自立的传道经费，大会群众都赞成此事，认为中国教会终须自立，不应长此倚赖外国的津贴；因此各代表推行，各级劝捐，各区教会分头进行，选举司库员若干人专管此事；同时派尤树勋同工对总议会全体作专题演讲，题目为'中国教会自立之预备。'内容精详重要，面面顾到，如奉献的生活，圣徒的本分，人才的培养，经济的准备等，全体听众无不感动，一致立愿，会后，向硌区推行传达普遍深入。海和德拨付洋钱贰拾元，交执事刊印自立演讲文，名曰'教会自立之预备'分送温处各区教堂作宣传资料，配合谢恩款之进行······"。[1]该《报告》中指尤树勋所作的专题演讲，内容于 1920 年（民国九年）10 月在《圣报》登载部分，摘录如下：

教会自立的预备（尤树勋）[2]

自立会的名目本是好的，为什么有人忌惮呢？无非是因为有分争结党的，私鬭嫉妒的离散人心，妨害教会，所以使人怕如毒药，不顾问闻了。现在我们所说的教会自立，不是这样；乃是谋求自养自传的责任，继续西国差会的事工；全是义务的性质，毫无权利的思想。

查现代中国自立的教会大约有四种。

一、互闹意见的自立会。这种教会的原因，或因西国人有专制的手段，或因中国人有排外的心理，以及他种的私意，致彼此分裂，各走各路。

二、迫于经济的自立会。这是因为教会经济支绌，入不敷出，西牧催促华人勉力捐输，互相负担，维持教务于现在，预备自养于将来。

三、自觉自动的自立会。教会中有一般优秀的份子，深明大体，实行教义，以布道为己任，以捐资为当然，自理会务，自订会章，消弭教案，打破非教会人的误会；于是有中国耶稣教自立会，及中华基督教的成立。

四、协和合济的自立会。当子会未成立的时候，母会尽他提携的责任，循循善导，教他自立，以观厥成；及至有完全自立的实力，才放了担子。现在他们教会的经济，虽全由华人担任，而主理教务，则中西合办；且他们的会名，仍依其旧，这种中西协和，携手同行的教会，甚可美慕。

第一种的自立会是错谬的，我们不效法他。第二种是被动的，我们正要经过。第三四种是自动的，我们指望也能达到这个地步。但我们在这幼稚的时候，必须勉力预备，才能达到健全的地步；不如此，就是幼稚教会，也不能生活；所以现在要讲教会的自立的预备。

---

1 《浙江青田基督教会之创始及自立经过的报告》，第 7 页。
2 《圣报》第 10 年第 10 期，第 2-4 页。

一、撒播自立的种子。言语如种子，人心如地土；凡活种子落好土里，没有不生长的，古来改造国家社会，没有不用言论为种子，譬如"博爱""平等""自由"的种子，落在人心，铲除了世界多少的暴政，造出多少共和的幸福，你看言论转移人心的效力，岂不大么？有多少人曾用依赖的种子，撒在人心，败坏了许多人的自助心。与责任心。是什么话呢？就是说："叫外国人帮助。"又说："我们的教会，是某国的。"这恶种子深入人心，其结果，就是养成依赖的习惯，与懦弱的奴性，为害真不浅了。现在我们当如何撒自立的种子，深入人心，打破他们的依赖性，盼望收到自立的效果呢？就是演讲自养，自助，自传，自治的论调，谆谆告诫，家喻，户晓，务使男女老少人人皆知，且把这些论调，登在报上，或印成单张小册，帮助讲演的不及。既可撒得远，又可传得久；耳既听过，目又看过，再三再四，深印脑海，或者能把前日依赖的口气，改作自立的谈话，把依赖的习惯，改作自立的性质，保罗说："种的是什么。收的也是什么。"我们应当苦口婆心的去撒这种子，将来效果丰满，则耕种的与收成的，必同享快乐。

二、养成自立的人格。要教会自立，必要养成自立的人格，主理教会的，若没有自立的人格，虽有充足的经费，也必滋生弊端。因为教会不是金钱所组织的，乃是有人格的人材所组织的。耶稣称西门为磐石，因为西门有金刚的性质，可作立教会的基础。这样看来，人格是教会的根本，君子务本，本立而道生，养成自立的人格，是务本的法子，然而当养成甚么人格呢？

甲、自觉。不自觉必至无知无识，茫然一生；非胶执己意，即盲从他人，便是没有自立的人格，若要有自立的人格，必须有清阔的心境，远大的眼光，观察时事的大势，教会的大体，人心的趋向，世界的潮流，更须有灵敏的脑筋，高尚的思想，然后才晓得如何对待潮流，维持人心，应付时局，治理教务。当此科学昌明的时代，信徒的信心，及非信徒的观念，与从前不同人；的心理与程度既与前不同，则说教的方法与理论，自当有点两样，以旧日的药方，不能治现在的症候，语云："知己知彼，百战百胜。"我们处在这争竞的世代，要得胜利，推广天国，对于以上种种，非有彻底的觉悟不可。在廿世纪的教会，所受的感觉，不一而足，试揭要言之。

（子）辛亥革命，民国成立，那一般失养穷困的族民，岂不是素性依赖的满人么？他们在前清的时候，吃现成的养粮，就不谋求行业，致养成懦弱无用的劣性；及至民国，政府取消其养粮，即遭困苦的结局，这正可作依赖的儆戒。若教会不图自立，只知依赖西人，倘西国异日有了变动，你将何以生活呢。

（丑）民国成立以后，政学界的上流人物，赞成圣教，想着皈依的不少。但他们所以观望不前，也是有理由的，可用徐谦，雍涛，金邦平，诸君之言代表之，据他们说："基督教道，固尽美尽善；但以西人主持教务，颇不便入教，倘有华人的基督教会，则甚愿入矣。"这几位今已入中华基督教了。由此看来，中国教会不谋自理，何能容纳存这心理的人呢？

（寅）近年来中国国势不振，险象环生，种种救国的方法，都不见什么效力；而基督教救国的声浪，已传遍了全国。因此有心国家的人，研究基督而皈依的，颇不乏人。他们已看定救国的希望，全属基督教，这是加重中国基督徒的责任了。我们正在国家水深火热，国人望救迫切的时候，若不奋勇自立，急救将亡的国家，不幸中国灭亡，我基督徒有何面目见世界人呢？

（卯）这四五年来，因欧战之故，教会的经济受了极大的损失。德国宣教会，差不多全无金钱。别的宣教会，虽源源而来，但于金价猛跌，极形困难。教会到了这逆境，惟有勉力自捐的，尚可维持；那懦弱吝啬的教会，就因此歇了，我说这个困难，就是要试炼要审判教会的强弱；强的站立，弱的跌倒，胜败荣辱，不能隐藏。试问我们的教会，受这试炼，将如之何！若不勉力自捐自传，怎能立得住呢？

（辰）去年美国有世界归主的运动；中国有云南归主的运动；上海又有中华归主的运动。这种运动，与教会自立彼此都有关系，若要中华归主，各人必须自立。我们当分担世界归主运动的责任，模仿中华归主的办法。试看云南布道诸君，热心毅力，自传自理，已得极佳的成绩；我们只具冷静态度，袖手傍观，岂不惭愧么？我们受了以上五个感点，若仍不自觉，便是麻木不仁了。若有自觉心，却不肯乘时实行，退缩因循，误了良机，那便是明知故犯了？

启发自觉心的方法，莫如多看书报，关心教会及国家，审度时势，慎思明辨，定必由感而觉而动；因为自觉者，责任之母也。

第二节　发起教会自立

1925 年 5 月 30 日，"五卅"惨案发生，正在上海参加中华全国基督教协进会会议的尤树勋目睹了该惨案的情形，遂激起了他爱国情怀[3]。消息传到温州之后，温州各界掀起爱国运动，温州基督教也在尤树勋的带领下掀起自立运动。

一、教会学校风潮

惨案消息传到温州之后，温州各中等学校开始组织温州学生救国联合会，同时温州的教会学校也发生爱国运动。6 月 8 日，艺文中学学生集体宣布脱离教会学校。10 日发表了〈温州艺文中学学生脱离教会学校声明〉。声明内容：

> 温州艺文中学学生脱离教会学校声明[4]
>
> "全国各报馆转全国各公团及海内外同胞钧鉴：五卅惨变，凡有血气之人，莫不呼声急烈，共起反抗强权。同人等系英人所办之艺文教会学校学生，饱受其专制教育，夙怀怨愤。自沪案发难后，更深恨外人之蔑视我同胞，亦愿牺牲一切，即日永远脱离该校，自行组织救国团，望我同胞共伸义愤，致力援助。伏希垂鉴。脱离温州艺文中学校学生救国团 300 人同叩　灰（注：灰，即 10 日）"。

11 日各校学生成立救国联合会，发动罢课，举行示威游行；工人、商人，教师等积极响应。9 月艺文学校离校师生，以蛟翔巷平水王殿为校舍，创办瓯海公学，公举谷寅侯为校长。

温州学生联合会在于 1926 年编的《一年来温州学生运动之经过》一书中记载"五卅运动"的详情：

> （一）自沪案发生后，合地各中等学校，即行组织温州学生救国联合会，同时召集各界各团体，组织扩大的温州救国会，且派代表到附近各县宣传惨案的真相，并督促各县组织沪案后援会，游行示威，和捐款济难。

3　《浙江青田基督教会之创始及自立经过的报告》，第 8 页。
4　苏虹编著：《旧温州轶事录》，第 85 页。

（二）各地民众，对于沪案，均有示威运动，六月七日，本市各界，及中女小各学校，一律参加五卅惨案市民后援大会。

（三）五卅运动高潮中，当地许多教会学校之学生，在统治势力之下，不能自由，每有反抗行动，崇真小学之学生，曾为参加群众运动，被该校校长，（英国人）恫吓威胁，无所不用其极，全体学生一齐离校，不日即恢复原状。瓯海艺文中学学生，因该校校长（蔡博敏英国人）阻止学生参加爱国运动，致动公愤，一体离校。当地人士创办瓯海公学，以资容纳，但尚有小数不觉悟分子，受外人物质引诱仍留该校。愧极！愧极！[5]

二、发表宣言

尤树勋回到温州之后，参与温州各界爱国运动，同时掀起教会内的系列活动，其中最先发表的是自立宣言。由温籍神学家刘廷芳博士主编的《生命》月刊，于6月出版一期"沪案特号"，其中特别登载了两篇有关温州的文章，分别是〈温州圣道会自理宣言〉和〈温州基督徒反对强暴之宣言〉。详文如下：

温州圣道会自理宣言[6]

亲爱同道的兄弟啊。你爱人么。若真爱人。应不愿意同胞被别人杀害。现在英人枪杀同胞。死伤约一百多人。他们的官长和教士。还不认自己差错。倒反遮掩自己罪过。实在强横无理已极。我中国懦弱。交涉办不过他。打战又打不过他。我们教友应该怎样好为同胞争口气呢。我想先把教会收回。自理，脱离西人的管辖。就算是争气了。

各位啊你爱自己吗。若真爱自己。应不愿祸灾临到自己身上。现在中国和英国结怨很深。万一两方有事。像那庚子年的祸变。就复临到你头上。这时你若未曾自理。叫谁来救你呢。你们若要免去这祸。趁早自立。就不算是外国人的教友了。

各位兄弟们你爱国么我中国本是堂堂大国。现在已被英人随便凌辱。随便打杀。丧我国体。夺我国权。近于亡国了。国家兴亡，

---

5 温州学生联合会执行委员会编，《一年来温州学生运动之经过》，温州学生联合会执行委员会印行，1926年12月，第3-4页。

6 刘廷芳主编：《生命》第5卷第9期——沪案特号，生命社出版，1925年6月，第42-43页。

人人有责。你若有爱国之心。就应该自立。若不自立，只知依靠外国人。他就当奴仆待你。永远被他欺凌了。

各位兄弟们。你爱教会么。是的。教会本是道德的教会。现在却被外国政府当作侵略的家伙了。耶稣博爱的道理。被他断送完了。现在外教人反对教会正利害。说我们信洋教的是洋奴。替洋人作走狗的。洋人口里说的是善道。但是做出来的是恶事。圣教的名誉被这些人糟蹋完了。你若要保圣教的名声。就应该脱离洋人的圈套。就是从帝国主义的势力下面逃出来。

各位兄弟们。时候到了。我们鼓吹自立预备自立。已经多年了。现在就是最好的机会。全国都要兴起自立了。倘还执迷不悟。将来祸患一到。那就后悔无及了。

你们不要怕。只要信。只管往前进。到了红海路自开。天下无难事。只怕有心人。

你们勿愁没有钱。如果发愤爱自己。爱同胞。爱国家。爱教会。钱就有了。倘再不够。还有积存的谢恩款可以补助的何必愁呢。

各位亲爱的同道们啊。请放心乘机。努力。若不背着天父的旨意。他必助我们作成自立的教会。[7]

温州基督徒反对强暴之宣言[8]

诸君啊，我们向来晓得英政府之侵略政策。高压手段，是很利害的。此次在沪汉所施的凶恶伎俩，已明若观火了，上海租界，惨杀同胞，蔑视人道，埋没公理，已达极点，虽经教内外中西人士评判与忠告，而英国当道还持强傲慢。不肯让步，不认己罪，日昨更用大炮轰击广东沙面市民数百人，其横蛮无理真不可及了。

原来基督之教，以博爱为宗旨，以世界和平人类平等为目的，不分国界种界，如兄如弟，彼此相爱一视同仁的，但英政府残暴的行为，侵略的主义不科的条约，实远背基督教旨，违反宗教精神，教会因他大失信用。基督为他被人污蔑，若基督重来，定必大加讨罚他了。

7　《圣报》第 15 年第 8 期，1925 年 8 月，第 28 页。

8　刘廷芳主编：《生命》第 5 卷第 9 期——沪案特号，第 43 页。另载《圣报》第 15 年第 7 期，1925 年 7 月，第 2-3 页。

我们根据人道主义世界公理，对英日之野蛮行为，侵掠政策，表示反对，上海基督徒联合会发起于先其他各处教会响应于后，行将全世一致，共起而攻之，同人等窃愿

附　诸君骥尾，勋蚂蚁之助力协同排除此世界之恶魔，人类之公敌，庶几强权可摧公理实现，为此同人等力谋教会自立，脱离西人关系，以表同情于被难同胞，聊尽国民份子，切祈

各界诸君，予以匡助，至祷至盼。

两篇文章同时登载在中国耶稣教自立会会刊《圣报》内，其中〈温州圣道会自理宣言〉改题为"温州圣道宗自理的劝告书"，与《生命》月刊不同的是，该文文后加上宣言的签名者姓名，分别是："朱邦彦、王屏周、郑志澄、梁洪甫、季源泉、潘家勋、林道兴、郑惠卿、陈正达、张振祺、李筱波、侯舜山、叶志远、吴美卿、王锡庆、尤树勋、王仁山、徐鹤亭、周芝芬、张冰如、陈启梅、吴同甫、郑秉仁、侯授心、彭华卿、潘达三、滕志湄、陈文波、郑福桃、翁吴氏、郑济冤、盛连升、陈寄泉、叶维忠、王陈氏、王佐臣、郑君莲、张雪琴、赵庆生、方朱氏"。[9]

三、组织自立教会

尤树勋返温之后，首先参与郑恻尘、王国桢等人组成的温州工商各界"五卅惨案"后援会和爱国救亡十人团，他在1962年回忆道："1925年5月，教会派我出席中华全国基督教协进会年会，适时五卅惨案发生，代表们目睹南京路演讲队演说纱厂工人顾正红被杀事件，听后大为愤怒。未几日又亲眼看见英捕领队开枪击毙学生与工人，我即避旅馆而痛哭，深恨我国已沦为半殖民地，言论、集会皆失自由。在沪一周，将了解的惨案真相和一些印刷品如《向导》及《号外》、《告上海市民书》等带回温州，参与郑恻尘、王国桢等人组成的温州工商各界五卅惨案后援会和爱国救亡十人团。我在宣传组，便将五卅惨案情况始末报告于温州教会内外各界，著述《教会自立之预备》一册寄送各县二百余教堂。"[10]

---

9 《圣报》第15年第8期，第28页。

10 尤树勋：〈温州中华基督教自立会成立经过〉，载于中共温州市委党史研究室、中共温州市鹿城区委党史研究室编，《中共温州独立支部与国民革命运动》，1998年6月，第301页。

同时，尤树勋在温州圣道公会内开展教会自立，于 6 月 17 日（农历闰四月廿七）晚间召集圣道公会众教师在城西勉励会堂开会，《瓯海基督教自立丛刊》记载："民国十四年古历闰四月廿七晚间，众教师二十余人（圣道会），会于城西勉励会堂，尤建人主席，报告聚集理由，并述说五卅惨案的目击情形，再报告各地对于这案的表示及办法，廿余教师除卢源生徐存悌二人外，皆表同情，详加讨论，既而表决三事如下：（一）要求海和德牧师代电英领，请其秉公从速解决此案。（二）发表宣言，反对英人之暴行。（三）筹备自立教会。"[11]不多几日，以尤树勋为首的四位代表（另外三位是：陈启梅、池翔庭、李景贤）面见圣道公会温州教区长海和德牧师，但遭拒绝。[12]

交涉无效之后，代表们组织会众筹备自立，并再次派代表与海和德商量，再次遭到海氏拒绝，扬言"你若必自立，必须辞职，且永不许进入我的教会内讲自立的话"。[13]6 月 21 日，尤树勋撰写《脱离圣道会宣言》，内文言辞迫切，表达自己及全人热心自立的决心，该文在中国耶稣教自立会会刊《圣报》中发表全文如下："沪案发生同胞被杀交涉无效不禁愤慨树勋因此加入爱国运动致触西牧之忌决志辞去教师及所兼各职筹备自立其理由分言如次（甲）近来反教风潮正盛而惨杀事件适起基督教遂为英人所污蔑树勋为拥护基督起见故脱离西人教会（乙）英国当道恃强傲慢此次交涉未必公平树勋一再请求英牧电其当道主持公理非但不允反受诬蔑显见偏袒不公是以辞职（丙）英国牧师犹抱国家主义则吾人尤应爱国表同情于被难同胞与国人一致行动量力援助故决辞职切望四方志士闻风兴起同舟邪许是为至幸民国十四年五月初一尤树勋"。[14]

继而，圣道公会教牧师纷纷辞职。《瓯海基督教自立丛刊》记载圣道公会总堂教师辞职的理由："总堂教师某某说：我任教职七年，爱教之心，达何程度，众所共晓，教众视我甚尊，遇我甚优，望我甚深，我对于教会之责任与希望，未可限量，今日所以忽然辞职与圣道会脱离关系者，实有以下的理由：（一）五卅惨案，天人共愤，我等主张公道，请海牧师以团体名义，致电英领，秉公办理，而海不允，反袒护英人之过，而诬华人以赤化之名，实无公

11 《瓯海基督教自立丛刊》，1926 年 9 月，第 13 页。
12 《瓯海基督教自立丛刊》，第 13 页。
13 《瓯海基督教自立丛刊》，第 13-23 页。
14 《圣报》第 15 年第 7 期，第 3 页。

道之至。（二）博爱和平的基督教，为帝国主义所污辱，今为使中国基督教与帝国主义分离，故要主张教会自立。（三）海和德反对教会自立，排斥自立分子，并将公有教堂，占为私有，还用高压手段，对付自立之人，因此我等越发要谋自立。（四）我等虽曾提出合作的条件，均无商量的余地，既无合作之希望，只得脱离圣道会以图完全自立今后惟各行其道，幸勿互闹意见彼此倾轧而贻基督教之羞也可。"[15]

辞职后的原圣道公会教牧师们，于6月29日在八字桥召开第一次筹备会，订定召开成立大会的日期。为使自立运动得到更多人的支持，自立发起者假座八字桥小教堂，用三个礼拜"礼拜讲经，并宣传自立主义，勉励教众心志。破除依赖性质，教众觉悟益深，自立之志益坚"。在筹备期间，发起者依然多次致函海和德，请求允准自立，并于7月18日修书邀请海和德参加7月26日成立大会并在会中讲道。海和德非但拒绝，反倒从中拦阻。[16]

7月21日，自立发起者再次修书，题为《与海和德牧师商榷自立书》，先肯定海和德牧师承继苏慧廉牧师教会自立的计划，结合时局希望海牧支持教会自立，提出温州教牧发起自立十条理由，期待在和平中建立温州自立教会。文中"成全早年牧师之素愿"、"不忘母会培植之功"、"试行自立是分西士仔肩承继其劳工并不离弃母会"等理由。我们将全文抄录如下：

与海和德牧师商榷自立书

（上略）牧师抱道东来，原由于宗教之热忱，及博爱的主义。因为我们深信基督教是超国界的，富有社会精神，不分你我，不分种族，极端抱大同博爱平等公道为宗旨的。诚以牧师等在华所施种种传教，办学，设医的事业，牺牲许多的金钱，人才，精神，光阴，原为爱我中华，增光基督，我们要至诚的感谢，永远不能忘记。我们知道牧师创立教会于中国，是以中国信徒为中心，培植中国领袖，养成中国教会自立的能力；并将传道及管理教会的责任移交到中国领袖的肩上；若中国教会能达到完全自立的地步，则牧师等牺牲一切，创立教会之功告成了。我们敬佩苏慧廉牧师 Rev.Wm.Soothill. 有明达的眼光，宽大的襟怀，曾在二十年前，主张温州教会自立，提倡款以为基金；我们因羡慕自立之故，所以乐意筹捐，储蓄以待。

---

15 《瓯海基督教自立丛刊》，第13-23页。
16 《瓯海基督教自立丛刊》，第16页。

并于十年前大会公决，减少传道薪水，以为自立之预备，法良意美，莫过于此。当欧战将终时，教会经济支绌，——牧师曾嘱树勋作自立的劝导，著有小册子以作宣传之品。其时牧师甚望不久实现自立之教会。旋有非基督教盛行全国，与我教会以重大的打击，给我们一个当头棒喝；若教会趁此觉悟，猛醒回头，力图自立，取消外国资本的帮助，及传教条约的保护，脱去西洋的色彩，成为中国本色的教会，则反基督教之风自息，而赞成接受基督者，当不乏其人。隔不多时，沪汉粤川各惨案又相继而起，国人恨恶外人之心，如潮怒涌，攻击教会，不遗余力；教会处此时代，不图改良，则甚危险；我们为维持圣道，应付时局，保基督之荣名。因信徒之道心起见，特商于牧师，切期准予自立，以遂初志。当即送上说明理由十条，兹附如下：

一、我们实行自立乃是成全早年牧师之素愿并非违背母会

二、我们不忘母会培植之功乃以自立传道为表示极诚恳之谢意殊不忍再劳服役费其金钱以损自己之人格

三、我们接受西款之补助亦已数十年为数至大若长此倚赖不但自愧无地自戕志气实属辜负了西士传教扶植之苦心与初志

四、我们今日试行自立是分西士仔肩承继其劳工并不离弃母会尚希照拂

五、我们本于基督之友爱及其服务精神实行自养自传并无排外争权之意

六、本年国人因五卅之事迁怒教会即神圣这基督亦遭谤毁我们为基督教雪耻因而主张公道反对强暴之恶类亦即所以翼教也

七、国内福音未普及之处甚多我们久年之教会当让出补助之款以作开荒布道之用

八、近年本教会各处冷至冰点无非因信徒不负责任所致若教会实行自立则教众为天职所驱使资无旁贷自能激起义务之热忱

九、我们愿本合一之义联络全体教会凡与基督同道者皆当合一

十、我们现在如雏习飞勉力进行若行之成功亦牧师等之荣不足之处仍乞引导辅助

如蒙允许则请采纳以下筹备教会自立办法草案

一、召集代表大会解决教会自立问题

二、由代表大会推选教会自立筹备委员一组

三、自立教会定名为中华基督教会（加地名于会名之上）

四、重订教会章程

五、大会会长教会牧师及各种议会议长皆由华信徒公选（此条当列新章内）

六、聘请富有经验之西牧为顾问指导一切

七、试验宣教师主行圣礼指导教务演讲圣经及解决疑难问题可由牧师及顾问相助为理而表决权则属华领袖

八、一切经费出纳皆归华人经济股管理

九、旧有自立基金（即谢恩款）应全数归华人经济股管理若有存在尊处者请按时移交

十、教堂产业若有华信徒捐助者则请移交中国教会领袖管理细章另议

附则一　教会经费概由华信徒负责倘遇不敷西士凭友谊之情随缘乐助亦所欢迎

附则二　以上草案由牧师阅过付代表大会修正履行

耶稣纪元一千九百二十五年七月十一日教会自立发起人[17]

7月26日（农历六月六日），温州中华基督教会在温州仓河巷37号开成立大会[18]。中华基督教协进会在《中华基督教会年鉴》中报道：7月26日"温州中华基督教会，开成立大会于沧河巷礼拜堂。"[19]"七月廿六日，即温州中华基督教会成立之期，报纸登载，赞声洋洋，各界来宾，多有演说之词，句句珠玉，语语沉痛，爱国爱教，溢于言表。社会如此赞成教会，实为温州从来所未有。会中通过章程，选出董事，奉献礼物，秩序井井，精神焕发，颇极一时之盛。"[20]

---

17 《瓯海基督教自立丛刊》，第4-7页。

18 《圣报》第15年第8期，1925年8月，第37页。

19 中华全国基督教协进会编，《中华基督教会年鉴（第9期）》，上海：中华全国基督教协进会，1927年，台北：中国教会研究中心、橄榄文化基金会联合出版，1983年3月重印，第12页。

20 《瓯海基督教自立丛刊》，第16页。

　　该会成立之时，得到温州社会各界的支持。"报纸登载，赞声洋洋，各界来宾，多有演说，演说之词，句句珠玉，语语沉痛，爱国爱教，溢于言表。社会如此赞成教会，实为温州从来所未有。"[21]当天，社会爱国人士如梅祖芳律师、郑恻尘厂长（中一草席厂）夫妇、胡识因女士、徐素芬女士、陈仲雷同志、平阳汤定一先生、徐志莱医师等都大力以舆论声援、支持。[22]并于9月22日得到瓯海道尹公署立案。[23]

第三节　自立运动的阻碍

　　尤树勋开展自立运动，对于其原出的圣道公会显然是极大的伤害。不管是最初的《自立宣言》，分裂出去的自立教会及其教牧人员，都属圣道公会。从资料所示，尤氏开展的自立运动，虽然派代表与圣道公会海和德牧师商榷，但商榷仅属商榷，只是走一个程序而已，没有给予另外的选择。而且，在没等圣道公会的回应，他们就已经推出一系列的活动，宣告退出圣道公会、决定成立自立教会，从而导致海和德等西牧的恼羞成怒，从而软硬皆施，恐吓、利诱教会领袖及教友，以致自立运动发起人中一部分跌倒，放弃自立主张。

　　在整编所搜集到的资料时，我们发现诸多资料均倾向于同情自立、支持自立。相反地，许多资料均在丑化传教士，包括海和德、蔡博敏等。在关于艺文师生离校的记录中，几乎所有资料都不会忽略一个细节，即蔡博敏"亲自持枪在校门口恐吓，阻挠学生上街宣传。"1926年出版的《瓯海基督教自立丛刊》中，有许多篇幅记载外国传教士阻碍自立运动的事迹。

　　沈迦在其《寻找·苏慧廉》中记载蔡博敏本人对此事件的记录："进行有效的大规模宣传对苏联来说可谓驾轻就熟，学生团体中激进的成员则是他们的高徒。温州本地五家媒体，全部都反基督教或反外国人（比如英国人），并且至少有一家持布尔什维克立场。尽管明知报道的内容不属实，一则关于文艺学堂校长用左轮手枪恐吓学生的新闻还是重见报端。近期当地学联（艺文学生并非学联成员）举行了一次公开演出，旨在'重现'去年学生集体离校的情景。在该剧中，校长便被描写成手持一把左轮手枪。在他们的宣传活动

---

21 《瓯海基督教自立丛刊》，第13页。
22 第249页。
23 《瓯海基督教自立丛刊》，第13页。

中，英国始终被塑造成帝国主义，依赖武力来获取想要的一切。教区长更是不断被当地媒体冷嘲热讽，并妖魔化。"[24]

同年 8 月，中国耶稣教自立会会刊《圣报》登载〈圣道公会风潮志闻〉一文，详述尤树勋与海和德之间的交涉过程：

> 五卅惨案。各省悲愤。六月六日。温城大游行示威。教会尚未加入。是日适有尤建人自申返温。即报告其在申目击情形。连日在教堂医院学校及他处。演讲英人之暴行。与同胞被压之苦况。侨温英人。闻之顾忌。一日尤君向英牧师 H 君。谈论沪案之种种。叩其对于此事之感想与办法。H 君谓匪人扰及租界治安。巡捕开枪正当防卫。现在双方尚在调查。不可归咎何方。尤君谓虽然真相未明。但一方则徒手之学生。一方则持枪之捕兵。学生未有暴行。捕兵遽然开枪。一再惨杀。至数十人之多。虽法官未有定谳。而普世良心已定尔英人之罪矣。此后尤出而组织温州基督徒救国团。成立后。该团推出代表四人。向海和德牧师报告本团成立之经过。并请与侨温西士电其本国外交当局。对于沪案主张公道。海君不允。只许云。"我可函告甬江领事云。'温州市民平安。请勿调舰。'"代表请修改其词云。沪案发生。温州与其他都会一致。惟举动尚文明。只等候完满解决。请领事代达外交当局。请其主持公理。速了此案。而全邦交。海又不允。代表等兴辞而去。筹议脱离西人。不与合作矣。逾数日尤建人君以筹备教会自立问题征求海君之意。海云你在教会里头讲自立是不许的。若欲自立。须待全属教会一齐。还须候英国大总会应许。尤君痛驳以上三言。而后提出辞职。（理由另详宣言）海云你辞职后。不要在我教堂里讲自立。及评判英人的话。你所办的青年社。亦同时迁出。又不许你办夏日儿童义务学校。尤谓教堂乃中西合资建筑。何以不准华人享用。海说此事再候北京大英公使依据法律解决。尤兴辞而出。即从事筹备中华基督教会。[25]

可以肯定，尤树勋与海和德的数次交涉，必然使两方关系交恶，且无法弥补，因此双方分道扬镳。在得知自立会成立的消息之后，海和德马上召集辖区内所有教牧师在其公馆内召开紧急会议，警告勿被自立影响，动员阻止

---

24 沈迦：《寻找·苏慧廉》，第 399、401 页。

25 《圣报》第 15 年第 8 期，1925 年 8 月，第 15 页。

自立，并派听差以备扑灭自立。圣道公会教牧师中间，参加 6 月 17 日（农历闰四月廿七）"四二七"首次会议的自立发起人中，有十余人因海和德的恐吓与训责而改变初心，转而阻止、破坏自立。

1926 年 1 月 14-15 日，温州圣道公会于艺文学校举行大议会，会中决定成立圣道公会自立会，选举汤复三牧师为会长。[26]会中海和德牧师针对自立发表演说，《瓯海基督教自立丛刊》登载部分内容，如下：

> "我们英国人抱道来华，自马理逊先生以至今日，费许多的金钱，丧许多的生命，办许多的事业，如医院学校教堂，供应许多人肉体与灵魂的缺乏，昭昭在人耳目。仅就庚子一役而论，我英人之牺牲性命，已不少了，如此牺牲，为的是救中国人民，岂有别意？今者中国教会，方有起色，知识稍微开通，其他并未建设，首先一事，就要离弃母会，图谋自立，若有人心，其何能忍？近数年我们培植数人入神学毕业，陈勋鹤龄已先后脱离本教会了，尤树勋又欲运动教会自立，如此忘恩负义，用我英人的金钱养出教会的叛臣逆子，岂非大谬？今后培植人才之事从此永断了。

> "各位兄弟，我试问你们看我英国牧师，不吃你们的饭。不收你们的钱，不害你们一个人，为什么离我而自立呢？我奉上帝之名而来传道，你们得道是从谁学呢？现在你们还要自立，竟有如此的忘恩么？你们若离弃我们，就是离弃上帝了，能逃上帝的刑罚吗？我曾告诉你们说：你们若自立，就不许在我的教堂礼拜，更不准用自立的基金，你们难道能自建教堂，自请牧师呢？倘遭逼迫仇教，不用我外力保护，能够自卫吗？我告诉你们，若要自立，必致败亡，这是魔鬼要扰害教会的法子，你们要谨防呀！倘若我有什么亏负了你们，该原谅我，有何难事同我商量。我必尽力帮助你们，请你们要保护教会平安，万勿容教会有自立的举动。[27]

面对圣道公会海和德的种种行径，新成立的温州中华基督教会受到百般压制。1926 年 6 月 17 日，中国耶稣教自立会总会向温州交涉员致函要求保护温州中华基督教会，全文照录：

---

26 《兴华报》，第 23 卷第 12 期，1926 年，第 30-31 页。
27 《瓯海基督教自立丛刊》，第 11-12 页。

致浙江温州交涉员函[28]

敬启者顷接温州中华基督教会寄来印刷件内称该地西教士海和德压制自立图吞公款反诬控华人于贵署云云阅之深为诧异按敝会于清光绪年间创设之始亦尝遇见此等逼迫遭逢许多困难今已二十余载分会遍二十行省该中华基督教会虽非隶属敝会范围而主张自立之宗旨则一当此五卅案件未决国人怒气未平该西教士理应谦让为怀何得仍行恃强欺凌揆其行为殊足玷传道之神圣为和平之障碍用特函达贵交涉使请依法办理并可否照会英领事查明案情酌加警告如果警告之后该西教士仍不悛改惟有勒令回国以平众怒而维国际之情谊尚希

誉夺为幸   六月十七日

另外，温州中华基督教会会长尤树勋牧师亦屡次发文揭露真相并寻求声援：7月，在中国耶稣教自立会月报《圣报》登载〈中西合作之梗〉一文：

中国教会因受西差会之抚育。种下奴隶之种子。而华人之浅见者。倚赖成性。失其独立之人格。甘居奴辈而不知耻。因遭西士之鄙贱。且因是养成西士之傲慢。遂与一般华人起不睦之憾事。

中国信徒因欠经济之义务。致失治会之权利。于是信徒之才能与地位。均不得发展。西士辄将华信徒统作如是观。于是日滋专制之弊。致惹华人之物议。

西士与华信徒在教会地位上殊不平等。每以经济之多寡定地位及责任之高低。殊不知华信徒类皆无产阶级之人。不若西人多为资本家也。华信徒才德兼优。而经济力薄弱。何不与以相当之地位及责任。无怪他人议其以经济力压人也。

西士以差会之金钱。在中华设会。一一皆以差会为主。事事求适合乎差会。视华教会为其附属品而奴隶之。是不啻以差会当公司。以传教为营业。藉其资本以广其势力。

中华信徒愤国家之凌夷。痛教会之闇弱。乃见义勇为。乘机图谋教会之自立。而有等西教士之狭见者。每穷思焦虑。百端扑灭。甚或势逼利诱。收买人心。招揽教友。摧残自立会。使人不能不怀疑西人在华传教之宗旨。含有作用。实为我国教会史上之污点。

---

28 《圣报》第 16 年第 8 期，1926 年 8 月，第 1 页。

观非基督教者在中国知识阶级内已有强大之势力。其指责教会之粃谬。正符上述之种种。此等西教士将何以自解。复将以何法袒护其自己之短。而雪基督教之耻耶。[29]

同时，尤树勋又发表〈尤树勋为温州圣道公会西牧摧残自立之呼唤〉一文，说："去年温州各地圣道会教友脱离差会筹备自立的不一而足但西牧百端阻挠肆意摧残不遗余力更假手华人蹂躏自立会曾在教场头及青田县恃势凌人大动地方公愤查青田十余年前教友储蓄自立基金以备自立管用孰意该地西牧函请交涉员及知事勒令缴款会友不依彼竟逼派法警拘押自立会领袖噎为牧师者竟如此摧残自立应请海内外同道与以援助并为代祷"。[30]

第四节　自立运动的拓展

自立运动从筹备开始，得到社会各界及各处教会的支持与拥护。在温州中华基督教会成立过程中，青田圣道公会的反应最为突出。早在 1925 年 7 月 2 日，青田基督教五卅外交后援会发表〈基督徒反对强暴宣言〉："各界同胞公鉴外人无道杀戮同胞英日强横摧残华族沪案之交涉未平汉口之惨剧又起近日广东沙面又遭英人大炮轰击死伤达数百人如此蹂躏吾种族荼毒吾同胞公理何存民心岂死全国国民莫不大声疾呼奋起对付推翻帝国主义铲除不平条约撤教首重人道主义抱基督博爱平等之旨虽属英国差会然对此案发生不胜愤激曾请英牧主持公道讵知英蛮骄横强词夺理非但不允反加污蔑令人忍无可忍同人等本中华一份子负国民之重责岂肯坐视家国之沦亡甘受外人之凌辱于是急起直追力图恢复挽将倒之狂澜支欲倾之大厦提出严重交涉希达美满结果排斥英人筹备自立收回教权保全国体深望各界同胞一致进行共同抵抗坚持到底永矢勿谖盖国家兴亡匹夫有责虽杯水难济车薪然集腋亦可成裘凡吾同胞宜共励之"[31]

虽经历圣道公会海和德及华人教牧多方拦阻，温州中华基督教会仍然得到快速地发展。在一年之中，温属地区共有 47 处教会实行自立，脱离老会之职员计 50 余人，信徒达 1500 多人。7 月 19 日玉环坎门教场头、里蚕相继成立自立教会；8 月 24 日，乐西、蟾川、湖头成立自立会；9 月 15 日，青田全县 31 教堂，同时联合自立；10 月 22 日至 11 月上旬，楠溪、烘头、表山、五

---

29 《圣报》第 16 年第 7 期，1926 年 7 月，第 10-11 页。
30 《圣报》第 16 年第 7 期，第 22-23 页。
31 《圣报》第 15 年第 11 期，1925 年 11 月，第 3 页。

漱各地相继自立；1926 年 2 月 26 日，上戍各教会领袖，发起自立，共有 6 个分会。[32]

1926 年 7 月 10-12 日，温州中华基督教会举行周年纪念会。[33]在《瓯海基督教自立丛刊》中报告该会一年中的七项事工：一、布道与鼓吹自立，每逢主日或周间，在各城乡布道及鼓吹自立，甚至在特别机会沿街演讲；二、讲道与教授圣经，每逢主日及礼拜二、六晚间公开讲道或研究圣经，并组织各地分会传道人圣经培训；三、主日学校，每逢主日下午组成男女大小主日班，而孩童则自成一科，课程用圣经课题十级、圣经图说及其他故事书；四、勉励会，每逢礼拜六晚间，聚勉励会之查经班，以资预备，至次日晨，在未正式礼拜之前则行勉励会公祈礼拜，由实行会友轮派主席，众会友挨次宣讲勉励会经题，互相讨论、彼此劝勉，以养成服务才能；五、宏道学院，与中国耶稣教自立会温州分会合办专门圣经学校，定名为宏道学院，一年中培养28 名学生，大都担任讲台工作；六、教友服务团，教友中虔诚有力者，组成一服务团，为服务软弱教友，并进行布道、代祷工作；七、服务社会之工，该会设立卫生部、教育部、演说部、青年社、救火会、书报室、男女小学校、平民义务学校等，在初建的一年中，已办义务儿童学校四所，学生 230 人，颇得社会赞许。[34]

同时，温州中华基督教会由尤树勋起草〈中华基督教会信条草案〉[35]，详文如下：

> 一、我信宇宙万有的主宰是人类的天父生命的根源有完全的圣善仁爱与智慧是人类道德的标准人生的归宿
>
> 二、我信耶稣基督有完备的人格博爱的牺牲是天父纯全的儿子足以表彰天父的德行又是罪人的救主世人的良友使人因他得蒙救赎
>
> 三、我信基督的精灵永在人间感化人重生人使人脱离罪恶得成为义且居住人心使人得心灵的扩大道德的发展

---

32 《瓯海基督教自立丛刊》，第 19-20 页。
33 《中华基督教会年鉴》第 10 期，1928 年，附载第 29 页。
34 《瓯海基督教自立丛刊》，第 22-23 页。
35 《瓯海基督教自立丛刊》，第 31-32 页。

四、我信凡与基督同道同志的都是基督徒不分宗派不别门户同
　　有基督的生命同属基督的肢体

五、我信基督徒由精神的交谊联结团体成为合一的教会藉有形
　　的组织为实现基督生活的工具

六、我信教会的生命必因服务而发展因此教会当为基督的化身
　　为社会而服役如是教会与社会相亲无间行将造成基督化
　　的社会

七、我信人类皆天父的儿女精神上无不平等虽然知识与行为各
　　不相同而其天良皆肖乎天父若得着救恩感与化教育与良
　　环境尽有成圣的可能

八、我信圣经是真理的宝库通天的道路天路的明灯其真理的发
　　源是由于真理的灵他的功用是导人归正学义以止于至善

九、我信圣徒有创造天国的可能对于家庭社会国家世界皆有感
　　化与改造的责任

十、我信天国顺着基督的理想逐渐实现充满真理与仁爱公道与
　　和平快乐与光明使人们享受真美善的永生的幸福

十一、此稿参考赵紫宸先生的暂拟信经海内外同道　诸公如有
　　　指正极所欢迎　勋志

第五节　温州中华基督教自立会的发展

在温州中华基督教自立会创立之初，尤树勋的反帝爱国举动得到温州诸
多爱国革命人士的鼓舞和支持。中共温州独立支部胡识因、郑侧尘、雷高升
等，多次登门与尤氏商议，将推行教会自立活动，作为"主张人民自主"和
"民运"工作的一个组成部分，动员尤予以支持。1926 年 11 月 6 日，尤树勋
正式加入了中国共产党，成为温州独立支部的 12 名成员之一。[36]但在 1927 年，
"四·一二"蒋介石反革命政变发生，温州独立支部郑侧尘被捕并惨遭杀害，
尤树勋涉嫌，避居上海十余载。尤氏在 1962 年回忆自己离开温州的原因和经
过时说："中华基督教自立会在革命党人和群众的支持下，揭穿了帝国主义分
子海氏种种丑态，取得了斗争的胜利。不料发生了四一二反革命政变，海氏

---

36 《浙江省宗教志》编辑部，《浙江省宗教志》资料汇编（二），第 304 页。

和劣绅张焕绅控告我为'赤化'分子,请省防军缉捕。经农民救援,我化装逃离温州。"[37]《浙江青田基督教会之创始及自立经过的报告》中曾提到:"张焕绅派人侦察我们的开会情形,知道我们成立的盛况,及会中说话的内容,他便向县署报告,谓有共产党分子名叫尤树勋,到处宣传教会自立,图谋不轨,欲侵夺教会产业及谢恩款,县长闻讯即饬调查员到堂,调查真相。"[38]

尤氏避居上海之后,先后担任天安堂牧师和主任牧师。而温州中华基督教自立会则由原圣道公会信徒、温州白累德医院著名医师李筱波(又名笑波、镜澜)先生担任会长。李筱波是温州自立运动的元老。早在1912年,中国耶稣教自立会温州分会创立的时候,李筱波与梁景山一道实行自立,且被任命为正会长,梁景山担任副会长。[39]黄志振在其〈组织温州耶稣教自立会记〉一文中说:李笑波系"本郡偕我会白雷德病院医士热心圣工不遗余力与鄙人矢志自立久矣且又办过温州祛毒社其才德之优胜可谓我瓯教会之巨擘诚非赘誉也"[40]当时,自立会遭到温州内地会的强烈阻挠,西教士夏时若致函圣道公会海和德,要求李筱波放弃担任会长一职,转而由梁景山担任会长。[41]

1935年9月21-22日,温州中华基督教自立会举行十周年纪念大会,《中华基督教会年鉴》登载:"浙江温州自立会举行自立十周年纪念大会。"[42]中国耶稣教自立会会刊《圣报》登载详情:"温州中华基督教会乃本会顾问尤树勋牧师等所创立,十载于兹,赖该会李会长陈静凡胡国祥诸先生等之艰苦努力,成绩卓著,本年九月二十一日,适该会十周年纪念,本会特派柴会务部长参与盛典,以表祝贺,廿一日上午典礼,由李会长主席,内地会邵静卿君,及本会柴部长致词,下午尤牧师主席,特请本会柴部长王总干事,及圣道公会爱牧师讲演;晚特请本会林常务理事溥泉牧师,及此次与柴部长等同行巡视之林懋昶先生讲演,是晚林先生讲题,为信徒是教会柱石,特有灵力,甚至到十一时

37 尤树勋:〈温州中华基督教自立会成立经过〉,载于中共温州市委党史研究室、中共温州市鹿城区委党史研究室编,《中共温州独立支部与国民革命运动》,第304页。

38 《浙江青田基督教会之创始及自立经过的报告》,第15页。

39 《圣报》第3年第2期,第8-9页。

40 《圣报》第3年第3期,第6页。

41 《圣报》第3年第1期,第9页。

42 中华全国基督教协进会编,《中华基督教会年鉴(第13期)》,上海:中华全国基督教协进会,1936年12月,台北:中国教会研究中心、橄榄文化基金会联合出版,1983年3月重印,第186页。

始散，而诸同道尚不见倦云。本会特送立轴一方，文曰：'自立集中，声震欧东，继起直追，传播灵通。荏苒十载，遐迩从风。光增日月，嘉惠无穷。'"[43]

抗日战争期间，上海沦陷尤树勋牧师返回温州，重返温州中华基督教自立会任会长一职。回到温州，尤氏开始着手温州教会联合会的建立。最终于1942年，成立"基督教温属联合会"，初由循道公会、内地会、耶稣教自立会、基督教自立会联合组成。尤氏担任首任会长。[44]其简章如下：

基督教温属联合会简章[45]

一、定名：基督教温属联合会

二、宗旨：遵守基督圣训实行真理以谋求教会合一为宗旨

三、组织：由温州各教会之总会为单位各推选出席代表五人组织委员会并由该委员会推选正副会长各一人书记一人

四、职员：本委员会各职员均为义务职任期为一年为限连选得连任但不得超过三年以上者

五、集会：常会定每月开常会一次必要时得临时召集之

六、会址：暂设城西礼拜堂

附则：本简章如有未尽之事宜必要时提交本委员会常会讨论之但其议决须得本委员会全体人数三分之二以上者方为通过

1947年，该会为"阐扬圣经真理，培养传道人才起见"，创办"圣经学社"一所，招收男女学生18名，于10月14日在东门塔儿头礼拜堂开学上课，投考者须为现任义务传道士或立志奉献为主作工的男女青年。[46]

自创建到1951年，该会经26年的惨淡经营，总会堂宇焕然一新。至1951年，该会共有121个堂点，分属7个联区，有教牧传道人员123人，信徒人数达16258人。[47]解放后，该会响应"三自革新"的号召，成立三自爱国组织。

1956年5月27-28日，温州市基督教第二届代表会议在温州中华基督教自立会仓河巷堂召开，会议正式成立温州市基督教三自爱国运动委员会，出席是次会议的有六个教派，包括中华基督教循道公会、中国耶稣教自立会、

43 《圣报》第25年第9期，第5页。

44 解放后，安息日会和基督徒聚会处相继加入。参支华欣编著：《温州基督教》，第73-75，100页。

45 《温州市社会团体登记表——基督教温属联合会》，1950年9月29日。

46 《浙东教会通讯》第1卷第2期，1947年（民国三十六年）9月20日，第2版。

47 《浙江省宗教志》编辑部，《浙江省宗教志》资料汇编（二），第249页。

中华基督教自治内地会、中华基督教自立会、基督复临安息日会和基督徒聚会处，该会会长胡归耶牧师为温州市基督教三自爱国运动委员会副主席。[48]

据 1957 年温州中华基督教自立总会年会的报告，该会堂点增至 146 间，信徒增至 1 万 8 千多人[49]。1958 年 7 月，在温州教会宗派大联合的浪潮下，温州中华基督教自立总会的会名取消，实行联合礼拜。

尤树勳先生
瓯海中华基督教会牧师

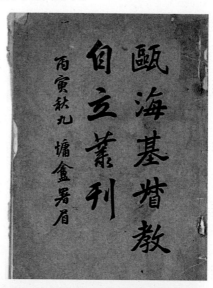

瓯海中华基督教会第一次年议会撮影（1926 年）

---

48 支华欣编著：《温州基督教》，第 41 页。
49 《天风》，1957 年第 6 期（总 525 号），1957 年 4 月 1 日，第 33 页。

第六节　特写：首任会长尤树勋牧师

在温州教会历史上，先后任圣道公会温州教区的教师、温州中华基督教自立会的创立者、温州独立支部成员、温州基督教联合会的创会会长、上海中华基督教天安堂主任牧师、中华基督教勉励会全国协会总干事的尤树勋牧师在温州教会自立历程中的贡献，在温州早期共产主义事业中的角色，在温州教会合一进程中的尝试，在中国基督徒宗教教育上付出的努力，都值得今日教会追溯。

一、承继虔诚信仰

尤树勋（1892-1970），字建人，别号路得，1892 年出生于温州。父亲尤祝之（1847-1919）是一位虔诚的基督徒。其父亲去世之时，中国耶稣教自立会刊《圣报》曾登载其生平概要。关于其家族信仰，文载："生平笃信宗教。不怨天。勿尤人。勤俭忠厚。正直诚信。于一八九六年。信道受洗于苏牧慧廉。进教后。恪遵教旨。爱主爱人。虔守主日。勤读圣经。乐意捐输。急公好义。教友多称之。洵不愧为基督徒也。"[50]

树勋乃家中季子，四位姐姐早嫁，长兄早夭，明显成为家中的顶梁柱。在艺文中学毕业之后，圣道公会温州教区于 1914 年选派树勋至金陵神学院深造，父亲为教会大局而甘愿奉献独子。他说："教会事大。传道任重。既蒙主召。义不容辞。现虽独子。愿遣前往。一切家务。愿自任劳"[51]

尤树勋于 1915 年正式入金陵神学院深造。他在 1918 年《神学志》中发表一文，题为《述个人对于宗教之观念》，其中提到信仰对其人生的影响，文载："余生于信徒之家庭。幼承宗教之教育。肄业于教会之学校。涉猎圣经诸书。离校后。相与晋接周旋者。多教内之友朋。幸未堕入恶社会中。是可谓宗教之基。已植于幼时也。然而幼年无知初无宗教之欲望。又无求道之热忱。所谓宗教之经验。神学之知识。依稀影响。茫如也。迨年龄渐增。知觉渐启。试探渐来。罪孽渐着。每受良心之警惕。始悟心灵之急需。切求救恩之济助。于是恍然于心。依赖救主。而获心灵之重生。斯救主之观念。乃发生于少年也。丁未春。受洗后。抱定学道宗旨。立志研究圣经。以求知行合一。奈苦问津无由。每与门墙外望之叹。余惟勉力自修。昕夕祈祷。视圣经如糇粮之

---

50 《圣报》第 12 年第 2 期，1922 年 2 月，第 11 页。

51 《圣报》第 12 年第 2 期，第 11 页。

不可一日无。圣经之外。兼读神道总论。宣道指归。训徒真诠。传道之法等书。一有所得。辄与同侪共研之。以为互相砥砺之资。于是有勉励会之设立。因以激起教会之注意。维时主日学适开设。擢余为领袖之一。余忝斯职。得实验之机会。而获学道之阶梯。是为学道观念最殷之时也。虽然。学必有师。师者所以传道授业解惑也。人非生而知之者。孰能无惑。惑而不从师。其为惑也终不解矣。乙卯春。得教会之资助。乃有专修学道之机。于焉负笈金陵。殷殷求道。冀能尽释疑团。饱饫真理。"[52]

二、鼓吹自立精神

早在 1912 年，温州圣道公会海和德牧师秉承苏慧廉的计划，积极在整个教区征收教会自养基金，预备作自立的传道经费。后来，海和德一度派尤树勋在教区议会中给全体代表作专题演讲，题目为〈中国教会自立之预备〉[53]，"内容精详重要，面面顾到，如奉献的生活，圣徒的本分，人才的培养，经济的准备等，全体听众无不感动，一致立愿，会后，向硌区推行传达普遍深入。海和德拨付洋钱贰拾元，交执事刊印自立演讲文，名曰'教会自立之预备'分送温处各区教堂作宣传资料，配合谢恩款之进行……"。[54]该文于 1920 年 10 月刊载于中国耶稣教自立会的会刊《圣报》。[55]

该文首先列举当时中国有四种不同的自立教会，即互闹意见的自立会、迫于经济的自立会、自觉自动的自立会和协和合济的自立会。他评价说："第一种的自立会是错谬的，我们不效法他。第二种是被动的，我们正要经过。第三四种是自动的，我们指望也能达到这个地步。但我们在这幼稚的时候，必须勉力预备，才能达到健全的地步；不如此，就是幼稚教会，也不能生活；所以现在要讲教会的自立的预备。"[56]

他主张首先要积极宣讲、传播自立精神，"撒播自立的种子"，通过演讲、登报、印成单张小册等方法，使自养、自助、自传、自治的精神成为家喻户

52 《神学志》第 4 卷第 3 号，南京金陵神学编辑部发行，1918 年 9 月出版，第 14-17 页。

53 《浙江青田基督教会之创始及自立经过的报告》，第 7 页。

54 《浙江青田基督教会之创始及自立经过的报告》，第 7 页。

55 该刊登载了一部分，笔者详细查找过《圣报》，未找到下文。《圣报》第 10 年第 10 期，第 2-4 页。

56 《圣报》第 10 年第 10 期，第 2 页。

晓、人尽皆知。他提醒教会自立需要"养成自立的人格"，他说："要教会自立，必要养成自立的人格，主理教会的，若没有自立的人格，虽有充足的经费，也必滋生弊端。因为教会不是金钱所组织的，乃是有人格的人材所组织的。耶稣称西门为磐石，因为西门有金刚的性质，可作立教会的基础。这样看来，人格是教会的根本，君子务本，本立而道生，养成自立的人格，是务本的法子，然而当养成甚么人格呢？"[57]

1933年10月26日，中国耶稣教自立会第三届全国代表大会在上海召开[58]，由于尤树勋适时在厦门参加中华基督教会全国大会，不能莅会。中国耶稣教自立会总会林鸿斌牧师邀请尤氏对于该"全国代表大会"撰文指导。文中，尤树勋分析时局、把握时机，向来自全国各地的与会代表提出自立的希望。关于自立教会的扩充，他说："吾国教会正在危机四伏之秋，西差会之经济暴落，国内之农村经济又告破产，彼早已觉悟且已准备之教会，尚能顺势处变，而那些不觉悟与依赖之教会，难免淘汰与破产，在此危急存亡之秋，正是我们扩充自己范围之良机也。"[59]

对于自立精神，尤树勋认为自立不仅在于经济上的自给自足，而更重要的是"精神之自立"。他解释说："何谓精神之自立？莫如思想与信仰之自由是也，根据信仰自由之原则，寻求生命之真理，则教义不背独立之精神，斯为真理之自立也，因为经济的自立物质也；信仰的自由精神也；宗教贵在活泼的生命。……希望我自立的教会，有活泼的生命，从西洋舶来呆板束缚人的教义中解放出来，是为精神的自立也。"[60]

在文章的最后，尤树勋总结对自立的希望：

1. 使贫苦之民，得宽裕的生活（经济自立）；
2. 使黑暗之民，得真理的光明（思想自立）；
3. 使捆拘之民，得精神的解放（信仰自立）；
4. 使堕落之民，得道德的拯救（人格自立）。[61]

相信这四点正是尤氏一直所鼓吹并践行的理想自立教会的模范。

---

57 《圣报》第10年第10期，第2页。
58 《圣报》第23年第11期，1933年11月，第5页。
59 《圣报》第23年第11期，第4页。
60 《圣报》第23年第11期，第4页。
61 《圣报》第23年第11期，第4页。

三、创建自立教会

从金陵神学院毕业之后，尤树勋开始在温州圣道公会担任传道之职，不久之后被封立为教师圣职。1923 年，中华全国基督教协进会第一届年会在上海召开，尤树勋作为浙江圣道公会的唯一代表参加会议[62]。1924 年春，温州成立家庭委员会[63]，尤树勋担任该会理事[64]。1925 年 5 月 30 日，"五卅"惨案发生，正在上海参加中华全国基督教协进会会议的尤树勋目睹了该惨案的情形，遂激起了他爱国情怀[65]。

尤树勋于 1962 年回忆道："1925 年 5 月，教会派我出席中华全国基督教协进会年会，适时五卅惨案发生，代表们目睹南京路演讲队演说纱厂工人顾正红被杀事件，听后大为愤怒。未几日又亲眼看见英捕领队开枪击毙学生与工人，我即避旅馆而痛哭，深恨我国已沦为半殖民地，言论、集会皆失自由。在沪一周，将了解的惨案真相和一些印刷品如《向导》及《号外》、《告上海市民书》等带回温州，参与郑恻尘、王国桢等人组成的温州工商各界五卅惨案后援会和爱国救亡十人团。我在宣传组，便将五卅惨案情况始末报告于温州教会内外各界，著述《教会自立之预备》一册寄送各县二百余教堂。"[66]

同时，尤氏又组织温州圣道公会传道人发起教会自立。"民国十四年古历闰四月廿七晚间，众教师二十余人（圣道会），会于城西勉励会堂，尤建人主席，报告聚集理由，并述说五卅惨案的目击情形，再报告各地对于这案的表示及办法，廿余教师除卢源生徐存悌二人外，皆表同情，详加讨论，既而表决三事如下：（一）要求海和德牧师代电英领，请其秉公从速解决此案。（二）发表宣言，反对英人之暴行。（三）筹备自立教会。"[67]不多几日，以尤树勋为首的四位代表面见圣道公会温州教区长海和德牧师，但遭拒绝。[68]

6 月 21 日，尤树勋撰写《脱离圣道会宣言》，内文言辞迫切，表达自己及全人热心自立的决心，该文在中国耶稣教自立会会刊《圣报》中发表全文如

---

62 中华全国基督教协进会编，《中华归主》第 33 期，1923 年 6 月 10 日，第 3 页。

63 中华全国基督教协进会编，《中华归主》第 45 期，1924 年 10 月 10 日，第 3 页。

64 中华全国基督教协进会编，《中华归主》第 49 期，1925 年 2 月 10 日，第 3 页。

65 《浙江青田基督教会之创始及自立经过的报告》，第 8 页。

66 尤树勋：〈温州中华基督教自立会成立经过〉，载于中共温州市委党史研究室、中共温州市鹿城区委党史研究室编，《中共温州独立支部与国民革命运动》，第 301 页。

67 《瓯海基督教自立丛刊》，第 13 页。

68 《瓯海基督教自立丛刊》，第 13 页。

下："沪案发生同胞被杀交涉无效不禁愤慨树勋因此加入爱国运动致触西牧之忌决志辞去教师及所兼各职筹备自立其理由分言如次（甲）近来反教风潮正盛而惨杀事件适起基督教遂为英人所污蔑树勋为拥护基督起见故脱离西人教会（乙）英国当道恃强傲慢此次交涉未必公平树勋一再请求英牧电其当道主持公理非但不允反受诬蔑显见偏袒不公是以辞职（丙）英国牧师犹抱国家主义则吾人尤应爱国表同情于被难同胞与国人一致行动量力援助故决辞职切望四方志士闻风兴起同舟邪许是为至幸民国十四年五月初一尤树勋"。[69]

继而，圣道公会教牧师纷纷辞职，并于 6 月 29 日在八字桥召开第一次筹备会。经多次致函海和德，请求允准自立，但屡受海牧的拒绝和阻挠。最终于 1925 年 7 月 26 日在沧河巷礼拜堂[70]成立温州中华基督教会。该会成立之时，得到温州社会各界的支持。"报纸登载，赞声洋洋，各界来宾，多有演说，演说之词，句句珠玉，语语沉痛，爱国爱教，溢于言表。社会如此赞成教会，实为温州从来所未有。"[71]当天，社会爱国人士如梅祖芳律师、郑侧法厂长（中一草席厂）夫妇、胡识因女士、徐素芬女士、陈仲雷同志、平阳汤定一先生、徐志莱医师等都大力以舆论声援、支持。[72]并于 9 月 22 日得到瓯海道尹公署立案。[73]

尤树勋及其全人多次尝试与英教士海和德商榷教会自立，并非出于讨好，乃是希望继苏慧廉牧师之愿，在和平中建立温州自立教会。他们那"成全早年牧师之素愿"、"不忘母会培植之功"、"试行自立是分西士仔肩承继其劳工并不离弃母会"等理由，充分体现他们后来激起脱离圣道公会乃是无奈之举。我们相信，若英教士海和德能顺应时势，实行教会自立，温州教会就免去了许多不必要的争端，对于温州教会的发展大有裨益。

四、热衷传道事工

在温州中华基督教自立会创立之初，尤树勋的反帝爱国举动得到温州诸多爱国革命人士的鼓舞和支持。中共温州独立支部胡识因、郑侧尘、雷高升等，多次登门与尤氏商议，将推行教会自立活动，作为"主张人民自主"和

69　《圣报》第 15 年第 7 期，第 3 页。

70　《中华基督教会年鉴》第 9 期，1927 年，第 12 页。

71　《瓯海基督教自立丛刊》，第 13 页。

72　《浙江省宗教志》编辑部，《浙江省宗教志》资料汇编（二），第 249 页。

73　《瓯海基督教自立丛刊》，第 13 页。

"民运"工作的一个组成部分，动员尤予以支持。1926 年 11 月 6 日，尤树勋正式加入了中国共产党，成为温州独立支部的 12 名成员之一。[74]

　　1927 年，"四·一二"蒋介石反革命政变发生，温州独立支部郑恻尘被捕并惨遭杀害，尤树勋涉嫌，避居上海十余载。尤氏在 1962 年回忆自己离开温州的原因和经过时说："中华基督教自立会在革命党人和群众的支持下，揭穿了帝国主义分子海氏种种丑态，取得了斗争的胜利。不料发生了四一二反革命政变，海氏和劣绅张焕绅控告我为'赤化'分子，请省防军缉捕。经农民救援，我化装逃离温州。"[75]《浙江青田基督教会之创始及自立经过的报告》中曾提到："张焕绅派人侦察我们的开会情形，知道我们成立的盛况，及会中说话的内容，他便向县署报告，谓有共产党分子名叫尤树勋，到处宣传教会自立，图谋不轨，欲侵夺教会产业及谢恩款，县长闻讯即饬调查员到堂，调查真相。"[76]

　　避居上海之后，尤氏先后担任天安堂牧师和主任牧师。[77]天安堂原属伦敦会，于 1908 年宣布经济自养，脱离差会，改称为"中华基督教天安堂"。[78]初入天安堂不久，尤树勋于 1929 年 1 月在中国耶稣教自立会《圣报》发表个人宣言：〈我的使命〉，表达个人对传道事业的热衷之情：

　　我的使命（尤树勋）[79]

　　树勋靠托赐能力之主。谬荷教会之重任。兹谨将我传道之志向方针。及对于诸位之希望宣言如下。

　　我立志传道。献身于主。深觉传道一事为最兴趣最荣誉之事业。不独自己然也。更鼓励别人并训练传道之人才。

　　我之一生以上帝之事为念。遵行其旨而完其工。乃我生活之目的也。

　　我以教会为灵性的家庭。教堂是我父的房屋。我当以忠心整理之善治之。此人子之天职也。

74 《浙江省宗教志资料汇编（二）——温州宗教》，第 304 页。
75 尤树勋：〈温州中华基督教自立会成立经过〉，载于中共温州市委党史研究室、中共温州市鹿城区委党史研究室编，《中共温州独立支部与国民革命运动》，第 304 页。
76 《浙江青田基督教会之创始及自立经过的报告》，第 15 页。
77 《浙江省宗教志资料汇编（二）——温州宗教》，第 305 页。
78 《上海宗教志》，上海：上海社会科学院出版社，2001 年，第 431 页。
79 《圣报》第 18 卷第 1 号，1929 年 1 月，第 3-4 页。

我平素治会多注重教会内部之整理。及灵性生活之培养。欲使各教友为健全之信徒。做教会之基磐。使主之教会建立其上。

我深慨上海为万恶业集之处。物质进化之地。所触多是罪恶。到处尽是试诱。信徒处于此种环境之中。危险之至。不是陷于罪恶。便是偏于物质。我的责任是以圣道培其精神生命。使有抵抗罪恶之力。而能救物质之偏。及至内部有了根基。再行向外发展可也。

诸位不要以为我来能于最短期间致教会于兴旺。语云谋事在人。事成在天。我们惟有遵照上主的旨意而已。亦勿抱旁观的态度。如谓"看你有何法复兴教会"。如果有至诚的信心。同心的祈祷。努力的奋斗。定必依信而成的。

我今服务教会。为公仆不敢居高位。惟让耶稣基督在万事上居首位。我亦不要将自己的影子遮盖耶稣的光。乃要将主的灯戴在头上照耀大家。

我不愿订定治会的计划。而后请上帝来赞助。乃是请求上帝为定计划。而我照此遵行是已。但是我的方针可以宣布如左。

一、培养灵性的生活。

二、寻求丰满的真理。

三、增进团体的生命。

四、发展高尚的道德。

五、实现新生命的教会。

因此将所希望于诸位同道的说明如下。

一、希望人人有真正的宗教生活。并要挈真正的宗教效验。应用于日常生活上。感动人帮助人。使现实的生活皆能灵性化。

二、希望人人有属灵的智慧。研究的精神。彻底明白丰盛的真理。使宗教的热心与真理的知识并行不悖。纳宗教的信仰于正轨之中。无虚伪错谬之弊。而有培养生命之效。

三、平素为人实践基督教旨。表扬宗教的精神。为纯全的基督徒。能代表基督的人格。随时随在不论何事皆为基督作活泼有力的见证。

四、诸位不乏多才多艺之士。各具其才。各殊其用。深望将各
　　种特长奉献主用。促进天国。更望大家皆怀"教会为家"
　　的观念。彼此相爱。至诚相待。有宽恕之心。有容人之量。
　　勿因小故伤及团体的生命。要团结精神。统一意志实行基
　　督的命令。

五、统望大家敬虔研究。同心服务。共同造成维新的教会。为
　　生命的交流。供应美满的生活。实现天国于斯世。诚所愿
　　也。

从以上文字可以猜测，尤氏本宣言是针对他所服侍的天安堂信徒所发出的。希望借此文字来表达个人对传道事业的热忱，对于上帝使命的奉献精神；希望教会不要对他有过高的要求，反而更应当理性对待，视他为公仆；又希望教会与自己一同付上代价，复兴教会。

也就是在担任天安堂牧师期间，尤树勋于1929年作一诗作《新岁初临》，在第二节中表达其对传道工作的决心：

往年工作，苟且因循，

今年工作，必敬必勤，

做主事工，赖主导引，

努力前行。[80]

可能因为尤氏热衷传道事业的精神得到天安堂信徒的普遍认可，因此尤氏在1946年重回上海之后，于1949年至1954年仍然担任该堂牧职[81]。

五、尝试教派联合

早在1925年，中国耶稣教自立会温州分会就已由李景贤倡导建立瓯海基督教协进青年会，旨在："（一）联络同志互相砥砺增进德智体群四育而养成基督徒化品格（二）实行指导社会挽救人心（三）实行互助生活"。[82]只是该会成员以中国耶稣教自立会温州分会信徒为主，未能拓展至其他宗派。

---

80 该诗原收录于1936年版的《普天颂赞》，后又收录于1977年在香港出版的《普天
　　颂赞》，改革开放后收录于中国基督教两会出版的《赞美诗（新编）》第181首。

81 《上海宗教志》，第431页。

82 《圣报》第15年第7期，第35页。

1927 年，"四·一二"反革命政变后，西教士因战乱而纷纷离温，原本由外国差会控制下的教会事工停滞[83]，加上温州内地会教堂被总工会占用。因此，内地会教友为寻找出路，转与其他宗派教会商量办法，提出四会（即中国内地会、圣道公会、中国耶稣教自立会、温州中华基督教自立会）合一，撤销原来会名，统一改名为中华基督教会，另设中华基督教协会。但此事遭到中国耶稣教自立会温州分会的拒绝，此次合一的尝试又告失败。[84]

虽然宗派暂时不能联合，但温州各宗派在事工上有联合的迹象。1931 年 3 月 3 日至 22 日，中华勉励协会总干事周志禹先生到莅温进行勉励会事工指导并举行布道大会[85]。于 19 日在瑞安自立会堂召开三公会勉励联合大会，促成瑞安全县勉励会的联合[86]。1934 年 11 月 30 日至 12 月 7 日，周志禹先生再次莅温主领奋兴大会[87]，据盛旭初报道："此次联合奋兴大会，系内地会发起，侯召集循道公会，中华基督教自立会，中国耶稣教自立会等领袖，组织筹备委员会，峀函呈沪邀请，当蒙允诺。继由筹备会中通过聚会日程，聚会地点，招待食宿等等问题后复通知所属各教会教牧师，布道员，来城聚会，共沾灵恩。"[88] 盛旭初在"回忆与希望"中表达了对宗派合一的渴望，他说："温属各教会，前者对于宗派上之成见，歧视甚著，隔膜殊深。其间有如一无形墙垣相阻，不能合而为一。五年前自周君来温时，提倡教会职合后，温属各会，遂发生一新观念，非但在形式上有联合礼拜，即在精神上亦大有变化，此次周君讲题中，亦有论及教会联合者，深信此后温州各教会对于宗派上之歧见，自有相当之消除，实现一主，一信，一灵，一洗，一爱，一望之圣教会云云。"[89]

后来布道家时赓明和侯仁芳于 1936 年 10 月 9 日抵达温州，于 12 月 23 日离温，近两个半月的时间里，他们的脚踪遍及温州各地，在不同宗派的教

---

83 中华全国基督教协进会编，《中华基督教会年鉴（第 10 期）》，上海：中华全国基督教协进会，1928 年 12 月，台北：中国教会研究中心、橄榄文化基金会联合出版，1983 年 3 月重印，第 21-22 页。

84 《圣报》第 17 年第 8 期，1927 年 8 月，第 13-14 页。

85 《圣报》第 21 卷第 3 期，1931 年 3 月，第 16-17 页。

86 《圣报》第 21 卷第 4 期，1931 年 4 月，第 16-17 页。

87 《中华归主》，第 153 期，中华全国基督教协进会，1935 年 2 月 1 日，第 15-16 页。

88 《中华归主》，第 153 期，第 15-16 页。

89 盛氏指周志禹前次来温为"五年前"，实为三年前。《中华归主》，第 153 期，第 15-16 页。

会里培灵与布道，收效甚大[90]。此次时、侯二牧的工作，带来温州教会联合的新气象，:"在循道，内地，自立三会举行培灵会后，基督徒团契精神，如春芽怒放，大有联合奋兴之象。城西联区布道团召集本埠各教会热心会友发起组织温州基督徒布道团。"[91]

在1937年8月，宋尚节博士来温举行奋兴大会时，温州各宗派已经组建了"温州基督教联合会"[92]，但该联合会只是临时的组织。直到尤树勋回到温州之后，他才正式着手创建温州基督教联合会。

抗日战争期间，上海沦陷尤树勋牧师返回温州，重返温州中华基督教自立会任会长一职。回到温州，尤氏开始着手温州教会联合会的建立。最终于1942年，成立"基督教温属联合会"，初由循道公会、内地会、耶稣教自立会、基督教自立会联合组成。尤氏担任首任会长。[93]

不过，尤氏所倡导的联合会并不能达到真正的教会合一，只是在部分事工上得到共同运作。解放后，该联合会成为三自革新运动的联合力量，率先拥护"三自宣言"，召开"抗美援朝革新签名大会"[94]，成为温州市三自爱国运动委员会的雏形。

六、实施宗教教育

勉励会乃一超宗派的宗教教育组织，起源于美国，由嘉拉克博士（Rev. Francis E. Clark）发起[95]。1885年3月29日，在福州公理会创立中国第一个勉励会[96]，1895年，全国勉励会总会在上海建立[97]。各地区勉励会联合组成各

---

90 吴廷扬编，《夏铎——中华循道公会温州宁波两教区月刊》，第1卷第5期，第24-26页。

91 吴廷扬编，《夏铎——中华循道公会温州宁波两教区月刊》，第1卷第1期（创刊号），第54-55页。

92 吴廷扬编，《夏铎——中华循道公会温州宁波两教区月刊》，第1卷第6期，温州循道公会宗教教育部夏铎月刊社，1937年6月，第39页。

93 解放后，安息日会和基督徒聚会处相继加入。参支华欣编著：《温州基督教》，第73-75，100页。

94 《天风周刊》第11卷第2期（总247号），1951年1月20日，第11页。

95 中华全国基督教协进会编，《中华基督教会年鉴（第7期）》，第57页。

96 中华基督教勉励会全国协会编，《中华基督教勉励会成立七十周年、革新五周年纪念特刊》，上海：中华基督教勉励会全国协会，1955年2月，第14页。

97 中华续行委办会编，《中华基督教会年鉴（第2期）》，第152页。

省勉励会，全国总会定期召开年会。1928 年 1 月，世界勉励会来电要求组建中华勉励会，全国勉励会总会改名为中华基督教勉励会全国协会。自此，勉励会全国协会的会长转由中国牧师担任[98]。

　　温州教会早在 19 世纪末就已经开设勉励会，1907 年尤树勋受洗后不久，便加入温州圣道公会勉励会。抗战期间，尤树勋回到温州担任温州中华基督教自立会会长。与此同时，中华勉励会的事工因抗日战争而大大受挫，许多教会勉励会因战争而停办，一些勉励会虽得维持，但也是艰难维持。甚至连全国勉励会也一度停办。直到抗战胜利，全国勉励会总会董事会会议决定，于 1946 年春季邀请尤树勋牧师到上海作复兴勉励会的工作。尤氏于是年 8 月到沪正式接手勉励会工作，任全国勉励会总干事一职。经过一段时间的努力，于 1947 年，出版了战后第一期《勉励会讲义》。[99]1948 年的《勉励会讲义》前言中提到："中西先进的教会，已得勉励会友为生力军，立了战绩。但近年来，新军不增，老兵示弱，似有落伍之概。重光复员以后，本协会知耻而后奋勇，一意以复兴生力军为己任，将残的孤灯，要加添膏油，未燃的火炬，要大放光明。尽量的招募，训练，天国的青年军，为明日的教会。培育多量开明的精锐的劲旅，将见光荣的胜利，荣归主名。"[100]经过近十年的努力，至 1955 年 1 月底止，全国共有勉励会员 13707 人。[101]1958 年联合礼拜后中华基督教勉励会全国协会停止活动。

　　1969 年因不实之词被捕入狱，1970 年病逝于南京。1982 年得以平反。[102]

　　总结：尤树勋牧师逝世已过半个世纪（1970 年去世），他的事迹已鲜为人知，但他所创立的教会仍然屹立在瓯江两岸。昔日教会自立与爱国的健将，其身虽逝去，其精神犹存。让我们以今日大陆教会无人传唱的尤氏遗诗作结：

---

98 姚民权，《上海基督教史（一八四三至一九四九）》，上海：上海市基督教两会，1994 年 1 月，第 200 页。

99 中华基督教勉励会全国协会编，《中华基督教勉励会成立七十周年、革新五周年纪念特刊》，第 15-16 页。

100 尤树勋主编：《勉励会讲义》，中华基督教勉励会，1948 年，第 3-4 页。

101 中华基督教勉励会全国协会编，《中华基督教勉励会成立七十周年、革新五周年纪念特刊》，第 41 页。

102 《浙江省宗教志资料汇编（二）——温州宗教》，第 305 页。

离别歌[103]

同志同道，相爱相亲，分袂离别，即在今辰；
依依不舍，道义情深，同心爱主，一致精神。
彼此分袂，天各一方，彼此相通，犹聚一堂；
互相祈祷，互相勉励，有福同享，有难同当。
舟车舆马，涉水登山，赖主保护，稳渡艰难；
此去前行，信徒天相，逢凶化吉，转危为安。
设或有时，途遇试探，奉主圣名，谦恭祈祷；
仁爱和平，真诚公义，到处得蒙，圣灵引导。

（副歌）

今日离别，他日再会，此去路中，与主同在；
有主引导，步履安康，快乐和平，在主怀内。

---

103 该诗作于 1929 年，由简美升于 1933 年谱曲，录入 1936 年版《普天颂赞》，1977
年香港出版的《普天颂赞》再次录入，但未收录于中国基督教两会出版的《赞美
诗（新编）》，因此大陆基督徒较为陌生。

第七章 基督徒聚会处在温州的发展

基督徒聚会处在温州的发展，首先要追溯其在平阳的发展，因为该县聚会处在浙江为最早，在全国也是最早建立的教会之一。

第一节 平阳聚会处的发端

1925 年，倪柝声在上海主编出版《基督徒报》，温属教会有些信徒阅读该报并得到启发。1928 年 2 月 1 日，倪柝声在上海带领第一次特别聚会，平阳的王天佐、张悟生前往赴会，并将"复兴之火"带到平阳，开始在南港乡和蒲门乡一带聚会。继而，陈钦法、王雨亭等在平阳的北港乡、万全乡、江南乡建立教会。[1]

倪柝声在其〈三次公开的见证〉中曾提及聚会处初建时期的情况，其中见证了第一次特别聚会，特别提到来自平阳的信徒在此次聚会后就开始在平阳、泰顺等地建立教会。"一九二七年底，我们天天有一祈祷会。江北、平阳一带的信徒，因从我们的文字见证得了帮助，就有信给我们。我们看见他们可受造就，我们也觉得在中国的信徒，实在有需要，就预备开一特别会。一九二八年一月，我们租得了哈同路文德里的房子，二月一日，就起首有特别的聚会了。这一次的聚会，我们中心的信息，是只讲到神永远的旨意，和基督的得胜。我们并没有提到教会的真理等问题。这次聚会，从外埠只来了二三十位弟兄姊妹。神给他们亮光，叫他们知道该怎样走道路。受浸、离宗派等问题，都是他们自己解决的。四年以来，在江北，得救的、复兴的，已有

---

1 陈福中编著：《倪柝声传》，第 79-86 页。

七八百弟兄姊妹。聚会已有十余处之多。平阳、泰顺一带，也有聚会十余处，得救的、复兴的，约有四千多人了。这都是主亲自所作的工。"[2]

陈则信在《倪柝声弟兄简史》中记录平阳弟兄回温州的情形。"由温州来的几位弟兄，回到鳌江，他们所得的光，是那么清楚，但是要怎么往前去，却四顾茫然！面对道路的艰难，更令人裹足不前！为此，他们就在一个小房子里有七天的祷告，每一次祷告完了，地上都淌湿了眼泪！主的恩爱，圣灵的能力，充满了他们的心灵。于是他们一对一对的出去作工，随走随传，正如当日主打发门徒两个两个的到各城各乡去传道一样。短短几年的工夫，那一带地方就有好些聚会兴起来。当我一九四八年前往温州领特别聚会时，在那边已有两百多处的聚会了。"[3]

1928 年秋，平阳的王天佐、张悟生、蔡际清、毛庆诗、苏梯升、金子芳、苏洁民等，在桥墩门举行第一次特别聚会。[4]平阳基督徒聚会处王雨亭报告平阳和福鼎聚会处初建的经过。他说："一千九百二十八年，张悟生、王天佐二位弟兄，自上海聚会回来，神的灵光照带领他们，叫他们走了从前所未走的道路。那时候就有几个弟兄，赁屋聚会。主的灵大大作工。有自五岱山和碗窑来听道的，蒙恩得救的颇多。至那年秋和次年正月间，共聚过两次特别祈祷会。有许多爱慕主寻求真理的兄姊们，来自蒲门、江南、泰顺、福鼎或本乡远近的，都同心合意地恒切祷告，很蒙主加恩浇灌，引领造就。这是我们完全归主名下聚会工作的开始。"[5]

自桥墩建立之后，基督徒聚会处在平阳及周边一带发展迅速，至 1934 年 4 月，共有聚会处 22 处[6]。王雨亭于 1934 年 1 月报告其中 12 个（包括桥墩）：钉埠头于 1932 年建立，莒溪于 1933 年建立，五岱山于 1930 年建立，兰松洋于 1928 年建立，矾山于 1931 年建立，马站于 1933 年 8 月建立，云遮于 1929 年建立，李家井于 1929 年建立，岙内于 1928 年冬建立，霞关于 1931 年建立。

---

2 摘自〈倪柝声弟兄三次公开的见证〉，载于《倪柝声文集》第 2 辑第 6 册，美国：水流职事站，2005 年，第 188 页。

3 陈则信：《倪柝声弟兄简史（增订版）》，香港：基督徒出版社，1997 年 1 月，第 38 页。

4 陈福中编著：《倪柝声传》，第 79-86 页。

5 《通问汇刊》1934 年 2-3 月第 3 期，第 28-44 页。

6 《通问汇刊》1934 年 6 月 1 日第 6 期，载于《倪柝声文集》第 2 辑第 5 册，美国：水流职事站，2005 年，第 113-121 页。

福建省福鼎县城也于 1928 年冬开始建立聚会处。[7]陈钦法则于 1934 年 4 月补充其余 10 处：雅瑶头于 1929 年建立；浃底于 1932 年春建立；方岩下于 1932 年夏建立；路边于 1932 年冬建立；萧家渡于 1931 年 4 月建立；扈山于 1931 年秋建立；凤川于 1931 年建立；墨城于 1933 年春建立；后仓于 1933 年建立；钱仓于 1932 年 4 月建立。[8]

第二节　泰顺聚会处的建立

泰顺与平阳、瑞安毗邻，在教会发展上与平阳、瑞安有密切的关系。早期建立内地会，与平阳合称为内地会"平泰总会"。1928 年开始，泰顺有弟兄参加倪柝声在上海举行的第一次特别会议，回泰顺后宣传聚会处思想。至 1934 年，泰顺共建立 24 处聚会处，其中有 10 处原是内地会，14 处是从内地会部分人分离另建的。[9]

1934 年 8 月 14 日，平阳黄履铨在《通问汇刊》中报告〈浙江泰顺消息汇闻〉介绍聚会处在泰顺发展的三个主因：

> 先是赖弟兄，一方面蒙主光照，看出现今公会的办法，与圣经的真理不符，虽然如此，尚未立即进行；因为在这个时候，他是孤灯独对。另一方面，他蒙主引导赴沪第一次的聚会，在会中得着弟兄帮助不鲜。于是还乡，就在雅洋（总名）七但与湖尾两处会中，为主毅然作见证。当时听者，骇然诧异者有之，公然反对者亦有之；暗中抵抗者亦有之，背地说长论短者亦有之。各样的误会，各样的批评，各样的作难，甚至号他们是小群会、倪柝声派、属灵派等等名称，纷纭不一。虽然如此，感谢主，赞美神，在这样的光景当中，主尚以祂的慈爱，大能的手臂，先自火中抽出几根柴来。就是张永曲、李邦传、王标菊、吴先荃、何登开等弟兄。因为当时他们才出来的时候，一时之间租赁房子，很是难觅，于是就暂借赖弟兄老屋楼上聚会。房子虽然狭窄，人数虽然稀少，然而主与他们同在，灵里最深处，觉得非常快乐。自此以往，主常施恩给他们。后来主藉

7　《通问汇刊》1934 年 2-3 月第 3 期，第 28-44 页。

8　《通问汇刊》1934 年 6 月 1 日第 6 期，第 113-121 页。

9　《通问汇刊》1934 年 9、10 月第 10 期，载于《倪柝声文集》第 2 辑第 6 册，美国：水流职事站，2005 年，第 38-56 页。

着这少数的弟兄，在公会当中亦作一点工夫。主渐渐的开他们的眼睛，解释他们的误会，不久在雅洋教会，全体的兄姊们，好像春雷一发，蛰物都被它震动，就有蓬蓬勃勃复兴的气象。于是就公然向公会当局者宣告脱离。还有其余的地方，就是南溪（即泗溪）、葛岭、蔡宅、秀溪、秀溪边、瀛边等处，仍然尚在内地会范围之内，掌握之中。这是归仁镇教会脱离公会开始的地方，亦是第一个主因。

于一九二五年，《基督徒报》出版，神就藉着《基督徒报》的亮光，开秀溪、驼地、瀛边、蔡宅等处弟兄们的眼睛，他们亦看出公会与圣经不对的地方很多，不过在这个时候，他们对于教会真理，尚未曾彻底清楚，所以盼望在里面作改良的工夫，虽然在这个时候，有陈钦法弟兄在他们当中，亦作一点工夫，叫他们得着帮助不少，然而时机未曾成熟，同工们又未曾一致，更有人在当中作祟，使保守宗派者起来反对。以后陈弟兄就迁回故乡，惟孤单踽踽！独自一人向公会先辞职脱离。这是正式脱离平阳内地会的头一个人，亦是作我们要顺服主脱离公会的先声。

以后在桥墩门有一个聚会，神又一方面，带领秀溪蔡际清老先生，和毛庆诗弟兄到那里聚会。另一方面，又藉着王雨亭弟兄，传的信息，很有感动他们。虽然在头几天，他们有疑询诘问的态度，到了末了，他们把已往方寸的难题，就完全冰消瓦解，恰然顺服了。于是回来，就在秀溪、驼地等处，鼓励弟兄脱离公会，这是第二个主因。

按着平阳、泰顺内地会的规条，一年有四次教师会，一次大总会，一次小总会。教师会，教师等职分甲乙丙丁四班。小总会，平阳归平阳，泰顺归泰顺。泰顺的小总会，由义翔镇与归仁镇轮流的。其中的办法，充满了人意，难以缕述。大总会平、泰合会的，大总会的地址是在平阳。每年大会时，各处聚会的地方，须要选举代表到会，当中的办法，什么选举正会长啦，副会长啦，总司库啦，书记员啦，等等名目，信条灵仪，麻烦不堪；并且有好多事，在大总会中议决通过后，要各地赴会的代表担负，或经济阿！或别项阿！那么有些弟兄已经得着主的光照，赴这样的会，真是叫他们乐乐而去，闷闷而回。他们受这样圣灵担忧的苦，一连经了好几年。所以在一九二八年，废历二月间，大会的日期又届了。在归仁镇教会，有南溪；葛岭、蔡宅、瀛边等处的弟兄赴会。有南溪包子京弟兄，在会中毅然起来，为主作见证，说宗派的错误，如果不即行改变，我们从此不再赴这样的会。但当局者看光景不对，假若胶柱鼓瑟，不权变办法，恐有决裂之危。于是就以改装的手腕，换汤不换药的办法，来挽回他们，调和他们，说在大小总会由你们改良改良。惟教师调动、助工派单、受浸者考信德、和施洗等项，须归牧师主使。无奈弟兄，大多数对于教会真理，模糊不清，就赞成首肯他们的主张。以后就派陈芳先生到南溪（即泗溪），这样半脱宗派、半属主的办法，又因循了二年。虽然如此，感谢神，赞美主，因为神的工作，真是奇妙叵测！陈芳先生虽然是宗派差他到南溪，但他不但不保守宗派，不作公会的忠臣，而且一到南溪，对于真理很是虚心领受，一天顺服过一天，以后完全顺服。不但对于真理如此，就是对于需用方面，亦不仰赖差会，完全倚靠耶和华。每到大小总会时，他亦不染指，亦不赴会。那么，一九三〇年，归仁镇教会，所有聚会的地方，除了寥寥几个保守宗派者以外（现在亦没有来聚会），其余的完全与宗派脱离关系。后来陈芳先生，因青帮起事，匪炎猖獗，就闪避故乡。这是第三个主因。[10]

现罗列各聚会处名称及成立时间：南溪（总名泗溪）（1928年）、下桥（1931年）、葛岭（1929年）、松糗垟（1929年）、秀溪（1928年）、梧村（1930年）、蔡宅（1928年）、秀溪边（1931年）、驼地（1932年）、东溪（1932年）、樟坑岔路口、下洪、瀛边（1929年）、周边、仕垟、莲头、雅垟、章安、小涧（1929年）。[11]

第三节　温州城区教会的建立

1931年春，温州府城潘活灵、章高来等脱离内地会，先后在珠冠巷、大厅巷、仓坦前进行聚会活动，建立聚会处。[12]关于温州基督徒聚会处建立的具

---

10 《通问汇刊》1934年9、10月第10期，第38-56页。

11 《通问汇刊》1934年9、10月第10期，第38-56页。

12 《温州市志》，第472页。支华欣认为是1930年春。支华欣编著：《温州基督教》，第14页。

体情况，刊物《通问汇刊》中曾专门登载〈在温州聚会的起头与经过〉一文。文中先是由温州张定祥、张载光介绍最初的情况：

在一九三一年的时光，祂先打发祂的仆人到温州来传一次教会的真理，使我们得了一点亮光，才知道宗派的仪式与制度是如何的不合圣经。虽然在我们温州，信主的人实在不少，但是对于明白真理的，实属寥寥。当时有几位弟兄，得了亮光以后，就在南门外内地会中，起首实行敬拜聚会，在每个主日擘饼记念主。过了几个月后，内中有不同心的人起来反对！于是我们集合几个和我们同心的弟兄姊妹们，在南塘一个弟兄家中的楼房上，敬拜擘饼记念主。感谢主，虽然人数只有六七位，其中所得的滋味，真是浓厚，因主亲自和我们同在。如此过了几个月后，在南门外宗派中的人，恐怕外表分离，以致阻碍教会前途的发展，因此他们就集合会议，而后又劝我们和他们一同聚会敬拜主。所以我们一面看他们有一个"要"的心，一面也盼望，或者主在中间兴起工作来，复兴祂的儿女。于是我们又和他们一同聚会。到了一九三二年的春季，在信河街珠冠巷，有一位姊妹也复兴起来，情愿将自己的一间楼房，暂时借给我们在每礼拜一、三、五晚上，一个查经的聚会用。主亦差一个工人来负这查经的责任。这地点虽距我们南塘有十多里路，但是我们每次去聚会的时候，觉得津津有味。那时在别的宗派中，也有人来和我们一同聚会。只是每主日，我们仍在南门外聚会。约在八九月间，宗派中又有一班少数的人起来反对，说什么敬拜聚会的时间太长啦！什么每主日擘饼太多啦！当时我们看他们不顺服真理，因此又和他们分开，就在珠冠巷设立主的桌子，完全脱离了宗派。到了一九三三年的春季，仇敌不愿意我们有一个好好的聚会，于是在里面大大的作起工来，就弄出了重大的事情，甚至使我们不能继续的在此聚会，免得得罪主的身子。那时主差祂的仆人赖弟兄来帮助我们；又和我们几个同心的人，一同跪在主前，求主另外为我们预备一个聚会的地方。感谢主，到了四月间，就得着祂赐给我们所求的。所以我们同赖弟兄在沙帽河大厅十二号，租得有楼的洋房三间，和一位同心的弟兄同住。当时聚会的人数很少，有赖弟兄在我们中间负责几个月。那时把聚会的时间，定于每礼拜二、四、六晚上。约在十一月间，主又差祂的仆人，王雨亭同赖弟兄，来我们中间聚会四天，使我们深得造就，真是感谢赞美主。

今年四月间，主再差二位工人，即陈钦法和蔡琦弟兄，来聚会七天，使我们大得帮助。当时有二位弟兄，一位姊妹，受浸归于主的名下。现在主把得救的人，渐渐的加给我们。这时擘饼的弟兄有十三位，姊妹十四位，一同聚会的共有三十余人。最近的聚会是这样：每礼拜二晚上是查经的聚会，礼拜四晚上是造就的聚会，礼拜六晚上是祈祷会，主日上午敬拜擘饼记念主，下午也传一点福音，晚上学习诗歌。

感谢主，在这过去波浪式的路程上，祂一直的维持我们到今天，使我们能以忠心的跟随祂。现在不过将主在我们温州所兴起工作的情形略为提述。请在主里的各处兄姊们，一面为着已往的事感谢主，一面为着未来的工作祈求主，使祂的旨意在我们中间得以成全。但愿荣耀、尊贵、颂赞、感谢，都归给祂，直到永远。阿们。[13]

之后，则是平阳陈钦法于 1934 年 5 月 4 日见证在温州工作的情形：

说到温州的聚会，一起头就遭了危运。那一段伤心的故事，谅兄必早已熟闻，兹不赘述。感谢主！那以前黑暗的风云，现在都已过去了。人虽然失败了，神却永不失败。人可以混迹在羊圈里，然而主的羊，却能分辨哪是牧人的声音，哪是生人的声音。所以弟兄们从去年春天起，就离开那珠冠巷的查经处，在沙帽河另租房子聚会了。在这里真是主给他们一个新的起头。那从前查经处的分子，十之七八没有过来的。所以这里的人数，虽然不多，却是很纯净的。现在擘饼的弟兄姊妹约二十人，他们都很同心爱主。在前月十四日，弟同着蔡琦兄，蒙主引导到了温州，与他们一同聚会有八天之久。在这次的聚会中，看见他们的热诚、虔敬和爱心，真是感动了我的心。从前弟常为温州的工作挂虑，现在却把挂虑变为感谢和赞美了。[14]

---

13 《通问汇刊》1934 年 7 月 9 日第 8 期，载于《倪柝声文集》第 2 辑第 5 册，美国：水流职事站，2005 年，第 176-180 页。

14 《通问汇刊》1934 年 7 月 9 日第 8 期，第 176-180 页。

陈钦法还特别介绍了温州聚会处的负责人潘活灵从温州内地会脱离出来的过程："我们又感谢主，在温州主又给我们一位同工了。就是有一位潘活灵弟兄，是温州内地会所重用的教师，因近年来多读福音书房的出版物，得了真理的光照，觉得在宗派里作雇工式的教师，于心有所不安，就愿意离开宗派，跟随主到营外去受苦。他的师母也是顶同心的。现在已经从内地会搬出，住在铁井栏行宫底三十六号门牌。这里的房子是租来的。他的生活完全是倚靠主的。请兄为这位弟兄祷告。求主祝福他的生活和工作。能多多的荣耀主。"[15]

另外，从温州内地会中分离出来的人中，较为出名的大概是温州大南门外内地会的黄兰如先生。据其妻子慕贞介绍：他们全家于 1934 年 4 月 11 日正式从大南门外内地会分离出来，搬到梧田街北首，开设中西小医院，每主日到城内纱帽河聚会。[16]

第四节　与原宗派间的争端

基督徒聚会处在平阳与温州的发展中，由于他们以"离宗派"为主导思想，与原宗派（如内地会、自立会）之间必然产生争端。1934 年 10 月，中国耶稣教自立会《圣报》登载〈平阳分会纠纷真相〉一文，其中介绍平阳耶稣教自立会受基督徒聚会处的影响，在教义上对自立会信徒有极大的冲击，在教产方面也造成一定的威胁："乃近有所谓倪柝声先生派，摭拾教义，别树一帜，以致该地凡真心奉道，热忱拥护本会者，均与该派势成水火。而该派曾不稍敛迹，近复盘据教堂，侵占器具，情形极为恶化。本会迭据该处报告，倪派自立派系曲解教义，希图摇动信徒信心等情。当时只认为系教内思想之争，曾一面劝勉该地会友，镇静忍耐，一面冀该派或有翻然改悔之一日。乃该派竟至变本加厉，公然霸占教堂器物，业已牵入法律范围，绝非教义之争可比。"[17]为保护自立会教产，平阳耶稣教自立会请求平阳县政府颁发布告，才使争端得到一时的平息。平阳县政府布告内容为："耶稣教自立会，纯系我国人信仰基督教义者自创之宗教团体，已历有年所，与向由外国教士设施之

---

15 《通问汇刊》1934 年 7 月 9 日第 8 期，第 176-180 页。

16 《通问汇刊》1934 年 8 月 23 日第 9 期，载于《倪柝声文集》第 2 辑第 5 册，美国：水流职事站，2005 年，第 221-224 页。

17 《圣报》第 24 年第 10 期，1934 年 10 月，第 7-8 页。

各教会有别。是会在本县各地既均设有分会等会，本政府自应予以保护，不论会内会外之人，对于教会之财产会堂等，毋得以任何名义图谋侵占，并藉端捣乱秩序，致干查究"。[18]

1936 年 6 月，平阳杨道志在《通部报》中介绍平阳湖前内地会受聚会处影响的情形："本会近几年来。因小群派在内另设教规。乱加批评弄得教会三分五裂。冷心不来者有之。软弱者有之。往罗马教者有之。故此众友不服。使小群分出始得安静。"[19]

泰顺原以内地会为主，当聚会处传入之后，对内地会的影响甚大。至1934 年，泰顺共建立的 24 处聚会处中，有 10 处直接从内地会全部转过来，有 14 处则是部分人从内地会中分离出来另建的。[20]因此，原宗派与聚会处之间的争斗在所难免，甚至组建聚会处时，内部在形式上的意见不统一也是经常发生的。如黄履铨在介绍蔡宅聚会处的情形时，提到蔡宅的弟兄们曾发生的唇枪舌战："但在要转未转之先，经过一个争战的时期，大约有二三年左右。多数弟兄是顺服主的，少数弟兄是保守宗派的。但其中发生舌战的条件，甲说，应当有组织的；乙说，不应当有组织的。甲说，聚会要有人主席的；乙说，聚会除了圣灵之外，不当有人主席的。甲说，应当有大小总会，藉此联络交通的；乙说，不应当有大小总会，我们是因血联络，在灵里交通的，不应当有一个特别的交通。甲说，捐钱不应当投柜，而应当写，不写就没有的；乙说，捐钱应当投柜，而不应当写的，工人亦应当笃信耶和华，弟兄们亦应当向神乐意奉献，归给工人需用。还有好些细节辩论，难以尽述。"[21]

温州基督徒聚会处建立之初，也曾遇到不少的阻力。张定祥、张载光介绍：1931 年最初在南门外内地会实行敬拜聚会之时，实行每个主日擘饼聚会，几个月后，就有人起来反对，致使聚会转到南塘一位弟兄家中。1932 年，在信河街珠冠巷的查经点中，也有一班人起来反对，提出"敬拜聚会时间太长"、"每主日擘饼太多"等理由。至 1933 年春，"仇敌不愿意我们有一个好好的聚会，于是在里面大大的作起工来，就弄出了重大的事情，甚至使我们不能

---

18 《圣报》第 24 年第 10 期，第 7-8 页。
19 《通问报》，第 1692 回，1936 年 6 月第 21 号，第 8 页。
20 《通问汇刊》1934 年 9、10 月第 10 期，第 38-56 页。
21 《通问汇刊》1934 年 9、10 月第 10 期，第 38-56 页。

继续的在此聚会，免得得罪主的身子。那时主差祂的仆人赖弟兄来帮助我们；又和我们几个同心的人，一同跪在主前，求主另外为我们预备一个聚会的地方。"继而于同年 4 月，在沙帽河租得洋房作为聚会之用。[22]

1948 年，10 月 9 日，《天风》第六卷第四十期登载〈浙江平阳教会鸟瞰〉，其中提到基督徒聚会处对于原在平阳为"老大"的耶稣教自立会的影响。文称："弟兄会的势力，已侵入各地方教会，有大批的教会，已易帜更名，脱离鳌江总会。教友见形势不佳，许多人已打回老家去——回到内地会去了，也有投入循道会的，观目下的形势，大有朝夕瓦解之势，真叫范甦牧师有说不出的苦衷。"[23]文中又称基督徒聚会处在平阳最复兴的时候几乎使整个自立会倾覆，而至 1948 年，聚会处自身也面临着许多危机："弟兄会，在过去曾经盛极一时，几乎使整个的自立会倾覆了，又行出许多奇形怪状的动作，（据说有一次在江南有所谓的吃吗哪的事，聚会时大家的嘴做吃食物状，问他做什么，他们说是吃吗哪）。又欢喜批评其他的教会都不属灵，只有他们是对的。这教会在平阳已逐渐衰败，大非往日可比了。"[24]

第五节　抗战时期的聚会处

1937 年抗日战争爆发，历经 8 年的抗战，对于教会的发展有诸多阻碍。温州聚会处（包括平阳、泰顺等）在抗战初期还算平静，但也经历许多艰难，期间许多忠仆的佳美脚踪也是值得追溯的。

在 1937 年 11 月 12 日，平阳基督徒聚会处几位同工写信给倪柝声、张光荣，报告温州抗战以来的教会情况："自战事发生以来，我们时常挂念你们。惟有在神前为你们祷告，求神与你们同在，托住你们，阿们。目前温州、平阳、泰顺等处都平安。惟灵界荒凉，乏人造就，渴企先生等来我们这里一次，把神托你们的，分给我们，这是我们数年来所企望的。"[25]

---

22 《通问汇刊》1934 年 7 月 9 日第 8 期，第 176-180 页。

23 《天风》第 6 卷第 40 期（总 141 号），1948 年 10 月 9 日，第 16 页。

24 《天风》第 6 卷第 40 期（总 141 号），第 16 页。

25 《敞开的门》1938 年 1 月第 3 期，载于《倪柝声文集》第 2 辑第 11 册，美国：水流职事站，2005 年，第 32-33 页。《敞开的门》于 1937 年 9 月发刊，为基督徒聚会处非正式的通讯刊物，1939 年 9 月（第 19 期）暂停，1948 年被《执事报》所替代，于 1950 年 6 月复刊。

同年 11 月 30 日，平阳基督徒聚会处陈钦法在信中报告平阳一带传福音工作。他说："最近浙省风云，骤然紧张，温州、平阳一带，目前虽尚安静，但来日之变化如何，殊难逆料。此间弟兄姊妹们，随时依靠主的恩典，一天一天，平安的过去，不觉得什么惊慌；惟因受工商业停顿的影响，以致有一部分的弟兄，在生活上，不免有些难处。感谢赞美主，在此非常期间，虽然百业停顿，但传福音的工作，反而到处门户大开；在过去的二礼拜内，我们几位同工，在江南白沙一带，有七次传福音的聚会（都在夜间），有时借人家的屋子，有时在露天之下，召集听众，每次有百余人，或三四百人不等；人们都凝神注听，为前所未曾有的；我们深信这些听众中，不久必会看见神的儿女来。从今日起，在扈山附近，及朝阳山一带，将要有数礼拜连续传福音的工作（早已在祷告中定规的）。在这种工作将要开始时，我们真的觉得力量薄弱，不知如何作起，惟有战战兢兢的仰望神随时赐恩。" 26

1938 年 3 月 16 日，温州基督徒聚会处潘活灵写信报告抗战开始时温州基督徒的反应："近日温州时局稍为平静，一部分的兄姊们已由乡间返城，城内的聚会亦照旧进行矣。弟于昨日亦已由乡返城，身体如昔，仍未十分痊愈，请不忘代祷。" 27

虽然身处抗战危机，温州各地基督徒聚会处福音事工依然有序进行。1938 年 8 月 24 日，平阳基督徒聚会处陈钦法报告该地教会的情况："在永嘉、平阳、瑞安、泰顺、福鼎各处，神的众教会，蒙主保守，都得平安。惟弟兄姊妹们，灵性方面，没有从前那样活泼，似乎有一种冷淡和枯干的空气普遍的笼罩着。在这种的情形之下，叫我们几位无用的仆人，在工作上，好像什么都拖不动了！这也许是神藉此试验我们，叫我们知道工作的效率，非寄托在热闹的情形里，只要以神的旨意为满足。如果是出于神的，就什么都是好的。现在对内的工作，虽然有些冷静的光景，然而向外传福音的工作，都是处处蒙神祝福的。" 28

---

26 《敞开的门》1938 年 2 月第 4 期，载于《倪柝声文集》第 2 辑第 11 册，美国：水流职事站，2005 年，第 61 页。

27 《敞开的门》1938 年 4 月第 6 期，载于《倪柝声文集》第 2 辑第 11 册，美国：水流职事站，2005 年，第 188 页。

28 《敞开的门》1938 年 10 月第 12 期，载于《倪柝声文集》第 2 辑第 12 册，美国：水流职事站，2005 年，第 90-91 页。

1938 年，平阳基督徒聚会处范佩箴与林绳武等到苗族聚居的牛皮岭传扬福音。[29]陈钦法又报告了该年平阳基督徒聚会处向外传福音的情形："七月五日起，至十八日止，有周达卿、林趋前、李树人、黄得恩等弟兄，以及扈山的几位弟兄，在赵垟山传福音，效果很好，现已租了房子，起首聚会了，有二十余人，表示相信主，每主日都来聚会。目前暂由扈山的弟兄们，继续前往帮助他们。盼望不久能成立正式的地方教会。又七月二十七日起，有李树人弟兄，同着山门的几位弟兄，在北港大岗地方传福音。机会很好，听道受感，表示接受主的很多。可是尚未设立聚会。愿主兴起更多的工人，继续前往，为主收那已经发白的庄稼。日内又有周达卿、林绳武、杨立人、苏梯升、金子芳弟兄等，在分水关、月湖垟等处，传主的福音，愿主亲自与他们同工。弟与黄履铨弟兄，准于明日动身去泰顺看望兄姊们。以后将由泰顺去瑞安、大峃、莘塍等处，有些工作。统希代祷。李树人弟兄，日内拟带一位弟兄，同到平阳、泰顺交界处之叠石与五里排两地方传福音。张光荣弟兄，日内由沪来福鼎，与弟兄们有家庭式的读经祈祷谈话的小聚集。以后将由福鼎来平阳、温州、武义等处作工。"[30]

1938 年 3 月 15 日至 24 日，平阳陈钦法、黄履铨在瑞安内地会主领聚会。[31]接着，宁海华世宾和宁波许达微在瑞安自立会、塘口循道公会、平阳方岩下等地主领聚会。[32]许达微在 4 月 11 日报告行程："弟于前月二十五日由永嘉起身，随同华世宾与黄履铨兄至瑞安，跟华兄在瑞安自立会作了五天工。又于本月二日随华、黄两兄来平阳探望弟兄，曾在方岩下聚会五天。今天又随华兄与陈钦法兄来平阳之小南乡。在墨城将有二、三天工作。而后，若主愿意，再要去北江乡之山门探望弟兄。山门归，华兄也许要回宁海，弟尚须候主引导。弟出外已久，正需在神前安静，给神以机会来修理我。"[33]1939 年，许达微、张光荣、周行义等在平阳、泰顺、瑞安、温州及福建福鼎等地工作。[34]

29 《敞开的门》1938 年 5 月第 7 期，载于《倪柝声文集》第 2 辑第 11 册，美国：水流职事站，2005 年，第 220-221 页。

30 《敞开的门》1938 年 10 月第 12 期，第 90-91 页。

31 《敞开的门》1938 年 5 月第 7 期，第 221-222 页。

32 《敞开的门》1938 年 5 月第 7 期，第 221-222 页。

33 《敞开的门》1938 年 5 月第 7 期，第 222-223 页。

34 详情分别记载在《敞开的门》1939 年第 14、15、17、18、19 期中。

泰顺基督徒聚会处热心传福音，"本年农历正月初九日，在下东溪举行讨论福音工作之聚会后，兴起弟兄数人，同平阳李树人弟兄等，于正月三十日，由泗溪出发，在三区一带传福音二十余日，传过十二村。日间向逐家布道、分单张。夜间假人屋宇，召众宣传。聆者颇有人，每夜有百余人、二百余人、三百余人不等。秩序井井，态度肃然。赞美主！在四区之三门洋一带，最近有弟兄数人定赴该地，开始传福音。"[35]

然而，对于温州基督徒聚会处而言，潘活灵的去世，无遗是一大损失。1938 年 7 月 28 日，久病的潘活灵，溘然长逝。《敞开的门》登载〈潘活灵弟兄在主里睡了〉一文，其中提到："在潘兄固已脱离苦海而登乐国，当然感谢赞美主！但我在瓯教会，失一臂助，不免伤心惋惜！……潘活灵弟兄，为平阳、温州一带的同工所众口称道的一位好弟兄、好工人。今竟离世与主同在，在他是好得无比，在同工，却不免闻之心伤！"[36]在潘活灵去世之后，温州基督徒聚会处开始由章高来、张廷祥、张载光三人一起负责。[37]

1943 年，温州聚会处在西城下购房建堂，成为聚会处温州总堂。至 1949 年，温属基督徒聚会处共有活动场所 121 处。[38]

第六节　解放前后的应对策略

1948 年，《天风》登载的〈浙江平阳教会鸟瞰〉一文中提及当时的平阳基督徒聚会处的情形时，提到这个曾经盛极一时，甚至几乎使整个自立会倾覆的"弟兄会"，"在平阳已逐渐衰败，大非往日可比了"。[39]这样的评论我们不能全盘皆收，但也可以表达当时基督徒聚会处在发展上面临的危机。

是年 6 至 10 月，倪柝声在福州鼓岭举办第一期同工训练班，称为鼓岭执事之家。该训练班实行家长式管理，倪柝声为总家长，下设分家家长，按房屋原主人的姓氏为各分家名称，分别为白家、禅家、沙家、何家、吴家、倪家。倪家为总家长倪柝声的住处，倪柝声常在此召开各家家长会议。平阳的

---

35 《敞开的门》1938 年 6 月第 8 期，载于《倪柝声文集》第 2 辑第 11 册，美国：水流职事站，2005 年，第 264 页。

36 《敞开的门》1938 年 10 月第 12 期，第 94-95 页。

37 《敞开的门》1939 年 2 月第 14 期，载于《倪柝声文集》第 2 辑第 12 册，美国：水流职事站，2005 年，第 169 页。

38 《温州市志》，第 472 页。

39 《天风》第 6 卷第 40 期（总 141 号），第 16 页。

黄履铨为白家家长，管理浙江、温州地区学员。陈福中在《倪柝声传》中详细记载温属学员的情况："在鼓岭第一期的学员中，来自浙江温属一带的同工们，占与会人数的最高比例，是符合当时的实际情况的，是具有代表性的。单是温属一带，共有一百多处教会，还不包括其他浙江的县份。……以黄履铨为家长的白家，被称"鼓岭第一家"，学员人数多达三十多人。这些在鼓岭被培训的平阳同工，包括黄履铨、薛崇新、周达卿、苏梯升、范佩真、周清玉、张悟生、林维中、吴新造、蔡琦、陈敬超、徐荣三、陈宝华等男同工，以及林金菊、苏美秀等女同工。"[40]陈福中同时指出平阳基督徒聚会处的危机："到了一九四八年，平阳一带的教会，一方面蒙神祝福，增加到一百多处；另一方面，许多同工，息劳归主，包括蔡际清、王天佐、王锦义、张明华、潘活灵、李树人、傅宣羔等弟兄，和黄兰如师母。最可惜的，是很有恩赐的两位前面同工，王雨亭和陈钦法，也同样离世与主同在；留下黄履铨，有独木难支之感。"[41]

---

40 陈福中编著：《倪柝声传》，第 79-86 页。
41 陈福中编著：《倪柝声传》，第 79-86 页。

第八章　民国时期的温州内地会

第一节　挑战时期（1910-1927）

从 1906 年开始，温州内地会在西教士的支持下，有自立之萌芽，也做了相应地预备。但以衡秉钧为代表的温州内地会西教士们，却无意建立完全独立的自立教会，乃是建立中西合办，依然由西差会所控制的教会。继 1906 年俞国桢牧师在上海成立中国耶稣自立会之后，平阳黄时中、范志笃、林湄川等人于 1910 年脱离平阳内地会，成立中国耶稣教自立会平阳分会。[1] 1912 年 12 月，温州梁景山等人脱离温州内地会，成立温州耶稣教自立会。[2] 宣告成立平阳与温州耶稣教自立会的成员，大部分来自温州内地会。平阳的范志笃、林湄川等为平阳内地会的传道，温州的梁景山原为温州内地会执事[3]，而且自立会教会大多是从原内地会脱离出来，因此对于温州内地会来说是莫大的打击。从而，我们可以理解，为何在自立会成立的进程中一直受到原内地会传教士的阻挠。

在未正式宣告成立之前，平阳基督徒的自立精神就已遭到平阳内地会西人牧师的极力反对。因此，在筹备成立之时，派员赴上海与俞国桢牧师会晤。[4] 而西牧反对的理由是："势必争分堂产"。[5] 内地会牧师衡秉钧夫妇在 1913 年还

1　支华欣编著：《温州基督教》，第 8 页。
2　支华欣编著：《温州基督教》，第 8-9 页。
3　《通问报》，第 243 期，1907 年 2 月，第 2 页。
4　《中国基督徒月报》第 27 号，第 10 页。
5　《中国基督徒月报》第 29 号，第 10-12 页。

在拦阻平阳自立会的发展，[6]甚至在 1916 年发生宜山堂产之争。[7]

在温州耶稣教自立会筹备之时，华牧蒋宝仁原本是自立筹备的倡导者，后来却被指为"忽惧西士之阻执并思权利之无着意不赞其事且从中以才德未全时机未至为辞"。[8]同时，温州内地会英籍传教士夏时若屡次反对自立。这种紧张关系一直延续，且经常发生唇枪舌战。1914 年 5 月 11 日温州耶稣教自立会给浙江基督教联会上理由书，并派黄志振、陈时荣、潘仲华、谢楚廷、谢禹仁及平阳代表黄时中等与联会代表沈再生、任芝卿、倪鸿文、张葆常、俞献廷、刘天德等座谈。联会代表希望温州耶稣教自立会合并母会，不标自立树帜，但遭温州耶稣教自立会代表的驳斥，[9]此次会见最终不欢而散。

1916 年，蒋德新在《通问报》发表一文，题为〈教会急宜更换自立名词〉。自立会吴伯亨则以〈驳蒋德新君论教会急宜更换自立名词〉，对蒋氏所言进行详细且激烈的批评。其中提到温州耶稣教自立会在筹备阶段，蒋氏的父亲蒋宝仁为主要倡导者。他说："夫蒋牧师宝仁者。蒋君德新之令尊也。提倡温州教会自立竭力鼓吹悉心劝导。筹月捐撰对联（其联有云。自治自由破除依赖性质。立人立己振作维新精神。又莫大爱。惟救世舍身。期我辈力传流血架。最可怜是依人成事。幸此间忻建独立旗。）于是乎。自立之声。颇有一日千里之势。"[10]

虽然外在的挑战巨大，但温州内地会依然兢兢业业地开展教务工作。首先，温州内地会的勉励会得以进步。1911 年 5 月，《中西教会报》登载〈温州勉励会之进步〉一文，介绍勉励会在温州的起始及发展，其中提到："勉励会之设于我瓯。乃谳衡秉鉴牧师一人发起者。迄今约七载之久。其筹办之法。秩然有序。数年间结果累累。诚勉励会之有补教会矣。稽夫初办之始。仅总会及巽山两区而已。后则渐渐推广。而小支会闻风遍设。且男女大小皆然。况每晚在会友家中设祈祷会。研究家庭自习经题。至今计内地会已设有勉励会四十有三处。会友之程度实有进境。其中愿尽义务。主日出门传道者有四。

6　《圣报》第 3 年第 6 期，第 10 页。

7　《圣报》第 6 年第 6、7 期，第 8-9 页。

8　《圣报》第 3 年第 2 期，第 6-7 页。

9　《圣报》第 4 年第 7 期，第 10 页。

10　《圣报》第 6 年第 10、11 期，1916 年 10、11 月，第 7-8 页。

蒙选录监理教会者有二。其余由斯明经之会友。指难胜屈。"[11]该勉励会还与偕我会建立男女勉励合会，后又建立联会，举行大会。[12]

温州教会女学的复兴，也实在是值得一提的。温州教会女学，肇始于英国曹雅直牧师，为温属五邑的创举，1911 年 6 月，《中西教会报》登载温州内地会蒋德新所撰之〈温州教会女学盛观〉，介绍温州内地会曹雅直创办女学的初衷，温州教会女学的现状，也特别介绍"同淑女学"的简况[13]，节录如下："吾瓯教会女学之设。肇始英国曹公雅直牧师。乃温属五邑伊古未有之创举也。今几四十年矣。维时风气未开。视女子入校肄业为迂陋。拘守闺门为妇德。缠缚尖足为雅观。骤觇女子放足读书。见所未见。骇异殊甚。群起诋毁。聒耳不绝。而曹公念吾温女界。束缚暗乡。欲释倒悬之苦。登诸自由光明之域。热诚倍殷。终不改志。勤劳教育。不遗余力。朝夕讲道。启悟良知。信从福音。同沾是恩者。不下二百余众。已受洗出阁者。百有余人。兹在校者。尚有五十左右。使非曹公笃志热诚垂怜。吾瓯女界曷克有此。无何曹公长逝矣。师母矣返故国。幸有衡师母接任。监司校事。校规严肃。加以刘师母为正教员。殷勤将事。另聘三人为助教员。（皆本校出身）而女学进境。遥较胜于前。曹公之时。信徒较少。故教外女子。亦从权收录。今者信徒日增月盛。女生愈多。因校舍狭窄。势难兼收。教外女生遂不与焉。有蒋师母者。（亦本校出身）思已幼时。亦处闇乡。年甫总角。蒙主殊恩。承曹师母惠纳入校。俾获救恩。及兹二十余载矣。岂忍坐视女界同胞仍受束缚之苦。而不乘此良机。引诸教外女子读书。俾明真道。信从福音。弃诸暗昧。同登福域。徒抱燃灯斗底之叹乎。言念及此。遂设校招生。（颜之曰同淑）今阅四寒暑矣。科程则如圣经。国文。修身。历史。地理。算术。手工。唱歌。图画。罗马字。体操等。无不按时教授。每主日亦来堂礼拜。背诵圣经。独惜师母体弱。乏人助理。只身勤劳。终日无暇。恐难胜任。"[14]

温州内地会原在五县分为三大总会：一为温州郡城总会，治理永嘉、乐清两县及部分瑞安教会；二为平阳总会，治理平阳七乡；三为瑞安总会，治理瑞安、泰顺两县。1908 年，瑞安总会会牧高隆德回国，该总会归属温

---

11 《中西教会报》第 19 卷第 225 册，广学会出版，1911 年 5 月，第 44-45 页。

12 《中西教会报》第 19 卷第 225 册，第 44-45 页。

13 《中西教会报》第 19 卷第 226 册，广学会出版，1911 年 6 月，第 52-53 页。

14 《中西教会报》第 19 卷第 226 册，第 52-53 页。

州郡城辖管。1911 年，平阳总会会牧施恒心回国，该总会亦归温州郡城辖管。因此，温州内地会三大总会联合，由温州郡城辖管，英牧衡秉钧任总牧。[15]

1924 年，温州内地会总堂主任仇九渊牧师[16]在《中华基督教会年鉴》中以〈温州内地会〉为题介绍温州内地会近 50 多年的简况，并特别介绍永乐大总会的情况，内文抄录如下：

> 窃思温州内地会，自英国苏格兰曹雅直抱道东来，驻吾瓯城五十余载，述其成绩，不亚当时保罗设教于马其顿也，盖其建教堂，兴学校，开医院，办道学，布福音，设养老院，创勉励会，与主日学等等善举。各中西善牧相继续行于今，且有分设教师驻足地四十余区，内会支堂百五十余处，星散设于永乐平泰瑞青六县，受洗者约四千余人，学友约四千左右，主日领袖助士约百另，传道卖书数位，内分十二小总会，三大总会，（永乐）（平泰）（瑞青）凡大小总会会长，皆华教牧充任之，大总会议事部职员十二名，内有四名，由小总会会长兼充，余八名大总会代表中选出，此乃温属内地会之大概情形也。兹将永乐大总会一部分报告，该大总会设在温州郡城，名曰中华内地会，内附设男女两等小学各一所，福音堂，养老院，男女勉力会，与主日学，及小子小女勉励会等，分堂于城镇乡村，南郊，西郊，永强镇，西南，西溪，乐清西部，共有十一小总堂，皆是本地教师主持，内分小支堂五十余处，受洗者一千五百人，光景学友亦加半数，分类报告于后。
>
> 　　大总会 办法：二十人，实友内，公选代表一人，组成一个大总
> 　　　　　　　　会，每年大会一次。
> 　　　　　　职员：会长一人，副长一人，书记一人，总司库一人，
> 　　　　　　　　　议事部员十二人，以上四人职员，在此十二人
> 　　　　　　　　　内选出。

---

15 《中西教会报》第 19 卷第 230 册，广学会出版，1911 年 10 月，第 57-58 页。

16 "仇九渊，字静泉，年四十五岁，浙江永嘉人，清光绪三十一年入教，隶内地会，曾任内地会传道，大总会正副会长，勉励会司库义务传道助士，现任温州中华内地会总堂主任。"中华全国基督教协进会编，《中华基督教会年鉴（第 7 期）》，第 7 页。

职权：任免教师，选举传道，调换教师，及兴造礼堂，
　　　鼓吹自立，或推广福音种种应行应革的情事，
　　　没一样非经大总会许可不行。又附产业部，西
　　　牧在旁监视，共策进行。

小总会　办法：永乐大总会内分四区小总会，一城区，一西区，
　　　　　　　一永乐，一永强，十个实友内选出一代表，每年
　　　　　　　开会一次，必在大总会前开会。

　　　职员：会长一人，书记一人，

　　　职权：设本区内有动议教师，或提选教师，及助士，
　　　　　　实行者，候大总会定之。停革圣餐，凡关小总
　　　　　　会区内的事情，皆可行之，西教亦在旁视。

本总堂　办法：凡十个实友，公选一人，为本堂议事员，即小总
　　　　　　　会代表，按月集会一次。

　　　职员：会长一人，系本堂教师充任，书记一人，分司
　　　　　　库一人。

　　　职权：凡男女入教者，须经此议事部通过，方可提考。
　　　　　　信徒冷心或有病者，分派劝勉之，代祷之，有
　　　　　　停革圣餐者，亦可动议之，单独事情，权可使
　　　　　　行，惟考信德，完归西牧之手。

事业：每个小总会，设一布道团，入团者，须捐工或捐钱，至
　　　少捐工者，除主日外，每人捐十天，或二十三十不等，
　　　新正布道，旅行布道会，市布道，此外近来几年，倡办
　　　教师出乡布道，成效颇佳。或用救火会，怜恤会，施棺
　　　社，种种名目施行。

学堂：男女两等小学各一所，生徒各有七八十左右。校长经济，
　　　皆西牧负担，乡间小学，全归华人自办。

经济：华教牧薪水，目下本教会坐捐三分之一，以后逐渐中进
　　　西减，以期达到完全自养，方可。助士川资概归会友担
　　　任。会堂不论兴造或重建，其经费中西各半，小修自理。

产业：凡教堂学堂不动产的地皮或生财纳粮义务，统归本会友自
　　　任。惟契据概存上海内地会，自本年提议，凡关中华内

地会的字样契据，不论新旧，全归本大总会存受，已经上海总会许可，不久实行也。所以大总会又添一产业部。[17]

第二节　自治时期（1927-1949）

1920 年代，全国兴起"非基督教"运动，"五卅惨案"的发生促使华人基督徒谋求教会自立。1927 年左右，浙江教会普遍陷入空前的危机，倪良品牧师在〈浙江教会现状（一九二七年）〉一文中详细论述教会所面临的外部压力：

一为军队待遇教会之行为，"凡党军所到处，即访问有无教堂，有无外人住宅，有即入内占居，其善者尚以好言借住，或容主人同居，内中一切器具，亦善为保存，门窗亦毫不毁损，其不善者，竟无理占居，且将主人驱逐，或更加以侮辱焉，且将器物屋宇施以毁损焉。入浙军队，乃由闽广过仙霞岭，而至衢州金华严州，渐渐以至省垣，凡经过各县，而有教堂及西人住宅者，无不被过境军人住扎，其次数不一，久暂不等，损失轻重亦各有不同。" [18]

二为党部待遇教会之行为，"凡军队所到处，即挈有党部同来，且为党军所据之邑，即有党部设立，其对教会举动，一则用反对言语，谓基督教教义为麻醉品，谓基督教为帝国主义之走狗，为资本侵略之先锋，教会学校为文化侵略之工具，即教会医院亦谓为帝国主义侵略之手段，及他种种恶言。一则施侵占行为，如以教堂为党部机关，将礼拜堂作悬像开会之地，或假政府名义，查封乡间各教堂，禁止举行礼拜，甚或抢夺学校医院，托名收回，种种举动，不一而足。" [19]

三为政府待遇教会之行为，"（甲）浙省政府，甫经成立，即于党纲内删去信仰自由。闻省政府委员中有云：基督教之可存在于党国与否，尚在考虑之间，言下大有铲除基督教之含义。（乙）政府保护教会之表示，无论为省府，为军政，为公安局，甚而为中央政府，无不出有布告，下有命令，不准军队占住教堂，不准机关强用外人住宅，甚或谓收回医院非政府之本意，强占学堂乃民间学界之举动，然布告者布告，而侵占者侵占，政府上官，一无取缔。（丙）大学院规定，一按照党纲，教会学校必须立案。二取缔宗教教育，只准为自由课，并限止小学不准有宗教臭味。三施行党化教育，定某日为每周

---

17 中华全国基督教协进会编，《中华基督教会年鉴（第 7 期）》，第 93-94 页。
18 中华全国基督教协进会编，《中华基督教会年鉴（第 10 期）》，第 21-22 页。
19 中华全国基督教协进会编，《中华基督教会年鉴（第 10 期）》，第 21-22 页。

纪念日，悬像行礼，如礼拜仪式。此等规则有勉强顺从而内容仍不离宗教范围者，有以为与教会设立学校之本意相背而情愿停闭者，且因立案问题尚未解决，群情观望将来不知如何结局也。"[20]

面对外部环境，教会内部更是令人担忧。其表现为：

（一）西教士退出工作地

在内地教友以为当此困苦之际，苟西人仍与同在，尚可略壮胆量，因南京事变突起，多率领事命令匆促出境，若大祸将临。当此时也，不为华人着想，亦不与华人商酌，无论其住屋或学校，亦无所委托，至发生占夺之际，华人无容置喙，虽损失不关华人，而影响及于教会全体者匪尠，致招教友责难，谓其无牺牲决心，而有"狼至弃羊"之叹。

（二）教会骤形冷落与变态

当时每逢主日到堂礼拜者骤减，其被封夺教堂，更无所谓主日，其在胆小教友，犹情可原，而一班见风驶船伪徒，已以背向基督教矣，且犹有抹去基督徒名义，入党而为宣传员，高呼打倒基督教之口号者。又有传卖主犹大之衣钵者如卖医局，卖学校，卖教堂者，无非教会素所容纳栽培之人，甚有父为教师，而子呼之为帝国主义走狗，犹之某邑绑牧师游街者，即为该会助士。此外有眼光注重虚荣者，离弃教会职务，辞退教员地位，投笔从戎，希图发达，结果或得未偿失。

（三）教会工作停顿

自党政府进浙江后，教会遭不幸待遇，因而教堂停止礼拜者有之，大小学堂停办者有之，无论在城在乡，于布道事业，不能举行，即个人布道，亦多阻碍，或有试行者，而听众寥寥，且有被侮辱者。有卖圣经友，在街市布道售经，来一形似军人者，禁止其宣道，詈之为洋人走狗，夺其手中圣经，掷之地上，以致各堂宣教士与各校教职员，无所事事。且西教士因是而归国者多人，并闻英美差会捐助华教会款项亦形减少，皆于教会工作前途有所窒碍。[21]

---

20 中华全国基督教协进会编，《中华基督教会年鉴（第 10 期）》，第 21-22 页。
21 中华全国基督教协进会编，《中华基督教会年鉴（第 10 期）》，第 21-22 页。

以上种种危机，成为教会有识之士促成自立的良机。温州内地会于 1927 年 1 月，借教会建立 60 周年之机，三大总会在市花园巷堂举行年会，主题为思考移交教权于华牧。具体讨论内容为：1、选立圣职；2、设立中文会名；3、教会财产；4、差会辅助。[22]从而建立了中华基督教自治内地会温属总会。据《温州市宗教团体登记资料（1951 年）》记载："查我会所有产业（下桥除外）皆为中国信徒捐献款与西差会协助款合同购置建筑房屋，一九二七年反英运动，我会爱国信徒响应这一伟大运动与西差会外人决裂随行自治，故名自治内地会，西差会留一座楼自用，其他四处情愿交还中国信徒，亦愿将自用一所，何时外人离中国时，亦愿无条件交还。"[23]在〈中华基督教自治内地会历史沿革〉一文中记载："并提出三点声明，（一）不再接受英国差会之津贴，（二）将中西合置之产业交归中国教会，（三）教权归中国教牧掌握负责。为此经过激烈的斗争终于达到目的，内地会遂改名自治内地会，成为中国人民自办的宗教团体。"[24]

高建国牧师在〈温州内地会百年记要〉一文中追溯过程："1925 年 5 月 30 日，英帝国主义在上海惨杀我们同胞。遂造成了全国人民的反英大运动。这一爱国运动风起云涌，触及了教会人士。首先是教会办的学校，学生们不顾帝国主义份子的拦阻，群起响应反帝运动，到处帖标语、散传单、搞演讲。学生们包围了帝国主义份子王廉的大楼，进行激烈的斗争，教会内的中国牧师与信徒，激起爱国热情，也群起支持学生，因为他们都长久被压在帝国主义的手中。譬如，中国牧师王春亭在瑞安莘塍传道时，家中子女多，每月 12 块钱的薪水怎能够用呢。他的师母又将要生孩子了。他迫于无奈，就步行 70 里来到了温州（因没有钱乘船），向掌管教会的帝国主义份子王廉请求准予借支薪水，以济燃眉之需，但被拒绝了。不得已又徒步回到了莘塍。像这样的情形是不少的。中国教牧与信徒在政治上被歧视，在经济上被压迫，心中愤愤，一触即发，又由于爱国热情之激动。遂即投入这次斗争中去了，由于形

---

22 *China's Millions*，Vol.LIII.No4.London: Morgan and Scott，April.1927，p.59.

23 该登记资料原文记载有参差，其"历史沿革"部分记载为"1917 年"，而"备注"部分则记载"1927 年起中国教会自治自办，每年约万斤米左右，自治以前，无法估计，因教会行政权在英人手中"。温州市基督教中华自治内地会，《温州市宗教团体登记资料》，1951 年。

24 佚名，〈中华基督教自治内地会历史沿革〉，1951 年 8 月 3 日，收入《温州市社会团体登记表》。

势的发展。教会要求自治的声浪，越来越高，到了1927年，帝国主义份子再也站不住脚了，他们退出了温州，有的回国、有的躲在上海的租界内。上海的内地会总会召集了中国的教牧人员杨作新牧师、王春亭牧师、何漱芳牧师三人赴上海协商教会自治事宜。于是才允许中国教会实行自治。后称中华基督教自治内地会。教堂产权概交中国人自己管理，教会学校由中国人自办。于是操握在帝国主义手中之教会与教会附属机构，于1927年及才真落到中国人之手内。"[25]

从此，中华基督教自治内地会温属总会虽然还会在经济上接受西差会的补助，但在教权方面进入华人自治的阶段。1931年3月，瑞安内地会孔介人的介绍中可见西差会经济补助方面的政策以及当时瑞安内地会在经济上的负担："瑞安内地会。分小总会三区。堂会十余处。总计全年经费。约需千元以上。其强半由西差会补助。其余归大总会负担。自四五年前起。差会补助费。按年递减五十元。若干年减尽。完全由大总会负责经济责成。达到自养之目的。差会补助费每年减去五十元。本大总会自养捐银。须按年增加五十元。尚足抵。但近见各属教会自养捐银。只有停滞不前之象。顿使本会经济。日形恐慌。教会前途。实堪危险。祈吾海内同道。代祷为盼。"[26]

不过，在自治时期，特别是在抗日战争之前，教会的各项事工开展有序，具体如下：

1. 永瑞逐家布道队

永瑞逐家布道队由何漱芳、王春亭、王公洁牧师[27]等发起，1930年下半年创办，初期有队员5位，其工作地包括瑞安、永嘉、乐清、青田等县[28]，后发展至平阳、泰顺[29]。其成员先后加入有薛崇新、吴来如之子[30]、郑声樵、傅钦传[31]、周立成[32]等。该布道队还跨越宗派，于1935年4-6月，在温州耶稣教

25 高建国：〈温州内地会百年记要〉，第5-6页。

26 《通问报》，第1436回，1931年3月，第3页。

27 王公洁牧师，新西兰人，莅温约20年。《通问报》，第1496回，1932年7月，第6页。

28 《通问报》，第1436回，1931年3月，第3页。

29 《通问报》，第1496回，1932年7月第18号，第3页。

30 《通问报》，第1436回，1931年3月，第3页。

31 《通问报》，第1496回，1932年7月第18号，第3页。

32 《通问报》，第1624回，1935年1月第3号，第15页。

自立会吴伯亨于瑞安所办的百好炼乳公司布道。[33]据《通问报》报道，永瑞逐家布道队薛崇新、傅子卿、周立成、郑声樵等四人于 1935 年 10-12 月，在瑞安每日出发逐家布道，共经过 44 个村，送出福音单张约 1500 多份，得听福音者 4100 人[34]；1936 年 1-3 月，四人分别在瑞安海安、永嘉永强一带布道，经过 41 个村，送出福音单张约 2000 份，得听福音者计 3600 人[35]；1936 年 6 月 29 日至 9 月 16 日，四人在永嘉乌牛埭头、马岙、南岙等地传福音，经过 60 多个村庄，分送福音单张 3000 多份，约 5200 人得听福音。[36]

2. 学道会

按温州内地会常例，每年岁首开办学道会。学道会形式不同有高等、初等及女界学道会。各种学道会时间不等，专授新旧两约、颂主圣歌，以促进信徒素质及练习讲道方法。[37]1935 年 2 月 7-21 日，举行高等学道会[38]，《通问报》报道详情："花园巷内地会。每春均举行高等学道会。借此时间。互相研究圣道。今春于二月七日至廿一日。由会长王春亭牧师。聘请富有经学知识之柳牧师。专门研究创世记。并有杨作新牧师。王春亭牧师。邵静卿先生。谢霖先生。分别主领。此次到会者计有九十三人。系从温属五县而来。大家齐集一堂。除早晚二次礼拜外。每日尚有六次聚会。颇称盛观。至最后一日。大家仍觉是不得已散会。其慕道之切。可想而知。"[39]

1936 年 2 月 10-20 日，"浙江瑞安内地会举行女界学道会"[40]，《通问报》登载〈瑞安内地会女界学道会〉详情："温州内地会。戴宣恩女教士。英国人。于二月十日至二十日。在瑞安西门内地会。偕女传道邵林氏。开女界学道会十天。每日上午二堂。下午二堂。晚间一堂。读经。讲道。唱诗。鄙人适因便在此。首五天唱诗。则由鄙人负责。晚间均由家父孔焕忠老教师讲道。以圣经中之女人为题。促进一般女界灵程。颇见成效。到今六十余女人。均饱受灵恩而归云。"[41]

---

33 《通问报》，第 1652 回，1935 年 8 月第 31 号，第 20-21 页。

34 《通问报》，第 1673 回，1936 年 1 月第 2 号，第 8 页。

35 《通问报》，第 1683 回，1936 年 4 月第 12 号，第 6-7 页。

36 《通问报》，第 1709 回，1936 年 10 月第 38 号，第 11 页。

37 《通问报》，第 1436 回，1931 年 3 月，第 3 页。

38 中华全国基督教协进会编，《中华基督教会年鉴（第 13 期）》，第 178 页。

39 《通问报》，第 1632 回，1935 年 3 月第 11 号，第 8 页。

40 中华全国基督教协进会编，《中华基督教会年鉴（第 13 期）》，第 190 页。

41 《通问报》，第 1679 回，1936 年 3 月第 8 号，第 21 页。

3. 崇真学校改组

崇真学校是温州内地会外籍传教士荣国珠于民国初年创办，首任校长为荣国珠。该校历届毕业生中分别服务于党、政、教会各界。"例如永嘉有现代教会。大名鼎鼎的刘廷芳博士外。尚有柯豪。王客尘。金惠。陈宝书。谢勋……瑞安有林绪。郑侠。张祝贤……平阳有陈芳。朱愡等……余不胜述。或服务教会。或在党。政。军。学各界做事的。大有人在。"[42]1926 年，教育权收回，由华人任校长。但因种种关系，仍由西人接办。[43]1933 年，崇真学校由于未向政府备案，受永嘉县教育局长童鹏超的注意，屡次敦促备案，但该校未遵局长要求，从而派警严厉取缔。[44]后赖热心教育之士，如邵静卿等筹划，将学校改组为圣经学院，招收 14 岁以上学生。该校以《圣经》为主要课程，以造就教会有用人才为目的。[45]1935 年 2 月 20 日，改组之后的圣经学院正式开学。[46]

经过十年的努力，温州内地会在教会自治方面达到重大的突破。《China's Millions》显示：至 1938 年 6 月，永乐中华基督教内地会自治完成。[47]

由于抗日战争期间及解放战争时期温州内地会资料极其稀少，我们无法详述该时期教会情况，但从极少资料中可知一二：1947 年 6 月 1 日，"温州内地会……举行八十周年纪念大会，是日除该会所属各分会均派代表出席外；温州城西堂、沧河堂、永光堂等三大总会、均送赠精美喜幛，并推派代表到会致贺，远在南京汉中堂之鲍忠牧师，亦赠送木刻金字之纪念对联一副。会后续开培灵会六天，由镇江杨牧师主领，与会代表，莫不共沾灵恩，满载而归。"[48]

1948 年 10 月 9 日，《天风》第六卷第十四期登载〈浙江平阳教会鸟瞰〉，其中提到平阳内地会的情况，可以作为温属内地会的缩影："稳进的内地会——披荆斩棘，做开路先锋，将福音传给平阳人的，就是内地会。教会发达，历史悠久，在他们的教牧师多半年已半百，工人的训练，已是急不容缓的事

---

42 《通问报》，第 1646 回，1935 年 7 月第 25 号，第 7-8 页。

43 《通问报》，第 1551 回，1933 年 8 月第 30 号，第 3 页。

44 《通问报》，第 1646 回，1935 年 7 月第 25 号，第 7-8 页。

45 《通问报》，第 1632 回，1935 年 3 月第 11 号，第 12 页。

46 中华全国基督教协进会编，《中华基督教会年鉴（第 13 期）》，第 179 页。

47 China's Millions, 1939,p.134.

48 《浙东教会通讯》第 1 卷第 2 期，1947 年（民国三十六年）9 月 20 日，第四版。

了。还好他们都很有经验，近来青年人也有增加，前途异常光明。五十多所教会，三十余教牧师，步伐整齐，向前迈进，颇有奋进的气象。"[49]

第三节　特写：温州内地会首任华牧蒋宝仁

英籍内地会传教士曹雅直牧师来温开教以来，虽有不少外籍传教士陆续来温，给内地会在温州的发展带来不可替代的贡献，但本地传道人的兴起对于福音的传布、真道的培养及教会的治理都有着不可忽视的作用。温州内地会首任华牧蒋宝仁，自悟道之后，努力学习真道、热忱传讲福音、协助治理教会，成为本地传道人倾其一生回应基督救恩、热忱奉献服务教会的典范。

一、出生与皈依

蒋宝仁，字宅如，1857 年出生在瓯海桐岭[50]。刘廷芳早在 1907 年，在蒋宝仁五十寿辰之时，撰写一文，题为〈祝蒋宅如牧师五十寿序〉，文中提到："先生章安系世。（先生祖系浙温瑞安人）瓯海寄身。（居瓯城者十载）弱岁失怙。（四岁孤）"[51]可见，蒋宝仁原是瑞安人，住在瑞安与瓯海的交界地桐岭。四岁时，父亲去世。温州内地会英籍牧师衡秉钧（Edward Hunt）于 1908 年在内地会刊物《China's Millions》发表一篇文章，题为〈华人牧师〉（A Chinese Postor）对蒋宝仁牧师的出身作了简要的介绍。文中提到：蒋宝仁出生在桐岭一个穷苦的家庭，早年以补鞋为生，二十多年前信主。[52]蒋宝仁信主的具体时间为 1881 年，在蒋氏去世后，温州内地会在《中华基督教会年鉴》第七期中简述其生平，文中提到："温州内地会牧师，蒋宅如先生，温州章安人，性质朴，和蔼可亲，于一八八一年，归依基督。"[53]

英籍传教士曹雅直于 1867 年 11 月[54]到达温州并站稳脚跟之后，就计划着在平阳建立分会。由于从温州城区到平阳需要经过瑞安，而当时的瑞安对于

---

49 《天风》第 6 卷第 14 期（总 141 号），1948 年 10 月 9 日，第 16 页。

50 桐岭为永嘉至瑞安的必经之路，现存一城墙遗址，为永嘉与瑞安的分界标志。笔者于 2009 年 9 月 26 日寻访桐岭古城墙遗址时，当地教会同工介绍桐岭分为上桐岭与下桐岭，中间由城墙分隔，下桐岭为瑞安地界。

51 章安为瑞安的旧称。《通问报》，第 285 回，丁未（1907 年）十二月，第 2 页。

52 *China's Millions*, 1908, p.191。

53 中华全国基督教协进会编，《中华基督教会年鉴（第 7 期）》，第 153 页。

54 Grace Stott, *Twenty-six Years of Missionary Work in China*, p.10.

外国传教士相当仇视。《项崧午堤集记甲申八月十六日事》记载："教士之建堂，亦择形胜地，旁邑如泰顺僻在山乡外，乐清之盘屿，平之巴艚头，亦皆有堂，惟瑞独无，西人谋之数年，无应者。每西人至，数十儿童，掷石尾其后，官命役护之，亦然。故西人畏瑞人甚，仅于霞浦建一教堂，每至瑞，必取道桐岭，不敢至城，他邑则否，而乡人之从其教者亦复不少矣。"[55]因此，曹雅直只好"取道桐岭"，先于1873年在桐岭建立城区之外的第一个城外宣教点[56]，成为内地会在平阳建立分会的中转站。每次有传教士要到平阳时，就会先到桐岭暂歇。1874年，内地会平阳分会建立。[57]《教务教案档》记载1895年在温州府属教会情况，其中提到内地会桐岭教会："瑞安县桐岭底下蒲地方英国设立教堂一处。房屋四间系属华式。住堂教士林庆增系温郡人。另有西人每月到堂一次。堂内并无育婴施医等事。"[58]

曹明道在其著作《二十六年：曹雅直夫妇宣教回忆录》中记载蒋宝仁皈依的过程：

> 蒋先生是桐岭宣教点的一个当地人，是个鞋匠。大概在17年前，22岁[59]的他在一位邻居的基督徒亲戚带领下，开始听说"番人教"。这位基督徒亲戚劝说他到十公里之外我们的小教堂参加礼拜。曹雅直牧师每月一次到那里教导信徒，并在本地传道人的协助下，将福音真理忠实地传讲出来。这位年轻人按时参加了两个月，但能理解的很少。几乎没有什么真理进入他的心。当信徒用古怪的声音唱赞美诗时，他一边讥笑，一边告诉自己："那些是番人的声音，那些相信者很快会叛乱，我们国家将会有叛乱。"接着，他就走回他的老路，并拒绝再次跟基督亲戚参加礼拜。几个月之后，在毫无征兆之下，他经历了一次大改变。

> 一天，他坐在门口补鞋。门口有一棵大树，他看着它，开始思考树干、树枝和树叶。这些都存在，但它们从哪里来？必需有树根，

---

55 张宪文辑录，《温州文史资料（第9辑）》，第226页。

56 Grace Stott, *Twenty-six Years of Missionary Work in China*, pp.35-41.。

57 汤清：《中国基督教百年史》，第488页。

58 吕实强主编，中国近代史资料汇编，《教务教案档》第5辑（三），第1815-1817页。

59 关于蒋宝仁信主时间的记载不一，有22岁、23岁的，也有直接说是1881年的，若真是该年，那应该是24岁。

尽管看不见它。这个灵感使他想到世界。他在这里，并有他的邻居、朋友，在他们之前就有父母、祖父母并更早的祖先，但事实上，对所有的事物，都必须有一个根，比最早的祖先还要早。因此，他想到有一位神，在所有人之前，就已经存在。[60]

二、传道与牧职

衡秉钧记载：早年虽未受过教育，但他在皈依之后，在曹明道的帮助下坚持学习，后来能自己阅读书籍、了解《圣经》，且能用文言文写作。后来在温州内地会的男校助教，并成为一位本地牧师以助曹师母一臂之力。[61]

曹明道记载：

那天之后（指信主之后），他完全改变了，成为一位新造的人，曾经无知的他，愿意撇下一切去宣讲真理。在他去传道之前，他确信自己的罪已得完全赦免。他记下自己悔改的日子，是神借树的比喻来教导他。他虽然还不知道如何预备福音讲章，也没有读过圣经，但他却将自己了解的说出来。他传讲一项关于神的真理，即神如何将一切好的事物给我们，尽管我们每天悖逆祂，并且我们本应承受地狱的火，但神能听到我们的祷告，只要我们相信他。他坚持尽力地传讲直到人们不愿意听为止，并且接着他传讲他曾经最为陌生的事情，当他自己学会读圣经之后，他发现自己当时所讲的正符合圣经的记载，这显示在他心里感动的圣灵与默示圣经的灵是同一位。他的亲戚非常高兴，不久之后，其他传道人、基督徒，都听说他的改变与敬虔，也听到他对神的事情的清楚宣讲。在这之前，在桐岭的基督徒未经历过严重的逼迫，但他虽然没有在圣经中听过有关喜乐忍耐逼迫的教导，他仍然能够乐意为基督受苦，并在火炼中唱诗、祷告、敬拜那配得的圣名。在接下来的日子里，在他开始基督徒的生命之后，经常以充满的热忱、期望并坚持带领他人归向光明。不管他在哪里，或行在路上，或在船上，或旅社，或在室内，都在讲说他的故事。对他来说，这是极其奇妙的，他希望自己可以让他们也相信。

---

60 Grace Stott, *Twenty-six Years of Missionary Work in China*, pp.134-138。

61 *China's Millions*, 1908, p.191。

　　后来，曹牧师听说这一位充满潜力的年轻传道者，就请他到温州宣教站接受装备。接着他的灵命和知识，经历了飞快的成长。他成为一位热忱的基督徒和圣经学习者。他有几年的时间继续他的职业，但他尽己所能的经营业务，并服侍当地教会。

　　后来，他与我们女书院的女孩结婚，她是一位贤内助，在妇女和孩子的工作上的好帮手，并在家里料理家务。

　　1887 年，当平阳、桐岭城外宣教点分为独立的宣教点之后，曹雅直牧师就将它们交给内地会中最得力的助手，蒋先生和陈先生。几年中，他作了许多有价值的工作，直到四年前，他到温州来帮助我（曹雅直师母）。他成为我的左右手和最大的安慰，尽管其他人也有很不错的工作，但他对神的道的追求和知识，使他成为一位有用的教师，相当于我们温州总会的牧师。[62]

刘廷芳载："壮年蒙召。（廿三岁得道）就得救之灯。晋酬恩之爵。（是岁秋间领洗）濬灵泉于竭地。（越岁遂任传道职演讲圣经时听者皆谓得圣灵助）共沐涵儒建大邑于高山仝深景仰（品行卓尔人金以忠厚笃实称之）德既拔萃于人群身廻荣膺夫天爵。（主降世千八百九十五年为本会总监督戴德生先生擢升于会中封牧师职）盖维帝眷斯民。廻报君授圣职。先生于是负十字架。（任会务历经艰险）执两刃锋。（宣救道迹遍城乡）战亚波仑于黑界。攻别西卜于苍穹。笑饥狮为威莠苗空植。（会务严明劣伪之种子不得长成）念群羊待哺芳草。时颁（释经精切饥馁之灵魂时蒙饱福）明星朗照四射荣光（近者既悦远者亦来）朝露依稀一齐歆迹。（有威可畏有仪可象）"[63]与刘廷芳的记载稍有出入的是，温州内地会所撰简历中，蒋宝仁于 1893 年受牧师职[64]，由于刘氏写于 1907 年，且称自己为蒋宝仁的姻侄，相信其文所载的可信度较高，另外他给蒋宝仁的五十寿辰撰写对联，内文："十三载尽瘁鞠躬。历狼群艰辛几许。（先生任会牧职十三载经庚子诸大劫凤夜在公毫无难色）百万呼振翼率羊队庆祝齐声（今郡教城会会友主日会集者数百人天使得以亡羊得救之众而喜乎）"[65]。

---

62 Grace Stott, *Twenty-six Years of Missionary Work in China*, pp.134-138。
63 《通问报》，第 285 回，丁未（1907 年）十二月，第 2 页。
64 中华全国基督教协进会编，《中华基督教会年鉴（第 7 期）》，第 153 页。
65 《通问报》，第 285 回，丁未（1907 年）十二月，第 2 页。

曹雅直牧师时代，蒋宝仁协助平阳、桐岭等地的教会事工。曹雅直牧师离温、去世之后，蒋宝仁牧师协助曹明道以及后来的衡秉钧牧师、夏时若牧师，成为他们得力的助手[66]，历任温州内地会副会长[67]。

三、妻室与子嗣

蒋宝仁牧师的妻子王贵贞为温州内地会不可多得的女界精英。她于 1870 年出生，1879 年在育德女书院肄业。1888 年，年仅 18 岁时与蒋宝仁结婚，并辅助教务。1902 年，在育德女书院教书，并于次年兼任崇真小学教师。基于育德女书院只收教内女子就学的限制，为改变温州女子失学问题，她于 1908 年辞去育德教职，创立同淑女学。何改尘说："师母。幼秉淑性。静一端庄。皈依基督。肄业于育德书院。精勤于学。无荒于嬉。尤孜孜焉以道为指归。则各科之大有心得者无论已。惟新旧二约。源源本本。无奇不搜。母年十九。赴瑞平等处。宣布福音。来者风动。听者云屯。壬寅岁崇真小学校。拥神道席。任监学职。本圣经为根据。陶铸弟子。殷勤不倦。其注意于男学者。几费婆心。洵不愧为女中之尧舜矣。然我师母之愿。犹未偿也。又悯女界黑暗。由无学故。虽花园巷设有女校。仅招教内女子。而教外无与焉。戊申岁乃卸崇真讲席。辄创同淑女学。无论内教外教。均可招入肄业。一切校务。独任仔肩。则女子受其造就者。卒业固甚多。而信道亦复不少。如我师母者。热心教育。能有几乎。况其归先生也。温恭节俭。人无闲言。"[68]

关于蒋师母所创办的同淑女学，其长子蒋德新曾撰文题为〈温州教会女学盛观〉，描述说："有蒋师母者。思己幼时。亦处闇乡。年甫总角。蒙主殊恩。承曹师母惠纳入校。俾获救恩。及兹二十余载矣。岂忍坐视女界同胞仍受束缚之苦。而不乘此良机。引诸教外女子读书。俾明真道。信从福音。弃诸暗昧。同登福域。徒抱燃灯斗底之叹乎。言念及此。遂设校招生。（颜之曰同淑）今阅四寒暑矣。科程则如圣经。国文。修身。历史。地理。算术。手工。唱歌。图画。罗马字。体操等。无不按时教授。每主日亦来堂礼拜。背诵圣经。独惜师母体弱。乏人助理。只身勤劳。终日无暇。恐难胜任。伏冀同志诸君。为之祈祷。使日渐进步。速见成效。以遂师母之愿。而吾瓯女界

---

66 *China's Millions*，1908，p.191。

67 《通问报》，第 186 回，丙午（1906 年）正月，第 2 页。

68 《圣报》第 9 年第 7 期，1919 年 7 月，第 12-13 页。

幸甚。教会幸甚。"[69]

蒋师母于 1915 年 11 月 18 日去世，温州内地会为缅怀这位贤德女子，于
1916 年 1 月 17 日，在内地会花园巷堂开追悼大会。[70]《中华基督教会年鉴》
登载纪念文章：

> "王孺人讳贵贞。浙江永嘉人。九岁肆业于育德女书院。纯淑
> 端庄。笃信好学。常冠其群。院长教员同声嘉许。年十八。于归蒋
> 氏。或伴课圣经。或同心祈祷。随夫子宣道瑞安、八甲、河岙、平
> 阳、江南、瓯城、等处。聆其训诲。悔改而信福音者颇众。庚子之
> 年。奔走流离。备尝艰苦。孺人以为道受苦。分所当然。次年掌教
> 育德女书院。又次年长崇真小学。为时三年。每以圣经大义。陶铸
> 弟子。口授指画。诲人不倦。因之出校学生。无不热心教务。因悯
> 本邑女子失学。遂自行创办女学一所。取名同淑。八年来教务一人
> 主掌。成绩颇有可观。……孰意学校恃其主持。家事赖其治理时。
> 竟于一九一五年十一月十八日。膺主召而长逝。寿仅四十有五。"[71]

何改尘在〈追悼蒋师母诔文〉中总结说："师母研圣经。宣救道。助男学。
办女校。相夫子。训嗣君。其一生之德性。真令人歔欷叹息而不能已。较之
百基拉友尼基者。何难并驾而齐驱焉。宜其如冈如陵。长享天年。与我先生
白发齐眉。同登寿域耳。奈之何阴历十月十二日。溘然与世长辞。舍先生哲
嗣而永诀乎。于戏痛哉。"[72]

关于蒋宝仁二子德新与德华，我们所得的资料很有限。但在有关蒋牧师
与师母的悼文中，对他们有所描述。何改尘在〈追悼蒋师母诔文〉中提到：
蒋师母"产折嗣君二。长德新。敏而好学。曾毕业于艺文学校。且热诚教会。
且特别精神。次德华。尚稚。肆业于崇真学校。天姿卓荦。轶类超群。凡若
此者。皆由我　师母家庭教育而使然也。[73]《中华基督教会年鉴》中描述："长
德新，肄业于苏州东吴大学，次德华，肄业于温州艺文中学，皆英年卓荦，

---

69 《中西教会报》第 19 卷第 226 册，第 52-53 页。

70 《圣报》第 9 年第 7 期，第 12-13 页。

71 中华续行委办会编，《中华基督教会年鉴（第 3 期）》，上海：广学会，1916 年，
台北：中国教会研究中心、橄榄文化基金会联合出版，1983 年 3 月重印，第委 143
页。

72 《圣报》第 9 年第 7 期，第 12-13 页。

73 《圣报》第 9 年第 7 期，第 12-13 页。

俊慧非凡。"[74]

刘廷芳曾评价德新说："德新襁褓间已别之无髫龄即知宣道虎父无犬子也"[75]。在教会事务中，德新较为突出，他于 1915 年参加中国主日学合会在庐山牯岭召开的夏令领袖研经会，《中华基督教会年鉴》登载："当中国主日学合会。于牯岭开夏令领袖研经会时。内地会曾派蒋德新君赴会。迨蒋君返温后。遂于本会开传道师研经会。每月并开布道会一次。与他教会联合办理。"[76]最令蒋牧师痛心的是在丧妻不久，长子德新英年早逝，对他造成莫大的打击："讵知德新，焚膏继晷，辛勤太过，以致精神困疲，抱病归里未久即殁，丧内之痛未息，西河之悲又起，可谓天意诚难明主旨诚莫测也，但先生处之，仍晏如也。"[77]

四、去世与功绩

蒋宝仁牧师于 1922 年 5 月 30 日逝世，终年 65 岁。《中华基督教会年鉴》对其去世有简要介绍："迨一九二一年内地学教友，及刘廷芳博士，公举牧师编辑本会五十周年历史，暨其生平讲道经训专书以垂纪念先生慨然诺之，但惜年迈力衰益劳成疾，竟于五月三十号，与世长辞矣。享寿六旬有五，次日出殡，均按教会礼节，各学校及教会诸同人，相与执绋者，不下五六百人，盛矣。"[78]

对于蒋牧对温州内地会的影响，我们没有太多资料支持，但刘廷芳早在蒋氏五十寿辰之时写到他的功绩："臻此固天父之令典。亦即先生积德之福报也。仆等幸列宫墙。频闻训铎。（十七总支会诸教师长老执事皆受先生教化者）时亲雅范。共荷陶镕（先生岁常亲历各处支会宣讲圣经郡城总会岁开大会先生亲诘难题授传道之方一叨满座之春风未抒葵悃届悬弧之胜日敢晋芜词相期老当益壮。拓天国于星球。（稼多穑少望先生者犹深）俾之弥高树人群之标帜。今日跻堂瞻矍铄精神（夜寐夙兴喜先生之尚壮）预祝期颐晋爵他年扶杖对婆娑铜像。（友人谈浙温内地会之历史者曰待百年纪念之期当于会中铸二铜像一为第一设立基础之英牧师曹雅直先生其次即经营立基础之华牧师先生愚祝其言不诬）欣看独立塞旗（先生年来日祷祝教会之自立办事上尤具独立精

74 中华全国基督教协进会编，《中华基督教会年鉴（第 7 期）》，第 153 页。

75 《通问报》，第 285 回，丁未（1907 年）十二月，第 2 页。

76 中华续行委办会编，《中华基督教会年鉴（第 3 期）》，第华 27 页。

77 中华全国基督教协进会编，《中华基督教会年鉴（第 7 期）》，第 153 页。

78 中华全国基督教协进会编，《中华基督教会年鉴（第 7 期）》，第 153 页。

神他年旗飘独立铜像增光矣）信可乐也。岂不懿欤。"[79]

　　从刘廷芳于 1907 年所述的功绩来说，蒋宝仁对温州内地会的影响是不可忽视的。首先，他是温州内地会第一位华人牧师，且从曹雅直时代开始就辅助教会牧养，其功绩可与开教者曹雅直牧师相媲美。其次，他作为一位深受西教士赏识的华牧，早在 1907 年就提出自立思想，可以说是温州教会自立的先锋。虽然，他未能像中国耶稣自立会温州分会的全人一般从"母会"分立出来，甚至被诬以骂名，但他对温州教会自立精神的鼓吹以及所带来的果效，是无人可以与之相提并论的。

蒋宝仁（宅如）全家
（1908 年载于《China's Millions》）

蒋宝仁牧师

---

79 《通问报》，第 285 回，丁未（1907 年）十二月，第 2 页。

第九章　民国时期的圣道、循道公会

第一节　圣道公会时期（1908-1932）

自苏慧廉牧师离温之后，海和德牧师挑起温州教会的重任。1912年，温州圣道公会海和德牧师继承苏慧廉牧师的计划，筹集信徒奉献款项，为教会自立作预备。文载："主历一九一二年温州圣道公会英人海和德（J.W.Heywood），秉承苏慧廉的计划，积极征收教会自养的基金，（原名谢恩款）每年由华信徒所捐献的积累起来，大出预备作自立的传道经费，大会群众都赞成此事，认为中国教会终须自立，不应长此倚赖外国的津贴；因此各代表推行，各级劝捐，各区教会分头进行，选举司库员若干人专管此事；同时派尤树勋同工对总议会全体作专题演讲，题目为'中国教会自立之预备。'内容精详重要，面面顾到，如奉献的生活，圣徒的本分，人才的培养，经济的准备等，全体听众无不感动，一致立愿，会后，向各区推行传达普遍深入。海和德拨付洋钱贰拾元，交执事刊印自立演讲文，名曰'教会自立之预备'分送温处各区教堂作宣传资料，配合谢恩款之进行……"。[1]

此间，教会发展迅速。《中华基督教会年鉴》第三期（1916年）记载：温州圣道公会（原偕我公会）"共会堂大小二百五十处。内一百八十处。系本处教友自备。助讲员二百五十名。每月各人传道二次。完全义务。不受薪金。只取路费而已。受洗者三千五百名。慕道者七千名。各处教友。为自立自养事。积款达六千元。生息作传道费。温州城内医院二所。由西国医士监理。

---

1 《浙江青田基督教会之创始及自立经过的报告》，第7页。

去岁诊治病人。约一万七千。又大学一所。亦由西国牧师为校长。学生一百十六名。布道之工。归三位西国牧师管理。数年以来。教友较前增加二倍。但未添教士。"[2]

1925 年"五卅"惨案发生，圣道公会城西堂尤树勋牧师在上海亲眼目睹事件经过，爱国热情激发，回温联络教牧发起自立运动。海和德牧师却未能继续秉承苏慧廉牧师关于教会自养的计划实施，反而强烈反对自立运动，不允许爱国温籍牧师动用教会所积累的"谢恩款"。致使温州圣道公会许多教牧人员与尤树勋牧师一同脱离母会，建立"温州中华基督教自立会"[3]。原苏慧廉牧师所办艺文中学学生于 1925 年 6 月 8 日集体宣布脱离教会学校，并于 6 月 10 日发表了〈温州艺文中学学生脱离教会学校声明〉[4]。同年 9 月艺文学校离校师生，以蛟翔巷平水王殿为校舍，创办瓯海公学，公举谷寅侯为校长。

海和德牧师因处理不当而离开温州。温州圣道公会从而陷入教会发展的"瓶颈"。特别是 1927 年初，由于国民革命军入驻温州，在温外国传教士纷纷离温。温州各派教会华人教牧人员束手无策，寻求出路，遂各会间谋求联合，拟成立协会。但由于会名的争拗而不能达成联合[5]。同年 12 月，温州会昌镇原属圣道公会的八处教会因传教士离温而谋求自立，转入中国耶稣教自立会[6]。

《中华基督教会年鉴》第十期（1928 年）介绍 1927 年浙江教会情况时将"西教士退出工作地"为首要问题，文中记载："在内地教友以为当此困苦之际，苟西人仍与同在，尚可略壮胆量，因南京事变突起，多率领事命令匆促出境，若大祸将临。当此时也，不为华人着想，亦不与华人商酌，无论其住屋或学校，亦无所委托，至发生占夺之际，华人无容置喙，虽损失不关华人，而影响及于教会全体者匪尠，致招教友责难，谓其无牺牲决心，而有'狼至

---

2 中华续行委办会编，《中华基督教会年鉴（第 3 期）》，第续 92 页。

3 《圣报》第 15 年第 8 期，1925 年 8 月，第 37 页。

4 全文为："全国各报馆转全国各公团及海内外同胞钧鉴：五卅惨变，凡有血气之人，莫不呼声急烈，共起反抗强权。同人等系英人所办之艺文教会学校学生，饱受其专制教育，夙怀怒愤。自沪案发难后，更深恨外人之蔑视我同胞，亦愿牺牲一切，即日永远脱离该校，自行组织救国团，望我同胞共伸义愤，致力援助。伏希垂鉴。脱离温州艺文中学校学生救国团 300 人同叩　灰（注：灰，即 10 日）"苏虹编著：《旧温州轶事录》，第 85 页。

5 《圣报》第 17 年第 8 期，第 13-14 页。

6 《圣报》第 18 年第 1 期，第 15-16 页。

弃羊'之叹。"[7]因牧人弃羊离去，"教会骤形冷落与变态"，文中提到："当时每逢主日到堂礼拜者骤减，其被封夺教堂，更无所谓主日，其在胆小教友，犹情可原，而一班见风驶船伪徒，已以背向基督教矣，且犹有抹去基督徒名义，入党而为宣传员，高呼打倒基督教之口号者。又有传卖主犹大之衣钵者如卖医局，卖学校，卖教堂者，无非教会素所容纳栽培之人，甚有父为教师，而子呼之为帝国主义走狗，犹之某邑乡牧师游街者，即为该会助士。此外有眼光注重虚荣者，离弃教会职务，辞退教员地位，投笔从戎，希图发达，结果或得未偿失。"[8]教会冷落所必然引致的问题是"教会工作停顿"，文中又载："自党政府进浙江后，教会遭不幸待遇，因而教堂停止礼拜者有之，大小学堂停办者有之，无论在城在乡，于布道事业，不能举行，即个人布道，亦多阻碍，或有试行者，而听众寥寥，且有被侮辱者。有卖圣经友，在街市布道售经，来一形似军人者，禁止其宣道，詈之为洋人走狗，夺其手中圣经，掷之地上，以致各堂宣教士与各校教职员，无所事事。且西教士因是而归国者多人，并闻英美差会捐助华教会款项亦形减少，皆于教会工作前途有所窒碍。"

上文虽是介绍当时整个浙江教会的情形，但却也正是温州教会的写照。华人牧师不甘于教会陷入不可回旋的危机，温州圣道公会于1928年开始选立温籍牧师卢源生、汤复三等轮流任温州教区总会会长之职[9]。因此，自1928年开始，圣道公会温州教区行政管理权力由温籍牧师与英国传教士共同掌握[10]。自圣道公会委派孙光德牧师（Rev. Irving Scott）来温接任教区长，与温籍牧师卢源生、汤复三等共同执掌教权以来温州教会迎来受挫后新一轮复兴。城西堂的儿童宗教教育的创办为温州众教会之冠，并带动了辖内教会的发展。圣道公会在原苏慧廉牧师所倡导的自养计划的基础上于1929年订出十年自养计划，即每年差会拨款减去百分之十，信徒奉献增加百分之十[11]。但此计划随着抗日战争的爆发和解放战争的爆发而未能完全实现。

在孙光德牧师和众多温籍牧师的共同努力下，圣道公会温州教区在各项事工上都得到逐步恢复。在艺文中学停办后，为恢复教会教牧人才培育，孙光德牧师于1930年创办圣道学院。圣道公会温州教区又于1929年，在城西

7　中华全国基督教协进会编，《中华基督教会年鉴（第10期）》，第21-22页。

8　中华全国基督教协进会编，《中华基督教会年鉴（第10期）》，第21-22页。

9　支华欣编著：《温州基督教》，第6页。

10　支华欣编著：《温州基督教》，第6页。

11　支华欣编著：《温州基督教》，第7页。

堂率先创办儿童主日学，称为儿童主日学初级科。第一年有学生 20 人，第二年则增至 120 人。[12]至 1932 年，又开办起儿童主日学启蒙科，由陈涤氛姊妹担任，该班共有学生 40 人。两班共有主日学教师 10 人。1931 年，城西堂在成人勉励会的基础上，开办了儿童勉励会，由盛旭初先生负责，共有学生 75 人。至 1932 年，城西堂共有儿童宗教教育学生 194 人。

1933 年 2 月 17-19 日，"华北循道会，圣道公会，循道协会三会合并，改名为循道公会。同时假河北唐山丰滦中学举行会议。"[13]并将中华循道公会分成七个议会，即华南、湖北、湖南、华北、宁波、温州及云南。另一位英籍传教士爱乐德牧师（Rev.W.B.Ayoltt）[14]于 1930 年来温。他与孙光德牧师一同筹划温州教区的事工，其果效在下一时期中详述。

第二节　循道公会时期（1933-1949）

该时期，虽有温籍牧师任教区主席等要职，但在行政与教务方面还是由西教士主要执掌，温籍牧师主要是配合事工开展。教务方面，孙光德牧师极其努力，他与温籍牧师汤复三、卢源生、陈格迷、戚文迁、吴廷扬、汪仁、谢圣弢等，与英籍传教士爱乐德、胡保华，女教士汤克谐、唐恩祺，医药传教士施德福博士等同心协力，在该时期循道公会温州教区教务、医务等事工上起到积极促进作用。该时期循道公会温州教会在事工开展上有以下特点：

第一、注重人才培养。教区在圣道学院的基础上，于 1934 年办艺文神学院，又于 1939 年与宁波教区合办浙东神学院。神学教育的开展为温州循道公

---

12 吴廷扬编，《夏锋——中华循道公会温州宁波两教区月刊》，第 1 卷第 1 期（创刊号），第 47 页。

13 中华全国基督教协进会编，《中华基督教会年鉴（第 12 期）》，上海：中华全国基督教协进会，1934 年 6 月，台北：中国教会研究中心、橄榄文化基金会联合出版，1983 年 3 月重印，第 193 页。

14 爱乐德牧师为中华循道公会温州教区最后一任教区长（即差会代表）。他于 1930 来温，并于 1932 年按立为牧师。1938-1944 年和 1948-1950 年任温州循道公会教区长，并任温州宗教教育部主席和艺文神学教授。他虽不能如其前任般轰轰烈烈创办、拓展教会事工，但在教会基建、牧养方面作出卓越贡献。首先，他于 1937 年开始建立循道公会温州教区中心主日学校舍。其次，他于 1940 年任浙东神学院院长。最后，他在温州教区内整合教会崇拜礼仪，于 1943 年编著《实用崇拜简礼文》专供温州教会使用。1950 年 9 月 6 日，爱乐德牧师正式离温，为最后一批离温的外国传教士之一。

会培养了许多优秀的教牧人才。在医疗方面，温州教区分别于 1929 年开办私立白累德护士职业学校，1934 年开办私立白累德助产职业学校，培养护士、助产士约 150 人[15]。

第二、注重宗教教育。宗教教育的实施是该时期循道公会温州教区大力发展的事工。继城西堂儿童宗教教育的创办，所辖各联区相继开办儿童主日学。1934 年 1 月，温州循道公会成立儿童宗教教育部，统筹和管理整个教区的宗教教育工作。特聘伦敦大学文学士唐恩祺女教士为总干事兼主席。[16]1936 年 7 月，循道公会温州教区为扩充工作，于 28 日召开宗教教育领袖会议，会议将原有"儿童宗教教育部"取消，重组"温州教区宗教教育部"，定名为"中华循道公会温州教区宗教教育部"。[17]经过一年多的努力，到 1938 年初，温州教区共有儿童主日学校 44 所，教员 254 人，共有主日学学生 1246 人。[18]吴廷扬牧师于 1940 年在《宗教教育季刊》中发表〈温州循道公会宗教教育的设施〉[19]一文，详细介绍当时温州教区宗教教育的情况。他将温州教区的宗教教育工作分为儿童宗教教育、青年宗教教育和成人宗教教育三类。儿童宗教教育分为儿童主日学、儿童启蒙科、儿童勉励会、邻童班、儿童夜校、夏令儿童会、儿童节大会等项目。青年宗教教育分为基督徒青年社、基督徒团契会[20]、宗教讨论会等。成人宗教教育分为宗教教育领袖训练、平信徒宗教教育两大项。其中宗教教育领袖训练又分为：宗教教育工作人员训练班、女传道训练班、初级圣经学校等；平信徒宗教教育分为：识字运动、主日学勉励会、主日学识字运动。

第三、藉文字宣扬福音。为帮助儿童勉励会的发展，温州教区儿童宗教教育部于 1934 年编著《儿童勉励会讲义》一书，由中华基督教勉励会全国协

---

15 支华欣编著：《温州基督教》，第 88 页。

16 盛旭初编辑：《温州循道公会儿童宗教教育部一九三四年度工作报告》，温州循道公会儿童宗教教育部，1935 年 2 月出版，第 6、10 页。

17 吴廷扬编，《夏铎——中华循道公会温州宁波两教区月刊》，第 1 卷第 1 期（创刊号），第 46 页。

18 吴廷扬编，《夏铎——中华循道公会温州宁波两教区月刊》，第 1 卷第 9、10 期，第 36 页。

19 中华基督教宗教教育促进会，《宗教教育季刊》第 4 卷第 3 期，中华基督教宗教教育促进会出版，1940 年 9 月，第 61-64 页。

20 吴廷扬编，《夏铎——中华循道公会温州宁波两教区月刊》，第 1 卷第 1 期（创刊号），第 49 页。

会出版，供全国儿童勉励会使用。[21]为全面推展文字事工，温州教区于 1937 年与宁波教区合办《夏铎月刊》，孙光德牧师任社长，吴廷扬牧师任主编[22]。温州教区宗教教育部于 1937 年分别编辑出版《我们天父的儿女》、《儿童圣歌集伊田歌》、《儿童主日的设计》、《路加福音读书》等书籍。[23]后又相继出版儿童主日学讲义（吴廷扬著），青年之路（唐恩棋吴廷扬合编），儿童主日学设计（吴廷扬编），灵歌集（吴廷扬）等[24]。为了教导教区信徒崇拜上帝，于 1943 年年底出版《实用崇拜简礼文》[25]。

第四、重视福音布道。在孙光德牧师的大力提倡下，温州教区不但在各教会间组织布道团举办各种布道会，而且建立"中华差遣会"，使穷乡僻壤的同胞得听真道，并发起监狱布道，使身陷囹圄的囚徒，得听福音，洗心革面，悔改归主。[26]1936 年 11 月 1 日，温州城西联区布道团成立，由吴廷扬等 12 人负责，定于每主日礼拜后出发到各乡镇布道。布道分为四个步骤：（1）征求会友；（2）小组班会；（3）预备会友；（4）布道大会。[27]

值得注意的是，该时期教会的发展在 1933 至 1938 年，抗日战争全面的爆发，使温州教区的事工大受挫折。1938 年年初，孙光德牧师离开温州回国，教区长职位由爱乐德牧师接任。教区刊物《夏铎》仅发行一年，于 1938 年初停刊。爱乐德牧师掌教之后，温籍教牧在教会中的地位再度提升，陈格迷、戚文迁、汪仁、谢圣发等牧师相继担任要职。

第三节　艺文中学的发展与消亡

艺文学堂于 1903 年改称为艺文中学。在接下来的 20 多年中，艺文中学对于温州教育的发展、各界人才的培养起着重要的作用。

---

21 盛旭初编辑：《温州循道公会儿童宗教教育部一九三四年度工作报告》，第 8 页。

22 盛旭初编辑：《温州循道公会儿童宗教教育部一九三四年度工作报告》，第 8 页。

23 中华基督教宗教教育促进会，《宗教教育季刊》第 1 卷第 1 期，中华基督教教育促进会出版，1937 年 3 月，第 35 页。

24 中华基督教宗教教育促进会，《宗教教育季刊》第 4 卷第 3 期，第 62 页。

25 《协进月刊》，第 6 卷第 6 期，中华民国 36 年 9 月 16 日出版，第 17 页。

26 吴廷扬编，《夏铎——中华循道公会温州宁波两教区月刊》，第 1 卷第 9、10 期，第 37 页。

27 吴廷扬编，《夏铎——中华循道公会温州宁波两教区月刊》，第 1 卷第 6 期（夏季特大号），第 54 页。

至 1906 年，艺文中学有在册学生 200 人，其中走读生 40 人，住校生 120 人，在外膳宿学生 40 人。[28]苏慧廉在《晚清温州纪事》中，对于该校的成绩给予充分的肯定。他说："我们在地方统考的分数超过附近的任何公办学校。去年有八位学生得到学位，我们小学部一位十四岁的男孩和一位青年一道考进了北京大学。……我们许多毕业生从事体面、收入丰厚的工作，都很出色。如在学校里当校长，在海关、邮政部门任职。当我们为这些人欢呼时，更使我们高兴的是有些成了我们教会的传道者以及我们学校的老师。三位优秀青年传道者已在这里磨炼成有思想、有智慧、有热忱的人，他们超过了多数同仁，取得非凡的成绩。"[29]

艺文中学的教育中最为独特的则是品德教育，而这也正是最让苏慧廉自豪的。他说："然而，我们追求的是比考试成绩更高一层的东西，即希望把他们塑造成心智健全的人，希望他们离开学校后与一般当地学校的学生相比具有更加高尚的品德，重要的是要头脑清晰、心胸坦荡，对人生有精神上的追寻。"[30]而苏氏就以基督教教育作为重点，他说："因此，虽然我们不过分勉强，我们的校规中有一条：所有学生每天要祷告，所有住校老师学生每星期要参加主日礼拜一次，参加别的礼拜活动可以听便。"[31]

苏慧廉对于艺文中学品德教育的果效大加肯定。他说："若是将那些已经受影响和受帮助的人考虑进去，我们的学堂已偿还了它的投资。"[32]同时，他也表达了对艺文中学的办学目标的憧憬。他说："从我们的学堂以及别的学堂情况来看，学堂的目的是造就这样一群人：他们是这个道德每况愈下的国家里为数不多的正直、诚实而富有美德的人；他们是一群不屑于在偶像面前跪拜的人，为了使当今盛行一时的偶像崇拜从官场退出，让不甘堕落的人也能担任公职，他们会奋斗不息；他们是有朝一日要见到世上最高尚人之面孔，能够认出圣子，即圣救主的人。从这样学堂里走出的人拥有的最大收获是获得不朽的灵魂，他们将使这个国家充满新的不朽生命的力量。从这样的学堂里，我们的确在寻找着聪明又热切的、将会管理下一代的领头人，他能够领

---

28 温州市鹿城区政协文史会编，《鹿城文史资料》（第 9 辑），第 142-143 页。

29 苏慧廉：《晚清温州纪事》，第 144 页。

30 苏慧廉：《晚清温州纪事》，第 144 页。

31 苏慧廉：《晚清温州纪事》，第 144 页。

32 苏慧廉：《晚清温州纪事》，第 144-145 页。

导下一代破除偶像与迷信，让下一代心智和精神获得解放。"[33]

　　蔡钢铁在其〈艺文学校始末〉中肯定了艺文中学的成绩："艺文学校办学二十多年，共培养学生千余人。成绩突出者被留校任教，有的在海关、邮政等部门担任要职，有的成为其他学校的校长。也有一些学生受进步思想影响，走上了革命道路；一些学生进大学深造，成为专业人才，为社会做出较大贡献。如著名的李得钊烈士，1922 年从艺文学校毕业后，即投身革命，加入共产党，并在党内担任重要工作。后遭国民党逮捕，在狱中被折磨致死。他的革命事迹和英勇精神一直为人民所赞颂。著名教育家谷寅候，早年就读于艺文学校，后考入金陵大学，毕业后回艺文任教英文理化课程。五卅运动时，积极支持学生的爱国行动，并与学生一起脱离学校。为使离校学生能继续读书，他邀集热心教育者，积极筹办瓯海公学。并变卖自己的家产捐助办学，后被推举为校长。其他曾就读于艺文学校的著名人士还有：温州第一个博士学位获得者、燕京大学神学院院长刘庭芳教授[34]；三十年代左翼作家，为中国戏剧创作和研究作出较大贡献的著名戏剧家董每戡；著名医师，先后担任温州第二医院院长的陈梅豪和郑求是；率部起义、配合温州和平解放的国民党将领叶芳；曾为人民立功的爱国民主人士、国民党高级将领李曙等。"[35]

　　在教会界，艺文中学所培养的学生中影响力最大的首推刘廷芳（Timothy Tingfang Lew, 1891-1947）。刘廷芳，字亶生，祖籍浙江永嘉，生于 1891 年（清光绪十七年）[36]，为曹雅直夫妇所收留的刘夫人的孙子，父亲就是温州首位留学生刘世魁。

　　刘廷芳从小在温州内地会成长，最早入铁井栏内地会办的崇真小学完成小学课程[37]，后就读于艺文中学，且为该校的第一届学生[38]。民国著名记者江肇基在一篇叙述谢立山的太太谢福芸[39]的文章中提到刘廷芳是苏慧廉所提拔

---

33 苏慧廉：《晚清温州纪事》，第 145 页。

34 即下文要详述的刘廷芳。

35 温州市鹿城区政协文史会编，《鹿城文史资料》（第 9 辑），第 143 页。

36 关于刘廷芳的出生年吴昶兴已作详细辩证。参氏：《基督教教育在中国——刘廷芳宗教教育理念在中国之实践》，香港：浸信会出版社，2005 年 5 月，第 80 页。

37 《通问报》，第 1646 回，1935 年 7 月第 25 号，第 7-8 页。

38 沈迦：《寻找·苏慧廉》，第 199 页。

39 谢福芸（Lady Hosie），是著名传教士苏慧廉之女，著名作家、旅行家。其著作中多部与中国有关，如：《一位中国淑女的视野》《Conversations of Confucius With His Students》《 A Tale of Modern Peking》《Jesus and Woman》和《Brave New China》。

的人才，他说："她的父亲苏慧廉因为来中国传教，遂家于浙江温州，并在该处创办学校，造就了许多人材，如像现任燕京大学教授刘廷芳博士即其中之一，刘幼时家寒衣粗，人皆鄙之，惟苏老独具只眼，认刘异日必有成就，遂一手把他提拔起来，现在拿事实证明，苏老先生的眼力，究竟还是不错。"[40]

1925 年 5 月，爆发了震惊世界的"五卅惨案"，掀起全中国反帝爱国热潮。6 月 8 日，温州艺文学校学生集体宣布脱离教会学校。10 日发表了〈温州艺文中学学生脱离教会学校声明〉。声明内容：

温州艺文中学学生脱离教会学校声明[41]

"全国各报馆转全国各公团及海内外同胞钧鉴：五卅惨变，凡有血气之人，莫不呼声急烈，共起反抗强权。同人等系英人所办之艺文教会学校学生，饱受其专制教育，夙怀怒愤。自沪案发难后，更深恨外人之蔑视我同胞，亦愿牺牲一切，即日永远脱离该校，自行组织救国团，望我同胞共伸义愤，致力援助。伏希垂鉴。脱离温州艺文中学校学生救国团 300 人同叩　灰（注：灰，即 10 日）"。

在《一年来温州学生运动之经过》一书中曾列举因"五卅"惨案而引来的学生运动详情，其中提到温州内地会的崇真小学与圣道公会的艺文中学。内文说："五卅运动高潮中，当地许多教会学校之学生，在统治势力之下，不能自由，每有反抗行动，崇真小学之学生，曾为参加群众运动，被该校校长，（英国人）恫吓威胁，无所不用其极，全体学生一齐离校，不日即恢复原状。瓯海艺文中学学生，因该校校长（蔡博敏英国人）阻止学生参加爱国运动，致动公愤，一体离校。当地人士创办瓯海公学，以资容纳，但尚有小数不觉悟分子，受外人物质引诱仍留该校。愧极！愧极！"[42]

蔡博敏记录事件中间媒体对传教士的负面评价："进行有效的大规模宣传对苏联来说可谓驾轻就熟，学生团体中激进的成员则是他们的高徒。温州本地五家媒体，全部都反基督教或反外国人（比如英国人），并且至少有一家持布尔什维克立场。尽管明知报道的内容不属实，一则关于艺文学堂校长用左轮手枪恐吓学生的新闻还是重见报端。近期当地学联（艺文学生并非学职成员）举行了一行公开演出，旨在'重现'去年学生集体离校的情景。在该剧

---

40 江肇基：〈一位爱护中华民国的谢太太〉，《实报》，1936 年，第 5 期。

41 苏虹编著：《旧温州轶事录》，第 85 页。

42 温州学生联合会执行委员会编，《一年来温州学生运动之经过》，第 3-4 页。

中，校长便被描写成手持一把左轮手枪。在他们的宣传活动中，英国始终被塑造成帝国主义，依赖武力来获取想要的一切。教区长更是不断被当地媒体冷嘲热讽，并妖魔化。"[43]

1926 年之后，温州圣道公会于"五卅"运动停办的艺文学校恢复招生。蔡钢铁回忆："五卅运动后，因绝大部分学生离校，艺文学校只得停办。校长蔡博敏回国。1927 年又返温州。1929 年秋艺文学校恢复招生。早期教师杨联芳任校长。杨慕时任教务主任。1930 年，因各方反对，艺文学校再度停办。其后未再恢复。原校具、仪器均归并白累德医院。1929 年，白累德医院利用艺文教学大楼和礼堂创办温州私立白累德高级护士学校。"[44]

葛源更详细回忆艺文学校恢复及停办的情况：

> 原艺文中学英文教师杨联芳（住本城沧河巷）与原同事数人商定仍以原艺文中学校舍和设备由教师负责重行办理。杨任校长、乐清人杨慕时任教务主任。设初中三年二年级各一班，招一年级新生两个班。国文教师江蓬仙、伍守彝。英语：前任校长英国人蔡博敏（教一年级课）及另一人。物理：李达夫（住李家村）。数学：郑济宽等。历史：瑞安林伟然（熹）。党史（即后来的公民课）胡封。体育：郑孟林、王从柏。校医郑济时等。重办后再无宗教活动。蔡博敏除教一年级功课外，再无同学生接触。当时二、三级学生原多是其他学校退学或休学转来，也有同等学历考试录取的。现笔者记起瑞安同学较多，有三年级的李宝琳、郭溪张玉书的长女，医生管仲瑜之弟管毅（今健在），瑞安伍宙飞之子伍孝初（健在），瑞安薛侠夫之子薛炳琅，后来读新闻学校的石岳松，玉环于祖望、高玉莹之兄等。二年级有金嵊轩幼子志纯、谷义、徐杰（今健在），池方荪、胡之默及本城谷姓姊妹。一年级有王寿椿（平阳人、家住玉堂里，年仅十四岁，耽好京戏。抗战胜利后调往台湾电讯局工作，今健在）。开学时，因学生刚从各处汇集，生活散漫、行动自由。校中虽然有舍监之设，但也无法约束学生。当年底，共产党员瑞安人张之玉，常往返瑞安、台州之间。他过温州时，因与本校学生伍孝初、石岳松等是多年好友，好几次深夜来住本校与他们同睡。其他同学并不

43 转引自：沈迦：《寻找·苏慧廉》，第 399、401 页。
44 温州市鹿城区政协文史会编，《鹿城文史资料》（第 9 辑），第 145 页。

过问。第二年，张之玉在瑞安塘下区渔潭进行革命活动时被捕，不久即就义。学生在校阅读课外书及革命报刊也都较自由。二、三年级能自办油印习作刊物和校内壁报，也有人能写旧体小诗和文言游记。本县妇女团体已有人（如胡巧珠，即胡可追）来校访问女生，但学生未参加社会活动。

第二年上半年，该校因教育界反对，乃于放暑假时停办。学生大半改考本城或外地学校；省立温州中学（时名十中）收插班生甚严，艺文学生转读瓯海中学的较多；从此改入工商业当学徒及失学的也颇有人。[45]

其时，时任浙江省教育厅厅长陈布雷在"教字第八五三号"指令中发布："呈悉。该校因基金无着，暂行停办，应予照准。各级学生并准一律给予转学证书及成绩单，俾使转学。仰即遵照！此令。"[46]此处的"基金无着"与"非基运动"所引发的收回教权有关。国民党政府颁布的《私立学校规程草案》中规定"私立学校如系外国人所设立，其校长或院长，须以中国人充任"；"私立学校如系宗教团体所设立，不得以宗教科目为必修课，亦不得在课内作宗教宣传。"[47]因此，蔡博敏在其《艺文学堂为什么关闭》一文中说："如果我们不被允许传播基督教，我们教会学校也就失去了真正的存在理由。给这个国家提供一种世俗教育并非我们的职责，而且当一个教会学校不再具有基督化影响力，我们也是站不住脚的。"[48]

另外，1948 年 12 月，循道公会温州教区在城西堂开年议会，宁波教区差会代表葛义德牧师（Gornett）夫妇调往温州教区事奉的同时，宁波教区华牧范爱侍牧师受邀来温州教会访问，在其《温州行》一文中提到"温州教区在城内……神学院一、曰浙东，专造就有志圣工，而程度较低之青年，院址原为该教区开设之艺文中学，停办已久，正计拟规复中"[49]。其实，这个恢复的计划始终只能成为一个设想。

---

45 温州市鹿城区政协文史会编，《鹿城文史资料》（第 9 辑），第 147-148 页。

46 《浙江省教育行政周刊》第 24 期（1930）。

47 教育部：《私立学校规程草案》，《中华基督教教育季刊》第 5 卷第 1 期，转引自《普遍主义的挑战》，第 418 页。

48 T. W. Chapman, Why our Wenchow College was Closed, The United Methodist Free Church Report of the Missions（Home and Foreign）for the Year Ended April, 1930, P.53.

49 《宁波循道通讯》第 10 期，1948 年 3 月。

第四节　浙东神学院

　　浙东神学院，是中华循道公会温州教区所办。早在 1911 年，偕我会在瑞安城内衙后堂栈房内创办，最初名为偕我会温州总会道学院。最初只有一位教员，名为杨友龙，学生共 8 人。温州教会著名牧师汪元星就是学员之一。该院学制三年，课程以圣经科与基督实录为必修，此外还设国文课。该院只办了 4 年，就于 1915 年停办了。学生毕业后，分赴各教会从事传道工作。

　　1929 年，时称圣道公会创办神学院，称为艺文神学院，目的是研究《圣经》与各科知识，培植传道人才，服务社会群众。[50]1930 年春，圣道公会又借艺文小学校舍办神学院，招收学生 4 人，分别是叶正新、杨仁声、傅永明、金立之。课程除圣经课外，有教会史、国文等。该院学制二年，学员毕业后全部在教会传道。

　　1934 年，孙光德任神学院院长，招收学生汪仁、叶植民等 10 人。课程有新旧约之研究、四福音、神道研究、教会史、宣道法、伦理学、国文等，教员有孙光德、王贤慧、池小槎等。神学院在 1934 年至 1937 年间迁到原艺文中学。该院于 1937 年与循道公会宁波教区合办，定名为浙东神学院，院长转由胡宝华担任，招收学生 15 人，男 8 人、女 7 人（陈直、支华欣等）。胡保华院长于 1934 年来华，1938 年任温州教区宗教教育部主任[51]。浙东神学院课程有圣经、教会史、伦理学、国文等，教员有胡宝华、唐恩琪、汤复三、周式俊、吴同甫、汪仁等。

　　1943 年，院长孙光德，招收学生 14 人（叶挺超、史伯雄、潘文康、李启义等），教区选派吴廷扬牧师为院务主任，课程有圣经、神学、教会史、地理、国文、算术等。

　　1948 年，院长由爱乐德担任，招收学生 8 人（吴有曲、胡国策、吴光强、张月琴、尤道枢、林文良、蔡大银等），并有几位自费学生，包括陈哲民、王志谦、陈国英、陈曼容等。神学院又专设进修班，专门培养教会内义务传道士，一方面主日派出讲道，另一方面可以作为选拔为神学生的对象。进修班人数 10 多人，如黄泰悟、董玉琪、杨丽华、杨丽芬、王伯铭、邵培光、黄新崇、叶国启、陈忠、郑希新等。

---

50 《温州市社会团体登记表》，1950 年 9 月。

51 中华基督教宗教教育促进会，《宗教教育季刊》第 2 卷第 2 期，中华基督教宗教教育促进会出版，1938 年 6 月，第 28 页。

1948 年 12 月，循道公会温州教区在城西堂开年议会，宁波教区差会代表葛义德牧师（Gornett）夫妇调往温州教区事奉的同时，宁波教区华牧范爱侍牧师受邀来温州教会访问，其经过登载于《宁波循道通讯》第十期，其中提到浙东神学院："神学院一、曰浙东，专造就有志圣工，而程度较低之青年。"[52]

1950 年，浙东神学院由院务主任杨仁声全权负责，另有教员 8 人，分别是陈兆显、潘圣居、叶正新、毛伯南、盛旭初、陈直、陈谦、支华欣等。[53]

第五节　民国时期白累德医院的发展

医院建成之后，业务得到进一步的发展，据汪起霞、陈梅豪、郑求是回忆："白累德医院创办的第一年，计门诊病人 11,630 人次，住院病人 700 多人次，大小手术 400 次。随后，由于医院规模的日益扩大，病人也随之增多。"[54]他们还介绍了医院的基本情况："早期的白累德医院，规模不大，人员不多，院内没有分科，每天上午门诊，下午安排手术。挂号分初诊、复诊、急诊及免费四种。免费主要是优待穷人。四种挂号分别以红、蓝、白、黑等色竹签为标志。门诊病历采用大本笔记簿，将病史处方记载在簿上，病史以罗马字母拼写的温州方言记载。医院无专职护士，病房护理工作由三十多名男女工友兼做。"[55]《温州市第二人民医院百年院史：1897-1997》中记载该院的日常工作："白累德医院按教规实施诊治制度，每天早上 7 时开始挂号，病人以 30 枚铜钱换取一根号码竹签，然后走进礼拜堂。9 时正，院长、医生和学生进来，把赞美诗和一本圣经、一篇祷文分发给病人，接着进行 15 分钟的礼拜仪式。看病先由学生、助手用拉丁文写病历，再由病人送交院长审定或复查。病房分两层，底层仅高 6 英尺，摆放着两排木板病床，没有床垫、床单和枕头，每层病房设一名男性看护。凡住院病人必须天天跪在上帝面前，做完祷告才能服药。"[56]

52　《宁波循道通讯》第 10 期，1948 年 3 月。

53　《温州市社会团体登记表》，1950 年 9 月。

54　汪起霞、陈梅豪、郑求是提供资料，苏虹整理，〈施德福与白累德医院〉，《温州文史资料（第 3 辑）》，第 141-142 页。

55　汪起霞、陈梅豪、郑求是提供资料，苏虹整理，〈施德福与白累德医院〉，《温州文史资料（第 3 辑）》，第 141-142 页。

56　第二医"百年院史"编纂委员会编，《温州市第二人民医院百年院史：1897～1997》，第 1-2 页。

张棡[57]在其《张棡日记》1909 年正月廿六日中记载，白累德医院包莅茂医生为一位吸鸦片者手术的过程："李君萼甫来谈，云前日有吃鸦片烟者四人，上郡请外国包医生诊治，医士谓三人可以用药戒断，唯一人则因病食烟，其脏腑受毒不浅，必须解剖。初犹畏难，经包医士许以保险始允。即引此人入内室，用药膏贴其额，人即晕去如死，乃剥去衣服，先用药水抹腹皮，出利刃剖开胸腹，将肝肺脏腑一概取出洗涤，肺肝为烟汁所熏已成墨色，肝内有肉球一块，即割下弃去。然后将肝脏等一一纳入腹中位置完密，始用线纫合腹皮，再用药水抹上，命人抬此人出外，始将药膏揭去，而其人已蹶然醒矣。三人问之曰：尔有所苦否？彼应之曰：吾方得甘寝一晌，何苦之有。噫！观于此而后之西医之术，洵可继中国华元化（佗）遗踪者，以视近日之仅读《汤头歌》《药性赋》，悬壶糊口者流，则更判若天渊矣。"[58]

1917 年，英国圣道公会派英籍医生施德福（Dr.K.T.A.Stedeford）任圣道公会温州教区白累德医院院长。汪起霞、陈梅豪、郑求是等回忆："英籍医生施德福在温州从医长达三十二年，给温州人民留下十分深刻的印象。施德福医生毕业于英国爱丁堡大学医科，他到温州后，仍极勤奋，曾获热带病学博士学位。"[59]在施德福医生的带领下，白累德医院在医务人员的引进与培养方面有极大的发展。1922 年，英籍护士裴悟来温，1923 年英籍护士薛美德、任若兰来温，接着华籍护士杨美德、陈舜华、施子哲等在医院的护理工作中贡献力量。[60]随着病人日益增多，急需增加医务人员，施德福院长招了一批有志从医的温州青年，先后进医院学西医，他们在施德福的亲自栽培下，边学边干，经过若干年的努力，培养了一批能独立担任诊疗工作的温籍医生。抗战胜利之后，医院又聘请汪起霞、周德民、胡旭庚、傅大钧、戚有为、郑志毓等医生协助诊疗工作。[61]

---

57 张棡（1860-1942），字震轩，瑞安汀川里人。光绪六年（1880）入邑庠，为县学诸生。终生以教书为业，光绪十七年（1891）受瑞安孙衣言、孙锵鸣之聘，任诒善祠塾主讲。

58 俞雄选编，《张棡日记》，上海社会科学院出版社，2003 年，第 140-141 页。

59 汪起霞、陈梅豪、郑求是提供资料，苏虹整理，"施德福与白累德医院"，《温州文史资料（第 3 辑）》，第 142 页。

60 汪起霞、陈梅豪、郑求是提供资料，苏虹整理，〈施德福与白累德医院〉，《温州文史资料（第 3 辑）》，第 141-142 页。

61 汪起霞、陈梅豪、郑求是提供资料，苏虹整理，〈施德福与白累德医院〉，《温州文史资料（第 3 辑）》，第 141-142 页。

因五卅惨案的影响，艺文中学停办。白累德医院因产妇增多，将产科搬至艺文中学原址，设产床约 20 张，并配有助产士 4-5 人[62]。1929 年，医院又利用艺文教学大楼和礼堂创办温州私立白累德高级护士学校。[63]1933 年 5 月 12 日，中华基督教循道公会温州教区白累德医院所附设的护士学校第一期毕业。《循道公会月刊》刊载："本教区所办之白累德医院内附设护士学校为薛护士长[64]所主持，闻第一期毕业生共计朱德音等四人，昨日（五月十二日）在分医院大礼堂，举行卒业式，并请教会领袖，到场观礼。"[65]

62　汪起霞、陈梅豪、郑求是提供资料，苏虹整理，〈施德福与白累德医院〉，《温州文史资料（第 3 辑）》，第 141-142 页。

63　温州市鹿城区政协文史会编，《鹿城文史资料》（第 9 辑），第 145 页。

64　指薛美德护士长。

65　《循道公会月刊》，第 3 卷第 9、10 期，中华基督教循道公会湖北教区刊行，1933 年 6 月（民国二十二年六月），第 24 页。

第十章 民国温州教会其他重要人物

海和德（1867-1945）

海和德牧师（J.W.Heywood）于 1867 年，在英格兰普累斯顿（Preston）出生，早年曾做过教师，从事过商业贸易，也曾为英国少年戒酒会（Band of Hope）干事。后来在曼彻斯特神学院进修后受偕我会派遣于 1891 年到中国传教。来华后，在温州协助苏慧廉牧师从事医疗工作。[1]1893 年 12 月在上海与特纳（Edith Annie Turner）结婚。于 1896 年调往宁波主持会务，推广会堂。在苏慧廉牧师调离温州（1907）之后，海和德牧师再次来温，接替苏氏之工作，直到 1927 年回国。

在温期间，海和德首先秉承苏慧廉牧师的计划，于 1912 年开始在所辖教会征收教会自养的基金，名称为"谢恩款"。每年由华信徒所捐献的积累起来，预备作教会自立的传道经费[2]此举深得教会信徒欢迎，直到 1925 年达千余元。[3]

1924 年，宁波圣道公会范冕卿牧师评价海和德在宁波与温州的传教工作："海和德牧师。吾圣道公之老良牧也。来华三十余年。始至温州。十余年间。增支堂一半。今已二百七十余处。至甬。甬亦如之。则海牧为主服务。可想见矣。"[4]

---

1 汤清：《中国基督教百年史》，第 462 页。

2 《浙江青田基督教会之创始及自立经过的报告》，第 7 页。

3 《圣报》第 16 年第 11、12 期，1926 年 11、12 月，第 18-19 页。

4 《兴华报》，第 21 卷第 46 期，1924 年，第 14 页。

孙光德（1901-1974）

孙光德（Irving Scott），英籍循道公会传教士。1925 年"五卅"惨案后，海和德牧师因偏袒英帝国主义与尤树勋等爱国信徒意见不合，造成教会分裂。尤树勋牧师发起教会自立，建立"温州中华基督教自立会"。海和德牧师则离开温州，圣道公会派遣孙光德牧师来温主持教务。

直到解放，孙光德牧师曾四度来温，任教区长之职。掌教之初，孙光德牧师吸取前车之鉴，虽不能完全提倡自立，但其中西合作的方针，开创了教会之先例。从此，圣道公会在由西牧担任的教区长一职之外，另设教区主席和会长各一名，均由华牧担任。教会革新之成功，使受挫后的教会重新得以复兴，温州圣道公会引来新的复兴高潮。

在教务方面，孙光德牧师极其努力。第一、他注重人才培养。在艺文中学停办之后，他分别于 1930 年办圣道学院，于 1934 年办艺文神学院。为温州循道公会培养了许多优秀的教牧人才。第二、他注重宗教教育。分别于 1929 年在温州城西堂开办主日学与儿童勉励会。于 1934 年创办温州循道公会儿童宗教教育部，统筹管理整个教区的宗教教育工作。为进一步扩展事工，于 1936 年将儿童宗教教育部改组为"温州教区宗教教育部"[5]。第三、他努力藉文字推扬福音。温州教区于 1937 年与宁波教区合办《夏铎月刊》，孙氏任社长，吴廷扬牧师任主编[6]。第四、他重视福音布道。在任期间，孙氏不但在各教会间组织布道团举办各种布道会，而且建立"中华差遣会"，使穷乡僻壤的同胞得听真道，并发起监狱布道，使身陷囹圄的囚徒，得听福音，洗心革面，悔改归主。[7]

1938 年，正值温州循道公会建立 60 周年纪念之期，孙光德牧师首次辞职回国。温州教区华牧纷纷撰诗纪念，戚文迁牧师在其《温州循道公会六十周年纪念歌——自一八七八年至一九三八年即清光绪四年至民国廿七年》[8]中写道：

5　吴廷扬编：《夏铎——中华循道公会温州宁波两教区月刊》，第 1 卷第 1 期，第 46-47 页。

6　吴廷扬编：《夏铎——中华循道公会温州宁波两教区月刊》，第 1 卷第 1 期，第 46-47 页。

7　吴廷扬编：《夏铎——中华循道公会温州宁波两教区月刊》，第 1 卷第 9、10 期，第 37 页。

8　吴廷扬编：《夏铎——中华循道公会温州宁波两教区月刊》，第 1 卷第 9、10 期，第 32 页。

方今孙牧荣任，办事果断认真；

教务逐年进展，实感主恩深；

兹逢六十周年，孙牧锦旋卸任；

愿主前途祝福，永远灵相亲。"

吴廷扬牧师诗作《送孙教区长》[9]载：

温区长教届七年，

总长神校兼教鞭，

华东青年沾雨化，

圣道薪传庆无边；

栉风沐雨为主仆，

广传福音认躯捐，

一朝辞职回国去，

企足瞻仰重东旋。

1947 年，孙光德牧师受温州教区邀请第四次来温任教区长（又称"差会代表"），《协进月刊》载："英国循道公会孙光德牧师，这次应温州教区之请，四度来温担任教区长的职务，该地教会莫不一致欢迎。深信孙氏定能驾轻就熟，予该地教会以莫大的贡献。"[10]

孙光德牧师四度来温掌教，办神学、兴宗教教育、创中华差遣会、建布道团、组文字事工等，其功绩可与苏慧廉牧师相媲美，在温州教会历史上值得大书特书。孙光德于 1947 年在伦敦出版书籍题为《Pictures of Wenchow》，以传教士的视角，记述对温州的印象。

王廉（1882-1932）

王廉（Mr. Francis Worley）和丁志贞（Miss Jessie H. Pettit）两位宣教士均来自新西兰，为浸信会会友，热心事奉，同任教师多年，后加入中国内地会。王教士为美国慕迪圣经学院毕业生，1911 年 2 月抵达上海，丁姑娘则于 1912 年 1 月到中国，先后被派到浙江省温州事奉。[11]

9　吴廷扬编：《夏铎——中华循道公会温州宁波两教区月刊》，第 1 卷第 9、10 期，第 32 页。

10　马鸿纲主编：《协进月刊》第 6 卷第 7 期，中华民国 36 年 10 月 16 日出版，第 16 页。

11　黄锡培：《昔我往矣：内地会赴温州宣教士行传》，第 78 页。

温州宣教区包括温州和平阳两个宣教站。起初，王廉教士在平阳，跟衡平均教士夫妇学习。丁姑娘在温州，与夏时若教士夫妇同工，负责女学堂工作。他们彼此一见如故，志同道合，于1914年1月在温州成家立室，婚后同在平阳服事。及后于1920年7月离华返国述职。[12]

王廉牧师来温州之时，正是温州与平阳内地会受自立思潮影响最大的时期。1910年，中国耶稣教自立会平阳分会建立，1912年中国耶稣教自立会温州分会建立。作为内地会传教士，深知自立运动在温州地区内地会教会呈不可阻挡之势。1925年"五卅"惨案的发生，导致温州圣道公会以尤树勋为代表的华牧，致力于自立运动，成立"温州中华基督教自立会"。同时，温州内地会华人牧者、信徒及教会学校学生向以王廉为代表的传教士提出教会自治独立的要求，并提出三点声明："（一）不再接受英国差会之津贴（二）将中西合置之产叶交归中国教会（三）教权归中国教牧掌握负责"[13]。此事拖延至1927年才被迫实现。

1927年2月，因国内军阀混战的影响，在战云的笼罩下，温州内地会王廉牧师与全体传教士离开温州，前往上海避难。王廉牧师在家书中写道："去年12月中旬，我们仍享平安，工作如常。但忽略坏消息传来，北军（即孙传芳部队）在福建省惨败，有一、二万军兵渐向本城撤退，全城震惊，大批市民举家逃难，一怕军队入城抢掠，二怕两军在此交锋，生灵涂炭。其他学校都已关门，疏散学生回家，我们也被迫得停学。北军驻守本城，市政府不仅要供应军粮，并要支付十二万元军饷，当时一元是技工两天的工资，这笔巨款换来片刻的安宁。但北军开赴前线后，因全城没有设防，数周后有800名战败的军队，倒戈变节，竖起南军旗帜（即北伐革命军）占据全城。他们获得本城南方人的同情，且极力推行苏联式宣传，还派人到福建省邀请南军入境。这些军人霸占了我们女校和艺文学院，后来才迁走。我们的住宅幸免于难，但见此不利形势，各宣教士均同意全体离境。"[14]1928年4月，温州内地会王廉牧师夫妇趁中国北伐的形势，离开上海回国述职。

1932年7月24日，王廉牧师因坏血症离开，时年50岁，在温传教21年。温州内地会400名信徒为其戴孝送殡。他于6月6日向内地会总部发出最后

---

12 黄锡培：《昔我往矣：内地会赴温州宣教士行传》，第78页。

13 该资料现存于温州基督教两会档案室。

14 黄锡培：《昔我往矣：内地会赴温州宣教士行传》，第82-83页。

一封信，内文是："上周四下午，我们的妇女圣经学校结业，虽然天气不佳，常常下雨，仍有 81 人来上课，大家喜乐融融。"[15]温州内地会女教士慕传荣姑娘（Maude Moler）发布悼辞："王教士回天家，我们失去一位主内刚强的肢体，他在中国生活 21 年，经历恩上加恩、与主相连的服事。他体贴人，以牧者和咨询人的身分，聆听华人领袖的情况，长谈而不倦。在教会的重要事工上，他灵巧地用智慧的言语来扭转局面，甚至最后卧病期间，仍挽回了一件可能造成教会分裂的事。自王教士掌理平阳宣教站后，他便看出，宣教士减少、华人同工增多的时候到了，因此，他极力支持本地各教会自立。"[16]

爱乐德（1906-1997）

爱乐德牧师（Rev.W.B.Ayoltt）为中华循道公会温州教区最后一任教区长（即差会代表）。他于 1930 来温，并于 1932 年按立为牧师。1938-1944 年和 1948-1950 年任温州循道公会教区长，并任温州宗教教育部主席和艺文神学教授。他虽不能如其前任般轰轰烈烈创办、拓展教会事工，但在教会基建、牧养方面作出卓越贡献。首先，他于 1937 年开始建立循道公会温州教区中心主日学校舍。其次，他于 1940 年任浙东神学院院长。最后，他在温州教区内整合教会崇拜礼仪，于 1943 年编著《实用崇拜简礼文》专供温州教会使用。1950 年 9 月 6 日，爱乐德牧师正式离温，为最后一批离温的外国传教士之一。

1987 年 7 月 31 日至 8 月 20 日，爱乐德牧师访温。在近 20 天的时间里，走访了以前事奉的各地和教堂，并与温州教会的老朋友会晤。在其回英后的来信中表达了其对"第二故乡"眷恋之情和对温州教会复兴的欣慰之情，并将在温州的观感传达给英国的基督徒。

梁景山（1858-1941）

梁景山牧师，字树声，生于 1858 年农历 10 月 24 日，原为温州内地会信徒，于 1900 年任该会执事[17]。1907 年春节后的第一个主日，温州内地会举行教会自立特别演说会，梁景山被举为临时监会会正。1912 年 12 月 5 日，梁景

---

15 黄锡培：《昔我往矣：内地会赴温州宣教士行传》，第 89 页。
16 黄锡培：《昔我往矣：内地会赴温州宣教士行传》，第 89 页。
17 《通问报》第 243 期，1907 年 2 月，第 2 页。

山与众仝人响应中国耶稣教自立会俞国桢会长的号召，组织成立温州耶稣教自立会，被推选为首任会长。[18]1914 年 10 月 10 日，温州耶稣教自立会堂落成典礼之时，上海中国耶稣教自立会俞国桢牧师到会，按立梁景山为宣道师。按立典礼时，受到与会教友起立欢迎。[19]1916 年 12 月 23 日，温州耶稣教自立会召开四周年大会，正在温州"旅行传道"的中国耶稣教自立会总会长俞国桢牧师莅临，并按立梁景山为温州耶稣教自立会及各属分会、支会的首位牧师。[20]1919 年，吴瑾在《温州自立教会种种之特色》中以梁景山牧师为特色之一，文称："良牧之难得梁牧师近况甚佳为主工作不遗余力诚吾瓯教会中不可多得之良牧此实真神鸿恩优待我温州自立教会有以致之也"[21]

梁景山牧师除开办自立教会外，还在教会中提倡创办实业。在教务之外，他创办了公济医院。1924 年温州巽山自立教会新堂落成，信徒何改尘在颂词中说："我温梁牧师景山先生。开设公济医院多年。眼科外科。及哲嗣志刚。驱除痼癖。活人无算。"[22]1923 年，梁牧偕师母并儿子梁志刚在温州创办美达花席工厂，并在厂中建成供工人礼拜用的"厂堂"，因此被尊称为"中华自立之模范"[23]，何改尘说："厂中用人。均系忠信门徒。惟招募女工。大半教友家之妇女。外教人居少数。主日一律停止作工。遵守礼拜为宗旨。平日梁牧随时巡视。监督之。劝化之。开导之。秩序井然。工厂一福音堂也。俾该妇女等。手作工而耳听道。一举两得。莫善于此矣。"[24]

1928 年 2 月，温州耶稣教自立会召开大会为梁景山牧师祝 70 大寿[25]。8 月，中国耶稣教自立会总会为表彰温州自立会发起人梁树声之功绩，赠送匾额一方，并追溯其生平之事迹："梁树声牧师字景山，浙江温州自立会发起人本总会理事，查温州自立会之发达，实为我各地自立会之冠，创始迄今历三十载，赖牧师暨师姆之惨淡经营，厥功甚伟；而牧师道德高尚，热忱公益，犹为教内外人士，所一致钦佩，决非一般江湖者流所可比拟。牧师现年七旬

18　支华欣编著：《温州基督教》，第 8-9 页。

19　《圣报》第 4 年第 10 期，1914 年 10 月，第 9-10 页。

20　《中国耶稣教自立会大纲（附历年案卷、旅行日记）》，第 52 页。

21　《圣报》第 9 年第 1 期，1919 年 1 月，第 9-10 页。

22　《圣报》第 14 年第 11 期，1924 年 11 月，第 20 页。

23　《圣报》第 14 年第 7 期，第 20 页。

24　《圣报》第 14 年第 7 期，第 20 页。

25　《圣报》第 18 年第 2 期，1928 年 2 月，第 13-14 页。

有余，然仍精神矍铄，作主圣工，始终不懈。本会为景仰计，特请张公赐题'温良恭俭'匾额一方，以资褒扬，闻是项匾额，业已颁送该会云。" [26]

各地教会闻讯也纷纷寄来诗句作为祝贺，可见梁景山牧师的声名已远播海内外。现抄录部分诗词如下：

祝温州梁牧景山先生七秩双寿诗（湖北黄文焕） [27]

遥祝梁公七十秋。

天增岁月乐悠悠。

毕生信仰精神健。

到处欢迎品学优。

救国良医凭大道。

爱人事业壮勋猷。

如斯诸德真堪美。

特举双尊贺白头。

景山牧师（诗） [28]

你是教会自立的先驱

你是黑籍狱人底明星

什么救国运动哩你总是揭竿疾呼不避艰苦

尽管惊涛澎湃呀你未尝灰心冷意始终如一

更且

判断秉公而无私

待人至诚又克己

尤难的是

师姆志同道合相得益彰所以我们为

牧师祝也要同声向

师姆颂可是我们身处异域不得躬逢盛典抱歉的很用题四字以为

贺哩

不灭的灯　箴言三十一章十八节

戴庆明　何文波　李景贤　戴庆文　自南洋群岛寄祝

---

26 《圣报》第 25 年第 8 期，1935 年 8 月，第 6 页。

27 《圣报》第 18 年第 6 期，1928 年 6 月，第 6 页。

28 《圣报》第 18 年第 7 期，1928 年 7 月，第 12-13 页。

汤复三（1864-1950）

汤复三牧师，原籍永嘉小渠乡，生于清同治三年（1864年）。少时就读于东山书院。清光绪中叶，英藉偕我会教士苏慧廉牧师到永嘉县碧莲镇巡视教会。华藉教士夏殿士先生向苏氏介绍汤氏行状，苏氏就与汤氏接洽，见其"雅量高深，清言洞达"，就以《圣经》馈赠。汤氏接读《圣经》，"见是书身灵并救，遂寝馈其中，忱食俱忘，阅数月即领洗进教。"[29]

信主后，汤氏潜心研究《圣经》，不久即登台讲经。汤氏于1904年升任教师，又于1926年荣升牧师。吴廷扬牧师述其事迹如下："经枫林教区十余载，后莅虹镇道座亦十载。如添筑教室储晚餐谢恩诸积为教会之基础也。后荣升温州城西总教区公选会长，连任六载，后荣调外西溪桥下街首座三载，遇有事故发生，出为排解，一视同仁，无分畛域。凡教友冷心者，时往浇灌，患难者时劳慰问，染病即为诊治，贫乏即行施济，主历一九三五年又荣调温州城西总堂教区主席二载。现年七十有二。大有精神，此真大德者名寿必得，致身者天眷特隆。牧师体主之心以为心，其自任救道之重盖如此。"[30]1938年1月，73岁的汤复三牧师年逾古稀，正式向循道公会温州教区提出辞职，得教区牧师会允准。[31]

汤氏擅长文学，并在中医学的造诣甚深，早年在东山书院曾攻读古典文学及中医理论，对时症、伤寒、儿科、妇科等均有丰富的临床治疗经验。吴廷扬牧师亦叙述："不以财途阻志，直以救人为任。即将轩岐遗法，内难两经，会通心得，活人无数。[32]

汤氏在温州教会德高望重，深得人心。他于1950年1月安然离世。温州循道公会为纪念他一生的事迹，曾在礼拜单（主日单）上，略叙他的事迹，并附印他的照相，作为全教区信徒的勉励。

---

29 吴廷扬编：《夏铎——中华循道公会温州宁波两教区月刊》，第1卷第1期，第27页。

30 吴廷扬编：《夏铎——中华循道公会温州宁波两教区月刊》，第1卷第1期，第27页。

31 吴廷扬编：《夏铎——中华循道公会温州宁波两教区月刊》，第1卷第9、10期，第37页。

32 吴廷扬编：《夏铎——中华循道公会温州宁波两教区月刊》，第1卷第1期，第27页。

卢源生（1870-1960）

卢绍云，字源生，浙江永嘉楠溪人。1870 年（同治九年）农历二月初四日出生。1894 年（光绪二十年）农历三月初六，夏殿士与另一位周姓教师在溪南布道，以"浪子回头"为题，卢源生听后，颇有心得。同年五月初八，卢赴岩头教会听道，夏殿士传讲"亡羊比喻"，大受感动，立志潜心学道。十一月，偕我会英籍牧师苏慧廉到岩头主领会议，得夏殿士教师推荐，与苏慧廉接洽。苏慧廉见卢源生品行雅洁、信主诚笃，就向他教授《圣经》知识。卢源生因此更加努力灵修，在灵性上得突飞猛进之效，遂于几月后受洗入教。受洗之后，卢源生效法基督之脚踪，上孝长辈，下悌弟兄，笃训侪辈，在教内外有好名声。

1897 年（光绪二十三年），卢源生受偕我会温属总会派为义务传道士，被派往楠溪讲道，并常往乐清芙蓉布道，屡受逼迫。一次外出作工时，在乡村遇到一批不信者。他们除了对卢源生恶言诟骂外，还将他强加鞭挞，最后抛弃在路旁，生命垂危。教会当局闻讯，向执政者追究肇事者，但卢源生效法司提反，使他们免受刑罚。1898 年，卢源生升任偕我会温属教会教师。1900（即庚子）年反洋教时，卢牧被淹水中，幸他习有泳水之术，尚未受害，但家里物件家具被毁，他非但不抱消极，反更积极传道。1902 年（光绪二十八年）调任虹桥联区。1907 年（光绪三十三年），任碧莲联区联区长。后历任白泉、桥下街等处十余年。吴廷扬评价说："观其建筑圣殿，创办勉励会，学道班，靡不细心认真，守时守信，富责任心，劳怨不辞而为之。"[33] 1922 年（民国十一年），卢源生升为正任牧师。1923 年，调任为瑞安联区，后选任温州教区总会会长三年。1937 年，调任瞿溪教会牧师。年 70 岁时，退休回家，但他还是退而不休，依然热心公益，于 1960 年安息主怀。

刘廷芳（1891-1947）[34]

---

33 吴廷扬编：《夏铎——中华循道公会温州宁波两教区月刊》，第 1 卷第 5 期，第 21-23 页。

34 本简介参考资料罗列如下：燕京研究院编：《燕京大学人物志》（第 1 辑），北京大学出版社，2001 年 4 月，第 154-155 页。查时杰：《中国基督教人物小传》，第 237-245 页。徐友春主编：《民国人物大辞典》，河北人民出版社，1991 年 5 月，第 1420-1421 页。郑颉丰、支华欣：〈神学博士刘廷芳〉，《温州文史资料（第 9 辑）》，第 206-210

刘廷芳（Timothy Tingfang Lew，1891-1947），字亶生，祖籍浙江永嘉，生于 1891 年（清光绪十七年）[35]。9 岁时即能背诵《礼记》[36]，10 岁已能阅读大部分中国经典名著。早年肄业于温州偕我公会所办的艺文中学，16 岁时任英文教员[37]。后入上海圣约翰大学附属中学深造，1911 年赴美留学，1914 年、1915 年分别在哥伦比亚大学获得大学士（B.A.）和硕士学位（M.A.）。1916 年，他在哥伦比亚大学的师范学院获得教育文凭。1918 年，获得耶鲁神学院神道学学士学位（B.D.），并在期间被按立为牧师。1920 年，获得哥伦比亚大学师范学院哲学博士学位（主修教育与心理学，Ph.D.）。在美期间，曾任北美中国学生基督教协会主席，中国学生联合会东支部代表会主席，又是基督教协会季刊《留美青年》的编辑以及《中国学生月刊》的助理编辑。1918 年，他任纽约协和神学院助教，成为在美国神学院教非中文课程的第一个中国人，同时又是宗教教育协会会员。

1920 年，刘廷芳回国，任北京师范大学研究院院长，北京大学心理学教授，燕京大学神学院神学教授。1921-1926 年，任燕京大学宗教学院院长，燕京大学校长助理。1925 年 3 月 19 日，在北京协和医院，他协助主持孙中山先生的基督教丧礼。刘廷芳参与 1922 年建立的中国全国基督教会的活动，任该会理事达 10 年之久。他又是北京基督教青年会干事，青年会全国委员文献部委员。1922 年中华基督教全国大会在上海召开，刘廷芳是大会的第三股委员。刘廷芳是中国心理学会的创办者和负责人之一，于 1923 年任中华基督教教育协会标准测验委员会主席，所制定的测验标准由全国教育促进会广泛运用于中国国立学校和基督教教会学校，1924-1927 年任中华基督教教育协会主席，成为担任此职的第一个中国人。

页。崔宪详：〈悼刘廷芳先生〉，《天风》第 83 期，1947 年 8 月 16 日，第 8 页。朱维之：〈中国基督教文化界一大损失——悼刘廷芳博士〉，《天风》第 83 期，1947 年 8 月 16 日，第 10 页。赵紫宸：〈吊故友刘先生廷芳〉，《天风》第 86 期，1947 年 9 月 6 日，第 14 页。吴昶兴：《基督教教育在中国——刘廷芳宗教教育理念在中国之实践》。具体生平资料，可阅读陈丰盛：《诗化人生——刘廷芳博士生平逸事》，上海：中国基督教两会，2013 年 1 月。

35 关于刘廷芳的出生年吴昶兴已作详细辩证。参氏：《基督教教育在中国——刘廷芳宗教教育理念在中国之实践》，第 80 页。

36 郑颉丰、支华欣：〈神学博士刘廷芳〉，《温州文史资料（第 9 辑）》，第 206 页。

37 《天风》第 93 期，1947 年 10 月 25 日，第 15 页。

1926 年，刘廷芳赴美，分别在耶鲁神学院、哈德福神学院讲学，并于 1927 年在欧柏林大学（Oberlin College, D.D.）及密德尔堡大学（Middlebury College, S.T.D.）获荣誉博士学位。是年夏，出席瑞士洛桑国际宗教会议，并代表中华全国基督教协会参加在德国召开的教会促进国际团契世界联合会会议。继而做美国波士顿大学客籍教授，于 1928 年在缅因州班哥尔神学院和芝加哥神学院讲学。1928 年夏刘廷芳回国后，在燕京大学、北京大学任职。1930 年被选为新成立的中华全国基督教大学委员会主席，其后五年中又历任此职。他又是基督教教育奖学金组织的主席，是调查中国小学教育的委员会成员，又是一些尝试在中国推行标准汉字的委员会的委员。他一面在燕京任教，一面在海淀区创办了培元学校，还办过挑花女工传习所。

刘廷芳分别任《生命》、《真理周刊》、《真理与生命》等刊物的主编，又独自创办基督教文艺刊物《紫晶》。刘廷芳于 1932 年担任联合圣歌编辑委员会主席兼文字支委会主席，主编《普天颂赞》。1936 年，刘廷芳出任国民政府立法委员。1937 年，刘氏参加在牛津及爱丁堡举行之世界基督教教务大会及基督教信条与教政大会，并参加在巴黎举行的国际心理学会。1938 年去印度但白伦参加国际传道会议。1941 年因故疾赴美就医，1947 年 8 月 2 日病逝于美国新墨西哥州（New Mexico）艾尔布克市（Albuquerque）之长老会医院。

吴百亨（1894-1973）

吴百亨，原名培亨，原籍乐清，为温州著名企业家，又是一位虔诚的基督徒。1894 年 12 月出生于瑞安。早年家庭贫寒，以替人放牛牧羊为业。百亨从小勤奋好学，从教会学校毕业后，于 17 岁入普益药房当学徒，期间曾向当地名流陈墨农请教国文，得陈赏识，将女儿陈吉安许配百亨为妻。1923 年得岳父资助，创办百亨药房。[38]

1926 年在瑞安创办我国第一家乳品厂，即百好炼乳厂，以"白日擒鹇"作商标，以抗衡英国的飞鹰牌炼乳。1927 年，英国英瑞炼乳公司欲以十万元高价收买其商标，遭吴百亨拒绝，后以冒充英瑞炼乳公司"鹰"牌商标之名提出指控。吴百亨在法庭上赢得商标诉讼案。1929 年擒鹇牌炼乳荣获中华国货展览会一等奖。次年又获西湖博览会特等奖。[39]

---

38 王高荣：〈吴百亨专题档案〉，《浙江档案》2010 年第 4 期，第 52 页。
39 王高荣：〈吴百亨专题档案〉，《浙江档案》2010 年第 4 期，第 52 页。

1939 年，吴百亨在温州西山创办西山瓷器厂，在瑞安合资创办蛋粉厂。抗战胜利后，吴百亨又创办钱庄，并先后开办造纸厂、酿造厂等企业，颇具成效。1954 年任公私合营的百好炼乳厂经理。先后当选为浙江省人大代表、温州市人大代表、浙江省政协委员、浙江省工商联执行委员、温州市工商联副主委等职。以其一心办民族工业的事迹为题材的文艺作品有《擒鹏演义》及电视剧《吴百亨》。[40]

---

40 浙江省政协文史资料委员会编：《浙江文史资料选辑》（浙江近现代人物录）第 48 辑，第 153 页。

第三篇 附 录

第一章　勉励会与温州教会

　　勉励会，在今日中国许多教会鲜为人知，在五、六十年前的中国教会，却是家喻户晓。这个被今日许多教会所淡忘的教会宗教教育，对于温州教会来说却是一个永不磨灭的记忆。在口述历史采集的过程中，温州教会七、八十岁的老传道、教牧人员，一谈到勉励会都会引起许多犹新的记忆。接下来的几篇小文，笔者将以温州教会为基点，重新检视勉励会在历史中留下的"佳美脚踪"。本文先概述勉励会的发展简史。

第一节　勉励会发展简史

　　世界勉励会于 1881 年 2 月 2 日由美国美印省破特兰城林贤堂牧师嘉拉克博士（Rev. Francis E. Clark）发起[1]。他在教堂内将信徒分成小组，互相勉励德行、信仰和清洁的生活[2]。虽为新生，却成为基督教会中一支强而有力的生力军，不数年漫延及全世界。[3]至 1915 年，有支会八万余所。会友四百五十余万。每月新设支会。仍不下数百处之多。[4]其中有一百五十万会员在各地担任教会侍奉，并有不少会员蒙召为牧师，并有许多会员得异象赴海外宣教。[5]

1　中华全国基督教协进会编，《中华基督教会年鉴（第7期）》，第57页。

2　姚民权，《上海基督教史（一八四三至一九四九）》，第200页。

3　中华基督教勉励会全国协会编，《中华基督教勉励会成立七十周年、革新五周年纪念特刊》，第13页。

4　中华续行委办会编，《中华基督教会年鉴（第2期）》，第151-152页。

5　中华基督教勉励会全国协会编，《中华基督教勉励会成立七十周年、革新五周年纪念特刊》，第14-15页。

中国第一个勉励会于 1885 年 3 月 29 日，在福州公理会设立[6]。据载：福州公理会某教会建立一个奋兴祈祷周。大家同心合意恳切祈祷，蒙神大大赐恩，以致信徒灵性蓬勃复兴。其中有四十多位青年弟兄姊妹献心归主并决志服侍。该教会主任牧师见机组织了中国第一个勉励会。献心会之后，得到教会弟兄姊妹的支持，许多信徒努力追求灵性、去掉旧日恶习，也有许多信徒纷纷签志愿词加入勉励会。[7]

以福州为发祥地，全国各地也纷纷建立勉励会。1895 年，全国勉励会总会在上海建立[8]，会址最初设于北四川路昆山花园路 1 号，最后设于圆明园路169 号 5 楼。各地区勉励会联合组成各省勉励会，全国总会定期召开年会。1928 年 1 月，世界勉励会来电要求组建中华勉励会，全国勉励会总会改名为中华基督教勉励会全国协会。自此，勉励会全国协会的会长转由中国牧师担任[9]。

中华基督教勉励会的发展呈弧形状。1915 年，全国勉励会支会共八百余所，教友约二万三千余人。1924 年全国勉励会支会增加至一千二百余处，会友达五万余名[10]。1924-1925 年是中华勉励会发展的顶峰，在这一年里，支会与会友均翻了一翻，支会达二千五百三十五处，会友约计十余万。[11]然而，中华勉励会与许多其他教会工作一样，因抗日战争的全面打响而大大受挫，许多教会勉励会因战争而停办，一些勉励会虽得维持，但也是艰难维持，甚至连全国勉励会也一度停办。

笔者认为勉励会与温州教会有特殊的关系，对于温州教会的发展也有特殊的意义，其中不得不提到的是给予中华勉励会极大贡献的，就是温州的尤树勋牧师。

6 中华基督教勉励会全国协会编，《中华基督教勉励会成立七十周年、革新五周年纪念特刊》，第 14 页。

7 中华基督教勉励会全国协会编，《中华基督教勉励会成立七十周年、革新五周年纪念特刊》，第 14 页。

8 中华续行委办会编，《中华基督教会年鉴（第 2 期）》，第 152 页。

9 姚民权，《上海基督教史（一八四三至一九四九）》，第 200 页。

10 中华全国基督教协进会编，《中华基督教会年鉴（第 7 期）》，第 57 页。

11 中华全国基督教协进会编，《中华基督教会年鉴（第 8 期）》，上海：中华全国基督教协进会，1925 年，台北：中国教会研究中心、橄榄文化基金会联合出版，1983年 3 月重印，第 182 页。

抗日战争胜利，全国勉励会总会董事会会议决定，于 1946 年春季邀请温州中华基督教自立会会长尤树勋[12]牧师到上海作复兴勉励会的工作。尤树勋牧师于是年 8 月到沪正式接手勉励会工作，任全国勉励会总干事一职。经过一段时间的努力，于 1947 年，出版了战后第一期《勉励会讲义》。[13]1948 年的《勉励会讲义》前言中提到："中西先进的教会，已得勉励会友为生力军，立了战绩。但近年来，新军不增，老兵示弱，似有落伍之概。重光复员以后，本协会知耻而后奋勇，一意以复兴生力军为己任，将残的孤灯，要加添膏油，未燃的火炬，要大放光明。尽量的招募，训练，天国的青年军，为明日的教会。培育多量开明的精锐的劲旅，将见光荣的胜利，荣归主名。"[14]经过近十年的努力，至 1955 年 1 月底止，全国共有勉励会员 13707 人。[15]1958 年联合礼拜后中华基督教勉励会全国协会停止活动。

勉励会在中国的迅猛发展在于其本身是超宗派的组织，深得中西教牧的支持。许多教牧在各地热心宣传并积极推行，使勉励会深入各教会、各学校、神学院甚至不同的教会组织中。1925 年的《中华基督教会年鉴》登载："勉励会在教会中，是一种浇灌的事业。就年龄和性别上的分类，有所谓成年勉励会。青年勉励会。儿童勉励会。有纯粹妇女组织的勉励会如上海济良所之勉励会。在教会内。也间有妇女单独组织者，如上海闸北长老会的妇女勉励会。有纯粹工友所组织的，如山东潍县乐道院。工友勉励会。长沙圣经学校。职工勉励会。其他教会所属机关。如学校。医院。工厂。和教友服务的事业。

---

12 尤树勋（1892-1970），字建人，别号路得，1892 年出生于温州，毕业于温州圣道公会艺文中学，南京金陵神学院。曾任温州圣道公会牧师。1925 年在上海亲历五卅惨案，回温后建立"中华基督教会"并任温州中华基督教会第一任会长。1925 年 11 月加入中国共产党，帮助教会推行独立自主，自办教会。1927 年迁居上海，任上海天恩堂牧师和主任牧师十余载。1930 年 11 月任中华基督教勉励会委员。抗日战争期间回温复职，并于 1942 年倡导组建"基督教温属联合会"，并被推举为首任会长。1946 年重赴上海，先后在中华基督教勉励会中任要职。1949-1954 年兼任天安堂牧师。1969 年因不实之词被捕入狱，1970 年病逝于南京。参支华欣编著：《温州基督教》，第 73-75 页。

13 中华基督教勉励会全国协会编，《中华基督教勉励会成立七十周年、革新五周年纪念特刊》，第 15-16 页。

14 尤树勋主编：《勉励会讲义》，中华基督教勉励会，1948 年，第 3-4 页。

15 中华基督教勉励会全国协会编，《中华基督教勉励会成立七十周年、革新五周年纪念特刊》，第 41 页。

如西北军中，也间有设立此项勉励会。"[16]

第二节　温州内地会勉励会早期发展

温州内地会是温州最早创办勉励会的教会。据温州内地会华牧仇九渊[17]于 1924 年在《中华基督教会年鉴》中提到，内地会来温第一位英藉传教士曹雅直牧师在温州传教时就已经设立勉励会，文称："窃思温州内地会，自英国苏格兰曹雅直抱道东来，驻吾瓯城五十余载，述其成绩，不亚当时保罗设教于马其顿也，盖其建教堂，兴学校，开医院，办道学，布福音，设养老院，创勉励会，与主日学等等善举。"[18]曹雅直牧师于 1889 年在法国去世，而在《二十六年：曹雅直夫妇温州宣教回忆录》没有找到与勉励会相关的记载。

目前关于温州内地会创办勉励会最为详细与权威的资料应属《中西教会报》于 1911 年 5 月所登载的题为〈温州勉励会之进步〉报道，介绍勉励会在温州内地会的起始："勉励会之设于我瓯。乃繇衡秉鉴牧师一人发起者。迄今约七载之久。"[19]这样，我们可以断定，温州内地会勉励会于 1904 年创办，创办人正是会正、英籍传教士衡秉鉴牧师。

我们在《通问报》中发表数篇与温州内地会勉励会相关的报道，给予我们较为清晰的看到勉励会在温州内地会中的发展状况。

第一、刘廷芳报道在 1905 年农历十月，温州内地会召开勉励会各部会议，即〈温郡第五次勉励会纪事〉，简述会议过程及决议。内文称："温郡勉励会。创办已数载。本岁经数大改良。遂得速成之进步。目前颇属可观。依会章。每二阅月大会议一次。十月初五日晚八下钟。各部执事。及各部委办等。会集本会会议所。由发起人会长衡君祈祷开会毕。由前任主日学会委办刘廷芳。宣读本会本期应议事件（中略）宣读毕。正会长。乃一一向众询问。众谋佥同。遂允准施行。时。副会长蒋君宝仁。曰。如舵定舰。似火燎原。读圣雅各之遗训。雅各三章一至九节。知吾侪会中之言语。不可不慎拟因察言而观

---

16 中华全国基督教协进会编，《中华基督教会年鉴（第 8 期）》，第 182 页。

17 仇九渊（生卒不详），字静泉，浙江永嘉人，清光绪三十一年（1905 年）入教，隶内地会，曾任内地会传道，大总会正副会长，勉励会司库义务传道助士，后任温州中华内地会总堂主任。

18 中华全国基督教协进会编，《中华基督教会年鉴（第 7 期）》，第 93-94 页。

19 《中西教会报》第 19 卷第 225 册，第 44-45 页。

色之理。设立察言部。选举会友中之德行素优者。以任斯职。一时会友。闻者皆有难色。以为是职实难胜任。巽山勉励会副会长林君易山。宣议曰。此部委办。可以各执事及各部委办等兼任之。虽非易任。可赖主力为之。于是本会于此议亦允准施行。会议毕。乃预定十二月初九日为下次会议之期。正会长。祈祷祝福而散。刘廷芳志"[20]

第二、刘廷芳报道1905年圣诞节，温州内地会将圣堂妆饰交由勉励会全权处理，可见当时勉励会在教会中的影响力。内文称："温郡内地会。数载前。已设有圣诞会。至客岁由詹庆元等。倡议恭贺仪节。本岁勉励会。得速成之进步。各会友亦皆热衷从事。故一切仪节。皆由勉励会恭备。于月之廿七日礼拜六下午。举办一切。"[21]

我们可从文中得见当时教堂妆扮的详情："堂内悬灯五十盏。各窗皆结五色线。间以洋球灯。柱上以万年青围绕。饰以果物。讲台之旁。作绯竹圆门三面。竹门之上，以白布作额。以树叶拼成花样。中饰恭贺圣诞四金字。讲堂内壁。悬大红锦帐。讲台四围。安置各种花卉。以棉花编成耶稣降生四字于红纸横额灯上。将该灯高悬堂之右壁。堂内边柱。皆悬新联。其联语如下。圣子降凡尘。天阙从今皆赦日。救星临世界。人间自此永禧年。生命树。移植入间。一木千枝。尽赖灵根成善果。活水源。流通寰宇。九洲万国。咸从福海沐恩波。灿烂星辰。应预言而显呈瑞光。荣光天使。为前约以喜报佳音。"[22]

文中又详细介绍勉励会于12月28日晚开始通宵举行习经会、祈祷会："廿八晚。系勉励会寻常习经会。该晚各会友皆齐集寄宿会中。连宵达旦。歌诗祈祷。至四下钟。天未明时。各会友齐集圣堂中。由蒋牧师开会。祝谢上主救人鸿恩。于是众友齐声祈祷。历一句钟。至天昧爽时。始散。"[23]

第三、刘廷芳于1907年2月在《通问报》报道温州内地会于新年春节第一个主日下午（2月17日）召开特别演说会，主要辩论教会自养一事，其中特别提到勉励会成员对于教会自养竭力赞成："浙温内地会勉励会仝人。对于筹办教会自养一节。竭力赞成。第肆任司账兼传道部委办长王福庭。书启副

---

20 《通问报》，第186回，上海：北京路18号，丙午（1906年）正月，第2页。
21 《通问报》，第183回，上海：北京路18号，乙巳（1905年）十二月，第2-3页。
22 《通问报》，第183回，上海：北京路18号，乙巳（1905年）十二月，第2-3页。
23 《通问报》，第183回，上海：北京路18号，乙巳（1905年）十二月，第2-3页。

书记兼通问部委办长刘宣生。于本岁新正创议开特别演说会。启迪教会中诸会友。使人人金知所以对付此举。"[24]

第四、1907 年农历九月初三日，传教士衡秉钧夫妇回英述职期满再次来温，受到温州众教友欢迎。刘廷芳在《通问报》发表文章〈使节重临〉报道详情，其中提及衡氏对勉励会的贡献："浙温内地会会牧衡秉鉴先生。平均。暨师母于客春返英作十载假期之游。（西人宣道他邦者大率皆十年返故乡安息年余。盖仿从军远戍之例也。）先生在瓯十载左右。为本郡总牧。为勉励会发起人。惨怛经营。助其成立。"[25]

第五、1908 年农历十一月，刘廷芳在《通问报》发表〈王福庭先生传〉，详述温州内地会王福庭先生生平事迹，特别提到他对勉励会的贡献："是岁（1905 年——笔者注）勉励会扩张规模。举先生任传道部委办。继任书记职。整顿会务。不遗余力。丙午春。任司账。兼稽查经斋通问三部委办职。经斋则竭诚教导。为同部十委办之冠。稽查则勤谨不懈。引亡羊就安乐水源。会中有重大之问题。多就决于先生。……左右邻居。不明真道。乃设立勉励会经会于家。每礼拜一晚。集会友读经歌诗祈祷。是不特使邻居得听道之机会。即会友亦受其鼓励焉。"[26]

〈温州勉励会之进步〉一文中也同样介绍勉励会在温州的起始及发展："其筹办之法。秩然有序。数年间结果累累。诚勉励会之有补教会矣。稽夫初办之始。仅总会及巽山两区而已。后则渐渐推广。而小支会闻风遍设。且男女大小皆然。况每晚在会友家中设祈祷会。研究家庭自习经题。至今计内地会已设有勉励会四十有三处。会友之程度实有进境。其中愿尽义务。主日出门传道者有四。蒙选录监理教会者有二。其余由斯明经之会友。指难胜屈。至于近来入会之信徒殊多于前。前者西郊未立公会。每主日则赴本聚会。迨后西郊分设支会。而本会之会友。非惟不见少。且一一增多。足见入会者日形踊跃矣。于本岁正月间。施嘉达君偕夫人莅瓯。开全府男女勉励合会后。瓯城偕我会亦由是振作勉励会。凡未曾实行之勉励会。亦奋然改良。随时添设勉励会者数处。更有退后之会友。复其畴昔之热衷者。当施君在瓯时。偕我内地二会之会正。设一联会。二会各派委办三人。以互相办事。调查各会。

---

24 《通问报》，第 243 期，1907 年 2 月，第 2 页。

25 《通问报》第 276 期，1907 年，第 2-3 页。

26 《通问报》，第 326 回，上海：北京路 18 号，戊申（1908 年）十一月，第 1-2 页。

订定大会一次。基址二会轮流。余例再行斟酌。自此勉励会精益求精。力图前进。若非三一神灵之助。曷克臻此。"[27]

最后，值得一提的是，温州内地会培养的最出色、最著名的神学家刘廷芳博士除以上的报道外，与著名传教士司徒雷登（John Leighton Stuart，1876-1962）的交集，其切入点与勉励会有关。司徒雷登对刘廷芳的一生有着重要的影响。据司徒雷登自己的回忆："从童年时代起他就是我的朋友"[28]。首先受到司徒雷登关注的是刘廷芳经常在《通问报》上撰文、报道。1907 年（16 岁），他担任温州内地会勉励会第五任书启、兼副书记司事、经斋二部委办、通问部委办长，[29]同时又是《通问报》的名誉访员。[30]

其次，特别得到司徒雷登赏识的就是他在《通问报》上曾发表一篇文章，涉及基督教教育问题，《燕大双周刊》于 1947 年第 43 期追溯："先生痛感当时各教会学校目光浅陋，不达大体，缺乏高深之学术研究，而偏于流俗化，形式化之宗教训练。乃撰文力诋其非，以为用心卑劣，与江湖艺人培养畸形发育之儿童，藉以敛资糊口者无殊，实非养成人材，研究学术之所。文笔精刻，譬喻警辟，时司徒雷登先生方在南京，见而异之……愿订交焉。数月后，……乃与司徒先生相识，司徒先生遂力劝其来沪就学，且以保送留美深造之举自任。……先生乃辞母北上入圣约翰大学肄业，时年犹未冠也。"[31]

而给予刘廷芳与司徒登雷见面的就是中国勉励大合会，据蒋德新（蒋宝仁之子）介绍：1909 年"四月间。适值金陵中国勉励大合会。刘君被本会举派为正式代表使员。至金陵。遇司徒先生。二人一见如平生。司徒先生问其志愿如何。并问伊愿弃目下所有之地位职业。离乡别井。留学否。并允为之筹备一切。刘君题其言。许先祈祷。愿主旨成。返样后。司徒先生。不数旬。即致函邀伊先赴圣约翰大学肄业一年。以作预备。乃于秋抄赴沪。考入圣约翰大学插预科第四年级。本夏预科大考毕业。现部署已定。束装赴美留学。"[32]

---

27 《中西教会报》第 19 卷第 225 册，第 44-45 页。

28 司徒雷登：《在华五十年——司徒雷登回忆录》，北京：北京出版社，1982 年，第 72 页。

29 《通问报》，第 285 回，丁未（1907 年）十二月，第 2 页。

30 《通问报》第 414 期，1910 年 7 月，第 9 页。

31 〈刘廷芳先生在美逝世〉，《燕大双周刊》，1947 年第 43 期，第 349 页。

32 《通问报》第 414 期，1910 年 7 月，第 9 页。

第三节　温州各宗派勉励会发展

勉励会在温州内地会的建立与发展是轰轰烈烈的，其成果也应该是很可观的。紧随内地会之后，温州循道公会（最初称偕我会，1907 年后称圣道公会，1933 年后称循道公会）、中国耶稣教自立会平阳、温州分会、温州中华基督教自立会等均建立有规模的勉励会。

一、循道公会

据尤树勋所述，循道公会约于 1907 年设立勉励会。[33]1911 年,〈温州勉励会之进步〉一文中介绍偕我会与内地会在勉励会事工上的复兴与合作："于本岁正月间。施嘉达君偕夫人莅瓯。开全府男女勉励合会后。瓯城偕我会亦由是振作勉励会。凡未曾实行之勉励会。亦奋然改良。随时添设勉励会者数处。更有退后之会友。复其畴昔之热衷者。当施君在瓯时。偕我内地二会之会正。设一联会。二会各派委办三人。以互相办事。调查各会。订定大会一次。基址二会轮流。余例再行斟酌。自此勉励会精益求精。力图前进。若非三一神灵之助。曷克臻此。"[34]

1925 年"五卅"反帝运动爆发之后，尤树勋发起自立，其第一次会议就是在城西堂的勉励会堂，显示当时的圣道公会极其重视勉励会。[35]

1931 年，城西堂率先建立儿童勉励会。1934 年，温州循道公会成立了儿童宗教教育部，统筹和管理整个教区的宗教教育工作。[36]该年在教区设立中心小子勉励会，由盛旭初主持，其工作目标是争取教区内各个教会建立儿童勉励会。并开办"勉励会工作人员训练班"。[37]直到 1935 年初，单单城西堂就有儿童勉励会就有成员 75 位。[38]1935 年 2 月，在《温州循道公会儿童宗教教育部一九三四年度工作报告》中提到温州儿童宗教教育部编辑委员会编著《儿童勉励会讲义》由中华基督教勉励会全国协会所出版。

---

33 《神学志》第 4 卷第 3 号，第 14-17 页。

34 《中西教会报》第 19 卷第 225 册，第 44-45 页。

35 《瓯海基督教自立丛刊》，第 13 页。

36 盛旭初编辑:《温州循道公会儿童宗教教育部一九三四年度工作报告》，第 6 页。

37 盛旭初编辑:《中华基督教循道公会浙江温州教区儿童宗教教育实施计划大纲》，温州循道公会儿童宗教教育部，1934 年 2 月出版，第 3-11 页。

38 盛旭初编辑:《温州循道公会儿童宗教教育部一九三四年度工作报告》，第 5-12 页。

1934 年 2 月，在〈中华基督教循道公会浙江温州教区儿童宗教教育实施计划大纲〉中，以〈为实施儿童宗教教育告各同工书〉鼓励全教区开展儿童宗教教育工作，并制订出〈儿童宗教教育实施计划大纲〉，其中特别将小子勉励会作为儿童宗教教育的重要事工，计划分三期工作，其第三期的目标为"完成每一教会皆有主日孩童科或小子勉励会或儿童读经班。"并计划在全教会举行"勉励会工作人员训练班"。[39]

1934 年 11 月，盛旭初先生在《中华归主》报道乐清大荆循道公会的创办勉励会的情形："盛教师更为增进教友圣经智识，奋兴教友，布道热忱起见，曾于二年前莅任时，创办勉励会，于每主日上午九至十时举行常会，按照全国协会所发行之讲义，各会员轮流演讲，男女教友因此会之培养，对于证道之能力，祈祷之热忱等，均大有俾益。"[40]

1935 年 2 月，温州循道公会儿童宗教教育部出版的〈温州循道公会儿童宗教教育部一九三四年度工作报告〉详细报告 1934 年儿童宗教教育的工作及1935 年的计划。其中报告，教区儿童宗教教育部附设的中心儿童勉励会，由执行干事盛旭初先生所主持，教区内有两处儿童勉励会，分别是：城西堂儿童勉励会，于 1931 年创办；上成东村儿童勉励会，于 1934 年 10 月创办。而特别值得感恩，且走在全国教会之先的，就是由该儿童宗教教育部所编辑的"儿童勉励会讲义"："关于编辑课程 中华基督教勉励会全国协会所出版的'儿童勉励会讲义'，系本部编辑委员会编著，内容虽不完善，但最近据各方来信及报纸上的介绍，都认为不可多得的儿童宗教教育课本，这是本部同人所堪自慰的一回事。"[41]至 1937 年 1 月，城西堂的儿童勉励会有教员 13 人，学生人数达 150 人。[42]

1937 年 1 月 8-9 日，温州循道公会第三十六届教区会议在城西循道公会大礼拜堂举行，〈温州第三十六届教区议会纪要〉报告一年来教区文字事业，其中销售《勉励会讲义》达 700 册。[43]3 月，盛旭初在《宗教教育季刊》发表

39 盛旭初编辑：《中华基督教循道公会浙江温州教区儿童宗教教育实施计划大纲》，第 3-11 页。

40 《中华归主》，第 150 期，中华全国基督教协进会，1934 年 11 月 1 日，第 8-9 页。

41 盛旭初编辑：《温州循道公会儿童宗教教育部一九三四年度工作报告》，第 5-12 页。

42 吴廷扬编，《夏铎——中华循道公会温州宁波两教区月刊》，第 1 卷第 1 期（创刊号），第 46-56 页。

43 吴廷扬编，《夏铎——中华循道公会温州宁波两教区月刊》，第 1 卷第 3、4 期，温州循道公会宗教教育部夏铎月刊社，1937 年 4 月，第 9-15 页。

〈温州循道公会儿童宗教教育部三年计划简报〉，其中提到已过的三年，温州教区共创办儿童勉励会六所，会友 230 人，有指导员 14 人。[44]

1940 年 9 月，循道公会温州教区吴廷扬牧师在《宗教教育季刊》报道有关该教区宗教教育，其中提到主日学勉励会的情况："每主日各堂区举行勉励会，采用全国勉励协会出版之勉励会讲义为课本，照章轮流宣讲兴趣非常浓厚，本会支会计二百三十余处而创办勉励会者，已有五十二处。"[45]

二、中国耶稣教自立会

中国耶稣教自立会在温州地区有两个教区（最初称分会，1930 年代称分总会，抗日战争之后称教区），分别为平阳与温州。

平阳耶稣教自立会在 1912 年就已建立勉励会。1912 年 6 月 1 日至 7 月 5 日（农历五月五日至六月十日），中国耶稣教自立会总会会长俞国桢牧师赴平阳分会旅行传道，其中提到平阳分会的腾蛟堡教会有设勉励会。[46] 1916 年 11 月 29 日，俞国桢牧师第四次到温州布道旅行，提到平阳金乡教会的勉励会。[47]

1915 年 5 月 2 日，平阳分会的总公所开落成大会，会议举行演讲大会，其中有十位男女勉励会的会员主讲，分别是："男徒勉励会主讲：林庆贤先生、郑明卿先生、姜幼樵先生、苏炽卿先生、姜鸣琴先生、金励卿先生；女徒勉励会主讲：林贞静女士、明卿师母、王明魁嫂、苏志新女士。"[48]

1919 年 1 月，中国耶稣教自立会刊物《圣报》登载〈温属自立教会种种之特色〉，其中特别介绍勉励会的情况："勉励会产出之人才。此间勉励会气象颇有进步，其演讲人员产出支配于现在宣道员者，则有王君成恩、陈君时翰、陈君国杰、袁君宝珍、李君兆华、王君习如等六人。刚在练习将肩其任者，则有林君嘉康、黄君余卿、陈君文斌、杨君大林、周君瀛芳、杨君公文等六人。此外，如梁君栋、刘君振声、陈君长生等十余人亦为将来有用之人才也。"[49]

---

44 中华基督教宗教教育促进会，《宗教教育季刊》第 1 卷第 1 期，第 33-35 页。
45 中华基督教宗教教育促进会，《宗教教育季刊》第 4 卷第 3 期，第 61-64 页。
46 《中国耶稣教自立会大纲（附历年案卷、旅行日记）》，第 25-33 页。
47 《中国耶稣教自立会大纲（附历年案卷、旅行日记）》，第 42-53 页。
48 《圣报》第 5 年第 5 期，第 9-10 页。
49 《圣报》第 9 年第 1 期，1919 年 1 月，第 9-10 页。

　　1919 年，平阳自立会组织大光国民学校。创建之初，学校设立小子勉励会。[50]1921 年 12 月，叶明照撰文〈浙江平阳自立会大光学校小子勉励会序〉，介绍建立小子勉励会的原委："原夫。敝校设立基督教小子勉励会。无非欲造就学生德智体群四育增进。是即实行今日所盛倡之德莫克拉西教育也。德莫克拉西教育。译为民本主义。是现在世界潮流。现在的时代精神。是根据自由平等互助三种要义而发生的。实是要谋个人健全的发展。社会公平的进行。使人类得较普遍较永久的幸福。渐渐趋向到个群一致最高鹄的宗旨。而基督教以真理为基础。救世为宗旨。灵魂长生要端。至诚起敬为理想。仁爱善良为模范。脱离罪恶为目的。永生天国为归宿。末日审判为劝勉。是以宗是教者。人人有毅力。故一线之文明。赖以延无量之文明。因以发古时罗马坎斯但提尼宗之而富强。现今泰西各国宗之而兴盛。是基督教之原动力既如此。而德莫克拉西教育之宗旨又如彼。故敝校顺世界的潮流。抱平民群体的观念。特设基督教小子勉励会。藉将基督教真理。直灌濡诸学生脑想中。而启其知识。陶冶其性情。锻炼其身体。养成其完全一个之人格。此即所谓德莫拉西教育。"[51]

　　1921 年，杨道生介绍其在平阳宜山、金乡创设女勉励会的经过。他在宜山教会服侍期间，为帮助女教友识字、明白真道，举办女学道会，共有三十余人参加，两年后设立女勉励会，每主日轮讲《圣经》。移驻金乡教会服侍之后，又创设女勉励会，由杨师母带领。[52]

　　1914 年 10 月，俞国桢又一次来到温州旅行布道，特别提到中国耶稣教自立会温州分会乘凉桥教会有男友教友勉励会。[53]在《中国耶稣教自立会大纲（附历年案卷、旅行日记）》中记载温州自立会乘凉桥教堂共五大间，可以容纳五、六百人，主日上午九点钟为男女勉励会的聚会时间，妇女勉励会所在右边厨房，共四间，男勉励会所则在左边厢房，也是四间。1931 年，温州耶稣教自立分总会新建圣堂，旧堂改为勉励会堂。[54]

---

50 《圣报》第 10 年第 12 期，第 15 页。
51 《圣报》第 11 年第 12 期，第 10 页。
52 《圣报》第 11 年第 7 期 1921 年 7 月，第 4-5 页。
53 《圣报》第 4 年第 10 期，1914 年 10 月，第 9-10 页。
54 《圣报》第 21 卷第 6 期，1931 年 6 月，第 15-16 页。

三、温州中华基督教自立会

1926 年 9 月，由温州中华基督教会出版的《瓯海基督教自立丛刊》，将该会自立一周年的经过作了回顾，其中特别提到勉励会事工："每逢礼拜六晚间，聚勉励会之查经班，以资预备，至次晨，在未正式礼拜之前则行勉励会公祈礼拜。由实行会友轮派主席，众会友挨次宣讲，勉励会经题互相讨论，彼此劝勉以养成服务才能。"[55]

另据《中华基督教会年鉴》介绍，温州中华基督教自立会第一任会长尤树勋迁居上海任天安堂牧师期间，曾于 1930 年 11 月受邀成为中华基督教勉励会委员[56]。我们相信，尤氏在全国勉励会中的影响，也为温州勉励会的发展起到积极的促进作用。

温州教会勉励会的复兴气象，在 1931 年 3 月 3 日至 22 日中华勉励协会总干事周志禹先生来温州旅行布道时的报道中可见一斑，周先生所到之处，均报道各地教会勉励会情形。罗列如下：3 月 5 日上午抵达温州，圣道公会传教士孙光德牧师等携勉励会会员在温州船埠迎接，并与该公会教牧师、传道人一同参观小子勉励会。该会小子勉励会虽为初办，但人数已达 90 余人。3 月 6 日下午在温州内地会讲经。3 月 7 日上午，圣道公会召开大议会，会议邀请周志禹讲道。下午二时，向圣道公会全体教牧师、传道人演讲勉励会与教会的关系。3 月 8 日（主日）上午参观圣道公会城西堂的男女勉励会。下午参加该堂成人勉励会的改组三周年纪念会，演讲勉励会之办法，并聆听该会报告。[57] 3 月 10 日至 13 日，在瑞安圣道公会主领聚会，其中讲解勉励会事宜。17 日下午在平阳召开勉励大会，讲解勉励会意义，并报告柏林世界大会的情形。19 日下午，瑞安教会假自立会教堂召开三公会勉励联合大会，到会者达千人以上，散会后，三公会各派代表开瑞安全县勉励会筹备会，决定于 4 月间召集正式代表大会。21 日下午，在平阳自立会讲解勉励会意义，并报告第八届世界大会情形，与会者近二千人。[58]

---

55 《瓯海基督教自立丛刊》，第 13-23 页。

56 中华全国基督教协进会编，《中华基督教会年鉴（第 11 期）》，上海：中华全国基督教协进会，1931 年，台北：中国教会研究中心、橄榄文化基金会联合出版，1983 年 3 月重印，第 29 页。

57 《圣报》第 21 卷第 3 期，1931 年 3 月，第 16-17 页。

58 《圣报》第 21 卷第 4 期，1931 年 4 月，第 16-17 页。

可能就是在周志禹此行的影响下，温州教会各宗派的勉励会于 1931 年建立 "温州勉励会联合会"。[59]

随着中华基督教勉励会因战而衰落，温州勉励会在抗日战争时期也同样走下坡路。从 1946 年尤树勋牧师赴沪接手中华基督教勉励总会工作时，温州（甚至全浙江）基督徒对勉励会更为热衷。1955 年 1 月，全浙江有勉励会会员 3727 人，占全国总数的 27%。[60]1957 年 2 月，高建国牧师在《浙江省中华基督教自治内地会温区总会关于解放以来的工作情况报告》中对于勉励会给予肯定说："关于自传的知识，勉励会也应当推广一下，因为里面的内容对我们研究自传是有帮助的。"[61]

1958 年 7 月第一个主日，温州各大宗派在总堂联合礼拜。[62]同年夏天，在温州爆发了"无宗教区"试点，除保留城西堂礼拜，所有教堂关门，教会活动停止。相应地，温州勉励会活动随之停止。

第四节　勉励会聚会方式

一般说来，勉励会的聚会时间为主日早晨崇拜之前。教会预留近一小时为勉励会时间。据介绍，勉励会的学习方式为："每礼拜天早晨举行学习，先由主席开始，继由六位学员轮流学习讲解，后经主席总结解释，祷告结束，当即推好下主日的讲员，及主席，以给各学员准备下主日讲好勉励会。"[63]另据永嘉一位长老回忆："各教会推选教会中较为热心且识字的青年基督徒若干名（一般为七或七的倍数），轮流担任勉励会讲员。在教会中驻堂的教牧人员会在周间到各教会教勉励会。在主日勉励时，各勉励会员讲解的时间一般限制在五分钟之内。"[64]

---

59 《圣报》第 21 卷第 11 期，第 9-12 页。

60 中华基督教勉励会全国协会编，《中华基督教勉励会成立七十周年、革新五周年纪念特刊》，第 41 页。

61 高建国:《浙江省中华基督教自治内地会温区总会关于解放以来的工作情况报告》，1957 年 2 月。此〈报告〉现存于温州市基督教两会档案室。

62 《天风》1958 年第 18 期（总 561 号），1958 年 9 月 22 日，第 21 页。

63 中华基督教勉励会全国协会编，《中华基督教勉励会成立七十周年、革新五周年纪念特刊》，第 44-45 页。

64 《黄益兴长老回忆录》，2009 年 4 月访谈录音。

除例常在各堂点主日的勉励会聚会外，同一教区内各教会定期或不定期会组织联合勉励会。1920年11月平阳耶稣教自立会召开"三一大会"分别为：庆祝鳌江总堂落成、纪念平阳耶稣教自立会建立十周年、召开各区勉励联合大会。该次大会还邀请到中国耶稣教自立会总会长俞国桢牧师。[65]据教会老信徒的回忆，在1958年前，循道公会温州教区江北联区每年组织联区内联合勉励会，各教会挑选一位优秀勉励会员参加联区学习讲解。史伯雄介绍循道公会温州教区青田方山牧区联合勉励会的情况："我牧区三教会路距很近，定每半年有一次集中学习，各教会勉励会自推讲员二人参加宣讲，这样很令人入胜，各学习非常高兴，进步也很快。"[66]

勉励会还有一个特殊的聚会，即献心会。每月第一个主日（礼拜天），各勉励会组织一次献心会。要求"凡是会友必然到会，并有分于工作，或祈祷，读经，万一不能亲到，可托同道代理，并表示奉献的意义，这是大家应尽的义务，是神所喜悦的。献心会是推进灵性生活的机能，策动教会的圣工，鼓励灵性的生活，凡所讲述，或见证，或背经，或祷告，务要热心诚意，熟练不可生硬，使会中充满属灵的空气，挑旺心中的灵火，犹如培灵奋兴一样。"[67]献心会是勉励会会员一个月灵性生活的总结与反省，使会员保持热心和敬虔。

关于学习的讲义，永嘉教会义务传道林明真先生回忆说："一年一本，有五十二课，每个礼拜一课，给大家学习的，在礼拜以前就开始勉励会（讲或读书中的内容），完了之后正式礼拜开始。"[68]

《中华基督教勉励会成立七十周年、革新五周年纪念特刊》登载"怎样运用经课讲义"，可以瞥见使用"讲义"的要点：

1. 未看讲义之先，要爱慕神自己的话，因为神的话比任何言语都宝贝。（诗19：10）

2. 求神开导我心中的眼睛，能看出祂的奥妙，这是祈祷与读经并重的。（诗119：18）

---

65 《圣报》第10年第1期，1920年1月，第15页。

66 中华基督教勉励会全国协会编，《中华基督教勉励会成立七十周年、革新五周年纪念特刊》，第44-45页。

67 中华基督教勉励会全国协会编，《中华基督教勉励会成立七十周年、革新五周年纪念特刊》，第37页。

68 《林明真先生回忆录》，2002年终录音，陈丰盛整理。

3. 察考圣经及讲义，当即照映自己我怎样，有者改之，无者加勉。（雅1：23）

4. 实行的基督徒，能活用圣经的道，使真道成为人的生活，这是宗教与生活打成一片了。

5. 请你每日将圣经和讲义并读，为你灵命的营养料，日久成自然，必有能力运用出来。

6. 每日灵修，不可间断用这书为查经的指引，必使你看见更多的亮光，并带你在光明的路上前进。

7. 勉励会、祈祷会、训练班、查经班、家庭礼拜等，请多用这书为研究的材料，分配数人讲述，摘取要训为劝勉。他会给你各样的助益。

8. 勉励会会员是用此书为正式课本，平日要细心预备，临讲请勿咬文嚼字，将当讲的话熟记在心，痛快的述说。

研究本书，得着帮助，可以传达别人，介绍同道。[69]

除了成人勉励会，包括男勉励会和女勉励会，温州教会也建有小子勉励会或儿童勉励会。1920年《勉励会简义》附上《小子勉励会实行会友愿词》，详情抄录如下：

今有＿＿＿省＿＿＿县＿＿＿会＿＿＿情愿入小子勉励会做会友，要在主面前许愿，靠主的能力作事，所有愿词，写在下面：

（一）我许藉着我主耶稣基督能力，奉行一切主所喜悦的事；

（二）我定意一生，每日以祈祷、读圣经为紧要的事（若不识字，我必请教导委办的人员教我认字）；

（三）我许本着我的力量，一生遵照基督徒应行的事去做；

（四）除了不得已外，每逢祈祷会，我必要到，帮同唱诗、祈祷、读经、作证、担任小子会友一份子应行的事。

第五节　对温州教会的影响

勉励会对温州教会来说，是教会不可或缺的圣工。温州何潄芳[70]牧师见证

---

69 中华基督教勉励会全国协会编，《中华基督教勉励会成立七十周年、革新五周年纪念特刊》，第34页。

70 何潄芳牧师（1882-1961），浙江永嘉县人，20多岁皈依基督，任温州中华基督教自立会牧师，在温热心传道行医40余载。

勉励的大益有十种：（一）教文盲识字，（二）增长愚人知识，（三）使人能读经明道，（四）训练祈祷的生活，（五）练习见证布道，（六）领人归主，（七）鼓励人的热心，（八）培养信徒的道心，（九）操练服务的工作，（十）实行奉献的生活。[71]总结何漱芳牧师的见证，也根据温州教会几位长者的回忆，勉励会对温州教会至少有以下四点影响：

一、提高信徒文化水平

对农村教会来说，文盲占教会信徒人数的大多数。所以，"教文盲识字"是勉励会工作的首要。在教会中有许多热心的基督徒，他们热衷于服侍，但由于不识字，使他们的事奉陷入受限。据陈爱怜女士回忆，她本人从来未读过书，但经过勉励会学习，学会读经，并且后来成为一位义务传道。[72]为了帮助各教会勉励会顺利开展，许多教牧人员将辅导勉励会会员作为日常工作的一部分。

陈直牧师[73]的师母叶瑾瑜女士回忆说："我那个时候外出事奉不多，那时有勉励会，我出去看望的时候，就顺便给他们解释一下。勉励会主要是让信徒学习讲道用的，男的女的都可以。我们教堂每个礼拜五祷告会前都先教他们勉励会。宗志弟兄[74]以前就是我教的。有时星期五，我去他家教他的，有时是陈先生（指陈直牧师）去的。"[75]永嘉教会几位长者回忆："我们没读过书，现在能读圣经，都是原来在勉励会中学过来的。当时我们堂里选了十几位弟

---

71 中华基督教勉励会全国协会编，《中华基督教勉励会成立七十周年、革新五周年纪念特刊》，第27-28页。

72 陈爱怜女士为林明真先生的妻子，夫妇都是永嘉江北牧区退休义务传道。《林明真先生回忆录》，2002年终录音，陈丰盛整理。

73 陈直（1917-1995），1917年出生于玉环县。出身农民。父亲是一位教师。19岁时到浙东神学院学习。21岁时因教会需要，未毕业就被派到菇溪驻堂事奉。后又先后在瞿溪、塘下、张堡、大㳘驻堂牧养。1942年左右，赴湖北武昌华中协和神学院深造，1949年开始被选为试用牧师。1950年在浙东神学院任课，同年任循道公会温州教区常务委员会委员、江北联区联区长兼大㳘牧区牧师，又兼任教区宗教教育委员会委员、教区宣教事业经济委员会委员、神学训练事业委员会委员（兼任干事）、教育事业委员会委员。1951年为循道公会温州教区革新委员会驻会委员兼自传组组长。1958年教会关闭后，陈牧师到华侨工厂任副厂长。改革开放后，他与谢圣發牧师一同组织教会的恢复工作，并历任温州基督教协会副会长兼总干事。1989年，陈牧师回到瓯北镇大㳘教堂事奉，直到1995年11月27日安息主怀。

74 退休义务传道。

75 《叶瑾瑜女士回忆录》，2002年底录音，陈丰盛整理。

兄姊妹讲勉励会。每个礼拜天都由七个人讲，其中一人为主席。然而我们连读都读不下来怎么办？陈直牧师就每个礼拜到我们堂里来教我们读，并且解释给我们听。这样，我们不单会读勉励会，现在也可以读圣经了。"[76]

二、培养信徒圣经知识

勉励会会员每次讲解的时间虽仅五分钟，然而各会员的预备却是很充分的。由于《勉励会讲义》以圣经为主要讲题，对增进信徒的圣经知识起到积极的作用。平阳马站吴显明说："经课讲义对于我们勉励会员有很大的帮助，它不但能引导我们明白真理，更能帮助我们认识新时代与革新的道理，诚爱国爱教的信徒，不可不采用作为学习的珍物。"[77]

史伯雄介绍，青田"方山牧区有三处教会，信徒已达一千余人，各教会的距离只有五里路，青年人很多，过去没有组织勉励会的学习，至解放后，祖国的各项事物都突飞猛进，一般人民的政治觉悟大大提高，教会贯彻三自革新运动，经过自传学习动员报告，爱国爱教的前进信徒，就有了重新学习圣经真理的要求，为搞好教会的自传，大家觉得勉励会革新讲义，确系农村中三自爱国教会传道士，及信徒学习必备之手册，同时没有宗派及个人观点，真可说，是今天教会自传的'钥匙'。因此，我牧区去年一起参加会员廿六人，并有其他信徒另得到几本讲义，学习情绪很高，今年又参加会员四人。"

为讲好礼拜天早上的勉励会，每位勉励会成员都会预先在家学习勉励会内容。若有不会读的字、词，或有不明白的信息，待教牧人员到会带领学习之时提出来。这样，在预习、学习和讲解之后，每位勉励会成员在圣经真道上有长足的进步。

三、增加信徒灵性素质

在提高信徒文化水平和圣经知识的同时，勉励会对于温州基督徒的灵性素质的提高有着促进的作用。一位长老提到："若有可能，我觉得教会应该重新恢复勉励会的工作。勉励会对于基督徒的灵性素质的提高有很大的帮助。因为每位勉励会成员，在学习圣经知识的同时，也就开始学习祷告。特别在觉得个人文化水平和圣经知识缺乏的时候，成员们自然就会在神面前殷切祷

---

76 取自 2009 年 4 月与永嘉千石堂几位长者的谈话录音。

77 中华基督教勉励会全国协会编，《中华基督教勉励会成立七十周年、革新五周年纪念特刊》，第 32 页。

告。久而久之，成员不但在圣经真理上扎根了，在祷告上也更加热忱了，灵命自然就成长了。"[78]

事实证明，今日温州教会凡是在 1958 年前经历过勉励会学习的信徒，大多保持敬虔的信仰和追求的热忱。虽年纪已逾耄耋，但大多在教会中曾担任过要职，负责教会圣工。年逾九十的林明真同工不单藉勉励会学习文化、打下圣经基础，而且还成为文革时期教会主要负责同工。他讲到文革初期红卫兵抄家时，冒险将一些属灵书籍珍藏起来，其中就有勉励会简义。他描述说："我还留下两本普天颂赞、三本圣经、还有几本赞美诗和几本勉励会等书。我就将这些放在罐子里面，有呢龙盖好，放在岩仓里。这样来回放了两次，共十年时间。"[79]这段话显示勉励会对他的影响以及他对勉励会简义的珍视。

四、训练教会侍奉人才

自创办以来，勉励会与温州教会人才培养上有着千丝万缕的关系。温州教会在教牧人员的培养上一般是鼓励青年同工到各级神学院学习。在民国时期，温州教会有循道公会办的浙东神学院、温州中国耶稣教自立会与温州中华基督教自立会合办的宏道学院[80]、内地会创办的圣经学院[81]、基督复临安息日会有"浙南三育研究社"[82]，温州教牧人员大多先经过此三间神学院毕业。温州教牧还分别到武昌华中协和神学院、福建协和神学院、杭州内地会圣经学院、杭州中国神学院、南京金陵协和神学院、南京三育神学院等深造、进修。然而，温州教会素以义务传道著称，全地区至少有 90%以上都是义务传道。义务传道即不拿教会工资，也无机会接受正统的神学训练。纵观历史，对于义务传道的培养中，勉励会充当了重要的角色。

史伯雄介绍青田方山牧区勉励会的成绩时，说："我牧区本届联区年会，提升新传道士七位，就有六位是勉励会员，可见勉励会对中国教会的贡献，实在言之不尽，述说不完。"[83]

---

78 取自 2009 年 4 月与黄益兴长老谈话录音。

79 《林明真先生回忆录》，2002 年终录音，陈丰盛整理。

80 《瓯海基督教自立丛刊》，第 23 页。

81 中华全国基督教协进会编，《中华基督教会年鉴（第 13 期）》，第 179 页。

82 中华圣工史编辑委员会编著，杨健生主编，《中华圣工史》。

83 中华基督教勉励会全国协会编，《中华基督教勉励会成立七十周年、革新五周年纪念特刊》，第 44-45 页。

　　永嘉县基督教江北牧区杨宝礼长老从个人经历谈到勉励会对其传道生涯的影响，他回忆道："我做徒弟的时候，教会只学习勉励会的，没有其它的学习。勉励会全国统一，总会在上海。勉励会每天讲，我就每天学习。王春亭牧师说：'宝礼，真是看不出来，勉励会挺热心的。'我说：'我在崇真读过一年。'[84]因为我在崇真读过，他就开始重视我。我在崇真只读一年，就是五年级，还没有毕业（六年级毕业）。王牧师就找我谈话。十八岁[85]时，黄田教会有一个周立言先生，王牧师对周立言先生说：'做徒弟的宝礼，他十六岁洗礼的你认识吗？'他说：'宝礼我怎么会不知道？'王牧师说：'他勉励会很热心，你带他去试讲。'周立言先生就来对我说：'宝礼，王牧师叫我带你去试讲，你跟我去试讲。'我就去跟他。我跟他去下塘讲道。那天我没讲几句。后来，他就去跟王牧师说：'今天他已经跟我去了。讲的是勉励会，讲得不错，说得不久，只有半小时，不过讲得很不错。'王牧师就说：'那就将他派起来。'这样，我十八岁就开始派工。当时，内地会派到港头、屿门、黄田，上塘还没有，迟一些的。我先是跟了几个月，然后就自己走。他们鼓励我说：'不要怕，你只要讲勉励会一样的，就可以了。'"[86]

　　文革时期，温州基督徒虽不能在教堂进行正式礼拜，但信徒们化整为零，在信徒家中进行不间断的礼拜。在文革中、后期，温州教会各地兴起培训工作，其中一项重要的事工就是勉励会。据各地同工们口述，当时各地教会将仅存的几本《勉励会讲义》用"誊写"[87]印刷出来，分发给教会青年弟兄姊妹。

84　指温州内地会办的小学，叫崇真小学。

85　杨宝礼长老，1921 年出生于浙江永嘉。从祖父开始，皈依基督，乃中华基督教自治内地会信徒。杨氏少时入温州内地会崇真小学读书，16 岁由王春亭牧师施洗入教。18 岁（1938 年）开始受派为义务传道，后成为温州内地会黄田分会代表。文革时期，与黄益兴长老一同组织举行在"隐密处"的聚会，于 1970 年左右与市区、平阳、瑞安、乐清等教会同工发起温州区交通会，任永嘉县代表之一。由文革时期开始任江北牧区负责人。1997 年被浙江省基督教协会按立为长老，2002 年退休。2012 年 11 月 1 日安息主怀。

86　《杨宝礼长老回忆录》，2004 年 8 月 29 日录音，陈丰盛整理。

87　誊写版印刷俗称油印，以其设备简单、操作方便、印刷成本低廉而广受欢迎。温州基督徒文革的印刷的属灵书籍都属手工誊写。誊写版名叫"版"，其实就是一张蜡纸。誊写者将蜡纸铺放在钢板上，用钢针笔在蜡纸上刻写或刻画。由于钢板上布满凸起的网纹，在钢针笔尖与钢板网纹的作用下，蜡纸上的蜡质层被划破，露出蜡纸自身的纤维孔隙，把刻好的蜡纸附着在张紧的网框上，即成了蜡版。印刷时把蜡版放在承印物上，用墨辊在蜡版上往返滚动施墨，在墨辊的挤压下，油墨

教会组织于周间学习勉励会，由较长进的弟兄或姊妹带领。这样，培养了一批文革时期的义务传道。[88]永嘉六岙山教会为培养讲道义工，从平阳带来几本《勉励会讲义》，组织青年信徒每周间一个晚上学习。人数虽然不多，但经过几年学习。该教会培养出三位义务传道，其他几位则参加堂委工作。为文革时期信徒牧养工作注入了新血液。[89]另有一间教会在文革期间还正式恢复勉励会在主日礼拜中的聚会，挑选热心青年于主日讲解勉励会。据介绍，这些讲解过勉励会的弟兄姊妹大多现在教会中担任义务传道、教会执事及堂务工作。

永嘉教会陈永聪牧师回忆道："勉励会对于我们江北牧区来说极其重要，现在江北牧区七十岁以上的义务传道（现在都已经退休），大多经过勉励会学习。他们没有经过正规神学训练，但经过几年勉励会的学习之后，就被教会举荐义务传道。在文革初期，我们牧区有几个教会在外面环境稍微宽松的时候，在每次聚会前也举行勉励会讲解。最先恢复勉励会的是牙郎桥教会。后来黄益兴长老[90]来看到之后，就非常赞赏。听说千石教会也恢复了。当时教会没有正式的培训工作，勉励会就培养了许多义务传道，牧养了时代的教会。"[91]

勉励会在中国从创办到停办仅历时73年。但它却成温州教会的祝福，培养了几代温州基督徒。从少年儿童到成人，从一般基督徒到传道义工，从教会领袖到教牧同工，它跨越不同宗派、深入教会各个层面，为基督徒的文化水平、圣经知识、灵性素质的成长带来无可替代的果效。今日教会在面对人才培养的当儿，有必要以史为镜，从勉励会的历史功绩来汲取精华服务于时代的教会。

透过蜡纸图文区域的纤维孔隙，传到承印物上，即完成印刷。参 http://news.pack.net.cn/packtechnology/ysjs/20080822/085346.shtml

88 《陈永聪牧师访谈》，2009年5月11日访谈记录。

89 《陈永聪牧师访谈》，2009年5月11日访谈记录。

90 黄益兴，1934年出生，18岁开始传道，历任江北牧区负责人。文革时期开始在江北牧区参与侍奉，于1970年左右与市区、平阳、瑞安、乐清等教会同工发起温州区交通会，任"交通会"负责人之一。教会恢复后，1981年任永嘉县三自筹备组组员，于1985年任永嘉县基督教协会总干事。1997年被浙江省基督教协会按立为长老，2003年退休，2015年8月安息主怀。

91 2009年5月与陈永聪牧师谈话记录。永嘉县基督教下辖十大牧区，全县有信徒13万左右。江北牧区系永嘉县基督教十大牧区之一，有教堂40间，有信徒约24500人。牙郎桥教会为江北牧区最早的教会之一，于1880年左右建立。在文革时期，该教会坚持在信徒家中聚会，培养了一批优秀义务传道。

第二章　管窥温州教会义工现象

　　"义工"有广义与狭义之分，广义上是指教会中无偿服侍的基督徒，包括在教会中无偿地参与任何一项工作，如传道、主领、洗地板、摆桌椅、作招待、倒茶水等。狭义上说则是指传道。温州教会的"义工"的意义则较为狭窄，仅指不拿教会薪水的传道人。"义工"在温州教会曾被称为　"义务传道士"、"义务传道"、"义工传道"等等，即英文的"Unpaid Preacher"。回顾温州教会历史，义工对温州教会的复兴起着不可磨灭的作用。面对今日温州教会的发展，义工依然成为教会发展的生力军，依然掌握着教会前进的决策权。本文试从温州教会历史发展的角度对义工现象作一简要追溯。

第一节　教会初建时期的生力军

　　最早有义工的是由英籍传教士曹雅直牧师建立的温州内地会。最早的义工大概就是引领温籍神学家刘廷芳[1]的祖母皈信基督的那位卖柴火的基督徒。

1　刘廷芳（Timothy Tingfang Lew，　1891-1947），字亶生，祖籍浙江永嘉，1891 年（清光绪十七年）生于温州。早年毕业于温州偕我公会所办的艺文中学，后入上海圣约翰大学深造，毕业后赴美国留学，1914 年在乔治亚大学获学士学位，1915年在哥伦比亚大学获得硕士学位，1918 年获得耶鲁神学院硕士学位，1920 年获得哥伦比亚大学师范学院教育学、心理学博士学位，并得耶鲁大学神学博士（D.D.）学位，获 Phi Beta Kappa 金钥匙。1920 年回国，任北京师范大学研究院院长，北京大学心理学教授，燕京大学神学院神学教授。1921-1926 年，任燕京大学宗教学院院长，燕京大学校长助理。1925 年 3 月，在北京协和医院，他协助主持孙中山先生的基督教丧礼。刘廷芳曾代表中国教会出席洛桑（Lausanne 在瑞士）、牛津（Lxford 在英国）、马德拉斯（Madras 在印度）等世界基督教大会。为中华全国基

China's Millions 记载：刘廷芳的祖母叶氏出生于书香富裕之家，接受过基本教育，是当时社会中少数识字并阅读的女子。20 岁时，她嫁入刘姓富豪人家。然而不久，因为刘家上从祖父下至兄弟都染上了鸦片，家产顿时败落。几年之后，刘家又因她公公去世大搞丧礼，以致背了一身债务。所有债务偿清之后，就只留下祖上的 10 亩地。两年后，丈夫去世，仅 29 岁的她就独自担负起养育孩子的任务。在最为窘迫之时，她只好将土地卖了 2.5 亩。不过，因为她的勤劳，剩下的七亩半土地足已供养她的一家。自从丈夫去世之后，她经常去烧香拜佛，不久，她就成为一位名符其实的信徒。约 1875 年，内地会一位卖柴火的教友接触到她，同时多次将生命之道讲给她听。她和邻居听了之后就很觉稀奇。弟兄把握每次交易的机会，将救赎主的伟大告诉他们，直到他们接受了基督。[2]叶氏后来成为温州教会历史上第一位中籍女传道，并成为温州第一所女子书院的校长。[3]

温州内地会重视义务传道的培养，并将他们派往各支会牧养。温州内地会 1906 年报告："有堂点 49 处，传教士（包括师母、助理）9 人；受薪华牧师 6 人，助理传道 8 人，学校教师 3 人，派发圣经者 5 人，女传道 4 人；义务传道 45 人，长老 7 人，执事 7 人，女传道 1 人；受餐者：男 469 人、女 358 人，1905 年受洗者 119 人，从开创之日起受洗者 1125 人；寄宿学校 2 所，学生：男 12 人、女 38 人，日校学生：男 9 人、女 4 人"。[4]在教会服侍的队伍中，最引人注目的就是义务传道 45 人。他们对温州内地会在各地教会的牧养上起了决定性的作用。

温州偕我会在发挥义工的职能上显得更为突出，在其 1905 年的报告中指出："地方上传道人 131 人，女传道 5 人，领袖 124 人"。[5]汤清博士著作《中国基督教百年史》中记载："英国偕我公会在浙江温州有渐进的自养程序。'百

督教协进会干事之一，且任中国国民政府立法委员。刘氏分别任《生命》、《真理周刊》、《真理与生命》等刊物的主编，又独自创办文艺刊物《紫晶》。刘氏于 1932 年担任联合圣歌编辑委员会主席兼文字支委会主席主编《普天颂赞》。1941 年因故疾复发赴美就医，1947 年 8 月 2 日病逝于美国新墨西哥州（New Mexico）艾尔布克市（Albuquerque）之长老会医院。

2 Edited by J. Hudson Taylor, M.R.C.S., F.R.G.S., *China's Millions*, 1881, p.36.

3 莫法有：《温州基督教史》，第 55 页。

4 Edited by D. MacGILLVRAY: *A Century of Protestant Missions In China（1807-1907）*, p.160.

5 汤清：《中国基督教百年史》，第 463 页。

年传教大会'前夕，本地教友慷慨捐献，建立了总站和支站礼拜堂，或租赁小礼拜堂。由华牧指导一三一位游行传道人，到一五〇支站讲道。这些支站共有一二四位长老。"[6]这些"地方上传道人"或"游行传道人"就是本文所指的义工，而"领袖"或"长老"则也是不收薪金的教会负责人。

内地会温州本地传道人与外国同工合影（1893 年）

另据《中华基督教会年鉴》记载：温州圣道公会（原偕我公会）"共会堂大小二百五十处。内一百八十处。系本处教友自备。助讲员二百五十名。每月各人传道二次。完全义务。不受薪金。只取路费而已。受洗者三千五百名。慕道者七千名。各处教友。为自立自养事。积款达六千元。生息作传道费。温州城内医院二所。由西国医士监理。去岁诊治病人。约一万七千。又大学一所。亦由西国牧师为校长。学生一百十六名。布道之工。归三位西国牧师管理。数年以来。教友较前增加二倍。但未添教士。"[7]这里所指的"助讲员"也就是义工，他们仅有的报酬为"路费"。

中国耶稣教自立会平阳分会于 1910 年创立之初就已经记载："本处向有专务传道。义务传道之称。为义务传道者。须先有执事长老之资格。为专务

6　汤清：《中国基督教百年史》，第 655 页。
7　中华续行委办会编，《中华基督教会年鉴（第 3 期）》，第续 92 页。

传道者。须先有义务传道之资格。为总协理者。须先有专务传道之资格。"[8]中国耶稣教自立会总会会长俞国桢牧师第一次来温旅行布道时记载平阳鳌江自立会情况时称："会中职员。各司其事。视会事如家事。贫富一例。无稍偏视。传道人等。俱任义务。每礼拜派往各处。轮流讲道。忠心耿耿。毋敢怠荒。"[9]据载，平阳自立会1915年的传道员中有半数以上为义工。[10]《中华基督教会年鉴》记载了有关平阳耶稣教自立会义工考试的情形：1917年8月21日，"平阳耶稣教自立会分会考试义务传道员。发起者。为黄时中君。与考者。林廷卿。叶礼卿。陈杏园。周复源。陈子仁等十五人。考试课目。有说文题旨。经义。演喻。训词。手法姿势。声音形容。圣经历史。地理诸端。为期三日。由评判员评定甲乙丙三级。分奖有差。"[11]

1925年"五卅"惨案之后，尤树勋牧师发起自立运动，建立温州基督教自立会，在该会1926年的报告中称："在已往一年之中。城区教友已捐助教会一千余元。诚难得之至矣。而牧师及各职员大都尽义务者。"[12]

1937年1月8-9日，温州循道公会第三十六届教区会议在城西循道公会大礼拜堂举行，吴廷扬牧师在《夏铎》发表《温州第三十六届教区议会纪要》，文中记载陈格迷牧师介绍该年温州循道公会义工制度的情形。提出：第一、义工每季度派工3-5次，不取川费；第二、义工由教区给予证章，并委任状一张，每年更换；第三、义工需要经过教区培训，经由教区大议会提名通过，才可以委任；第四、义工每年参加教区内考试一次，考试成绩前五名者可得教区奖励。[13]

为了提高义工队伍的素质，温州教会各教派均进行不同的培训工作。据史料记载：1943年，中华基督教循道公会温州教区宗教教育部创办培灵函授科，为无暇入学的义工人员和平信徒而设。凡识字的男女信徒均可加入研读，获得知识与灵性的培养[14]。1947年10月14日，温州中华基督教会为"阐扬

---

8 《中国基督徒月报》第28号，第11-12页。

9 《中国耶稣教自立会大纲（附历年案卷、旅行日记）》，第27页。

10 《圣报》第5年第4期，第9-10页。

11 中华续行委办会编，《中华基督教会年鉴（第5期）》，第38页。

12 《圣报》第16年第11、12期，第18-19页。

13 吴廷扬编，《夏铎——中华循道公会温州宁波两教区月刊》，第1卷第3、4期，第9-15页。

14 吴廷扬编，《中华基督教循道公会》，温州循道公会宗教教育部出版，1943年11月21日，第1-2页。

圣经真理，培养传道人材"起见，创办"圣经学社"，招收男女学生 18 名。参与者必须是义务传道士或立志奉献终身为主作工者。[15]据叶国启的回忆：1948 年、1949 年至 1952 年，浙东神学院设立"义工进修班"，"专门培训教会内义务传道士。一方面主日派出讲道，另一方面可以作以后选择神学生对象，人数约有 10 多人，课程方面有圣经、神学、教会史、宣道法、国文、音乐、算术、体操、地理、尺牍、史地、英文"[16]。

第二节　教会危难时期的守望者

1958 年 7 月第一个主日，温州各大宗派在总堂联合礼拜。[17]同年夏天，在温州爆发了"无宗教区"试点，除保留城西堂礼拜，所有教堂关门，教会活动停止。1966 年 9 月 16 日，红卫兵关闭城西堂，教牧人员受批斗，整个教会活动完全停顿。[18]"教堂被封闭占用，《圣经》、诗歌和宗教书刊均被作为迷信品烧毁，出现三无（无《圣经》、无圣职、无教堂）教会。"[19]然而，温州教会并未因此而消亡，而是从教堂聚会进入家庭聚会，从教牧为主的牧养形式转为义工主导的讲台供应，虽然不能人手一本《圣经》，却将仅有的《圣经》互相抄写，甚至学习背诵《圣经》。

一、特殊时期教牧人员的遭遇

从 1957 年反右斗争高潮起，温州教牧同工开始被扣上右派、反革命的帽子。仅在 1958 年内，温州教会主要负责人纷纷受到不同程度的冲击：2 月 27-28 日，温州循道公会瑞安联区三自爱国年议会在衙后堂举行，会上陈哲海牧师被扣上右派分子帽子[20]；2 月 27 日至 3 月 18 日，温州基督教三自爱国运动委员会举行扩大会议，出席代表 300 余人，会上共贴出 900 多张大字报，将温属自治内地会高建国牧师划为右派分子[21]；10 月 8 日，时任循道公会温州教区乐成镇教会牧师及乐清县三自爱国会主席支华欣牧师

---

15 《浙东教会通讯》第 1 卷第 2 期，1947 年（民国三十六年）9 月 20 日，第 2 版。
16 《浙东神学院始末记》，叶国启：1963 年 8 月 27 日，现存温州市档案馆。
17 《天风》1958 年第 18 期（总 561 号），第 21 页。
18 华欣编著：《温州基督教》，第 42 页。
19 支华欣编著：《温州基督教》，第 43 页。
20 《天风》1958 年第 5 期（总 548 号），1958 年 3 月 17 日，第 31 页。
21 《天风》1958 年第 6 期（总 549 号），1958 年 3 月 31 日，第 13 页。

被划为反革命分子[22]。其中，陈哲海牧师被"解往泰顺罗阳劳改。1960年冬，他写给妻子郑守贞的信尚未寄出，就与世长辞，被人埋在深山，坟丘上只堆几块石头，连一具棺木也没有。殉道时年仅42岁。"[23]

有些教牧人员虽然没有被扣上帽子，但他们在二十多年中一直受着被批、被捕的危险。陈直牧师的师母说："任何政治性的活动，都会叫上我家先生去斗上一回！"她强调说："文化大革命很苦，被斗了好多次，在温州游街也游过好多次。将许多《圣经》拿出去烧，堆起来很高很高，那时天气很热，整个烧起来都很热，底下的《圣经》烧不掉就用铁杖掀起来烧。受逼迫之后，人从一百五十多斤瘦到一百十几斤重。在厂里作副厂长一年多后，出来，天天被贴大字报，把他当作牛鬼蛇神。……被村里斗过几次，甚至因为一条狗死了，也要找他麻烦。"陈师母继而提到汪仁牧师在文革中的遭遇："汪仁牧师家庭很苦，差不多连吃饭都成问题时，师母去给人担水，五分钱一担，有的人不要，有的教友就照顾她。担不动了就停在城西礼拜堂的门口（被纺织厂占用），在休息的时候就去拣一些纺织厂丢出来的布头，接成后、做成衣服给自己五个女儿一个儿子穿。汪牧师在真理上站得很牢，他很执着，人很稳定，很谦卑，很好。"[24]

二、特殊时期义工现象的复兴

在这个特殊的历史背景之下，义工因时势而复兴，成为温州教会的守望者，肩负教会复兴的使命。从各地教会的书面记载、回忆录及笔者的口述史采访中，都一致见证了义工在这个特殊时期中的作用：

《瑞安教会史》中记载："随着1957年反右斗争的深入开展，极'左'路线抬头，导致了1958年闻名全国的温州'灭教运动'。……1958年7-8月间，全县所有教堂均被关闭，改作他用。……同年年底，教牧人员队伍和三自爱国组织被摧毁。当时的教牧人员和主要负责人陈哲海、吴高谦、马筱琴、叶志钦、潘胜玉、林作迪、肖崇三等人被打成右派、反革命。其他教牧人员都被下放劳动。……'灭教运动'打击对象是教牧人员，而'文革'运动则无限扩大打击面，大批信徒被戴高帽子游街示众，不少人被关押。……'文革'运动表面看来对教会是更彻底的打击，似乎斩草除根。其实不然。58年

---

22 《天风》1958年第19期（总562号），1958年10月8日，第26页。

23 瑞安市基督教两会编，《瑞安教会史》，1995年12月印，第15页。

24 《叶瑾瑜女士回忆录》，2002年底录音，陈丰盛整理。

'灭教'时，牧人被击打，羊群确有分散；而'文革'大搜抄，大批斗，把每个信徒都逼到一处，大家都有'风雨同舟'之感。并且时势造英雄，使一批本来无学问的义工与平信徒，成为'三无'时期的勇士。"[25]

温州市区的林乃姆先生在其回忆录中见证说："从 1971 年起温州地区包括九个县不分教派，建立教会，1971 年到 1980 年，温州地区建立聚会点，一千九百五十四个，又兴起将近二千个传道人。"[26]

永嘉县基督教已故黄益兴长老回忆："以前那个时代正是需要我们（指义工）来工作。因为我们是一般的人，被抓住也没有关系，但是他们（指教牧人员）若是出来工作，被抓住就要被定罪。那个时候，他们都不敢出来。只有陈公权牧师一直和我们一起在教会工作，文化大革命也是一样。他礼拜天都有派出来，有去平阳、苍南等地，不管白天黑夜，都会出去。那时，他七十多岁。他出来一直没有被抓。除了他之外，没有见到其他的教牧人员出来工作。上路洋有一个内地会的教师有参加。"[27]

已故施诚惠牧师回忆："在大跃进的时候，据说要在温州开刀。还听说，温州要在江北开头一刀。经过那一次的学习，江北教会的门，就因此被关掉了。门关掉之后，因为我是温州人，就联系温州派出所，迁回温州，然后下工厂去工作。温州教会的门也关闭了，只剩下城西。城西教堂平时是放电影，在礼拜天早上给我们做礼拜，礼拜做完之后，就再放电影。就是要将我们消灭。温州的传道人都被安排到工厂，我因为从永嘉回来，就自找出路，也在工厂作工。这样在工厂直到八二年，二十五年的时间。在工厂的时候，什么聚会都没有了，就连城西也被停止了。六六年之后，每年春节之前，在街上就会贴布告：禁止非法聚会、非法祷告。那时，温州教会特别得神的祝福，虽然有形的教会被关闭了，但无形的教会得神保守。我们就会在半夜出去聚会，半夜偷偷摸摸地出去。但是我们教牧人员不出面，因为教牧人员出面就会被抓住小辫子。都有弟兄姊妹出面。温州的教牧人员都是一样，有去聚会，但不出面，只是听道。后来，渐渐地，神的恩门打开。开了之后，我们就参加讲道，（还没有开放）我们就到处去讲道。"[28]

---

25 瑞安市基督教两会编，《瑞安教会史》，第 14-17 页。
26 《林乃姆同工见证》，未出版。
27 《黄益兴长老回忆录》，2004 年 9 月 9 日录音，陈丰盛整理。
28 《施诚惠牧师回忆录》，2005 年 6 月 21 日录音，陈丰盛整理。

三、特殊时期温州教会的合一

温州教会义工在文化大革命期间，不单肩负起各地教会的讲台供应，而且促进了温州教会的合一。1958 年教会联合聚会，在形式上使各宗派信徒走到一起，但特殊时期"化整为零"的聚会模式，使教会完全抛弃原有宗派的成见，走上合一的道路。在这个过程中，义工成为合一事工的主导者。

首先是温州各县都组建各自的合一教会，称为"交通会"。永嘉县乌牛牧区的林定尧先生，原是内地会永乐区乌牛教会的义务传道。他回忆文革时期的教会时说："平阳、瑞安、永嘉、乐清等有交通会。永嘉有永嘉的交通会，乐清也有。温州市也有五县会议。乐清县在乌牛东垟开过负责人的交通会，有二、三百人。开培灵会有本地的传道人来讲道。"[29]《苍南县基督教简史》中记载："1979 年，我县'中华基督教自治内地会'、'中国耶稣教自立会'、'中华基督教循道会'在求大同存小异，互相尊重，彼此学习的基础上合一起来，定名为'平阳县中国基督教会'（又称'合一教会'）。在实践真道，传扬福音，引人归主为目的。"[30]书中提到教会合一时信徒彼此间的关系："大家走在一起，谁也没有问你是哪个教派，哪个教会，都同心合意事奉神，彼此相亲相爱，大大发展了教会合一的成果。"[31]1974 年 10 月，永嘉县成立"总会"，据《永嘉县基督教史料》记载："文革后期'四人帮'顾不及再来破坏宗教信仰自由政策，信徒三三五五的聚会祷告，人数越来越多，各地热心的信徒和邻近的聚会点联络交通、主日祷告、唱诗亦有讲道，并与邻近聚会点交换讲道，由少到多，形成一个地区的派单，到 1974 年秋季，由江北黄益兴、杨宝礼、苏德恩等人通过串联，了解情况后，召集各个地区（以后称片）负责人 20 余名在江北双垅山赵志仁家里开会，这次到会人员代表着各片教会，都没有讲原宗派的仪文礼节，各人都愿望有县性的教会组织，于是协商推选出筹备成员 17 名，建立'永嘉县基督教总会筹备会'，由教务组成员为筹备会负责人，下分设福音组、培灵组、探访组、青年组、奉献（财务）组，县会经费由各片自报所承担份额，定下百分比（江北占 50%）分担全县性会议的开支费用，一年四次定期召开季度会议，互相交通，彼此了解各片教会情

29 《林定尧先生回忆录》，2005 年 10 月 25 日录音，陈丰盛整理。

30 苍南县基督教两会主编：《苍南基督教简史》，浙江省苍南县基督教两会出版，2007 年 10 月第 1 版，第 18 页。

31 苍南县基督教两会主编：《苍南基督教简史》，第 54 页。

况，此外，还有以江北片为主，每年有一二次青年交通会，其他各片有时也有几名青年参加，地点大多在江北的双垅山、驮台山或牙郎桥等僻静的山村里，各片有开培灵会和信徒洗礼，都在野地和溪水边举行，主日礼拜有的在晚间，有的半天，有的因缺传道人员，另定周间一个晚上，聚会时都是提心吊胆，有的聚会甚至放哨守护。"[32]

1971 年 3 月，温州地区教会第一次交通会在瑞安市莘塍镇南陈村建立，参加人数约为 500 人。此次会议到会人员，大多为各教会的负责同工，分别来自温州地区各市县："平阳县大约 30 多，瑞安县大约 100 人左右，负责人余志信。乐清县大约有 30 人左右，瓯海大约有 30 人左右，永嘉县大约也有 40 人左右，泰顺县大约有 5 人左右，洞头县大约有 10 几个人左右，玉环县大约 10 几个人左右，温州市参加人数 40 人左右"。[33]是次会议成为温州地区总会的开始，在会议中商议决定："每年开四次会议，开三次小议会，开一次大议会。"是次会议将每年大、小议会的地点定在温州市区、平阳、瑞安、乐清、永嘉等五县市，要求各市县小议会最多派五个负责人参加会议，大议会各县人数在 40-50 人。

倪光道牧师[34]回忆："当时温州地区总会由温州的林乃姆、永嘉的黄益兴

---

32 《永嘉县基督教史料》，未出版。

33 《林乃姆同工见证》，未出版。

34 倪光道，1941 年 1 月 22 日出生于浙江省瑞安县莘塍下村。1955 年秋保送进瑞安县第二初级中学（即莘塍中学）就读，1958 年毕业。1958 年至 1961 年，先后在莘塍区海堤建设指挥部、瑞安县农业展览馆、莘塍镇文化馆工作。1961 年 8 月至 1964 年 10 月分别在莘塍镇政府办公室任文书、莘塍区公所从事区委办公室文秘工作。1964 年 11 月至 1969 年 9 月因党政机关"精兵减政"，先后到莘塍农场气象哨、莘塍镇市场管委会和莘塍区文化站工作。1969 年 9 月 25 日至 1972 年 3 月初，"文革"期间冤枉坐牢。1972 年至 1973 年从事兑糖、做油饼、补鞋等个体营生。1974 年冬至 1981 年在瑞安县基督教总会任专职干事、县基督教三自（筹）秘书长。1982 年至 1998 年 9 月任瑞安市基督教三自秘书长、副主席兼秘书长、主席兼会长，中国基督教"两会"委员兼中国基督教教会治理委员会副主任。1998 年 9 月调到杭州，1998 年 10 月至 2003 年 8 月任浙江省基督教"两会"副会长兼秘书长，中国基督教三自副秘书长。2003 年 8 月至 2012 年 4 月任浙江省基督教协会副会长，中国基督教协会副会长，杭州市基督教三自主席。2012 年 4 月至 2013 年 9 月任浙江省基督教"两会"咨询委员会主任，中国基督教协会副会长，杭州市基督教三自主席。2013 年 12 月底，正式办理退休手续。2014 年开始任浙江省基督教"两会"咨询委员会主任。1991 年增补为瑞安市政协七届委员；1992 年当

及平阳的陈瑞赏为核心人物，主要组织每年的大、小议会，其中以林乃姆为总负责。"[35]

永嘉县黄益兴长老回忆中见证："72年至77年内，我们温州区的九县一市的负责弟兄在地下开会，一年三次，都有好几十人。在江北开过好多次，在双珑山开过几次；有时在温州市里，在葡萄棚、西角；及瑞安都开过会。会议是议会式的。开会时，谈谈各县教会的情况，没有选择总负责。当时还是在逼迫时期，组织上也比较健全。有一次，我们江北请各县请一个同工，在我们教会的各堂点开培灵会。那时，紧张是紧张的，不过我们还是只管开。心里很紧张，但又是很高兴。那时，江北同工学道会，一季都有一、二次。有一次在潘山聚会，年间不记得了，不过就是在那个时期。聚会的时候，我们都会有放哨的。有一天，白天，花岙的宗志弟兄，到江北乡里面办一点事。他在乡里听到一个乡里的人说：'今天晚上是大绝山啊！'宗志弟兄听得不清楚，就以为是：'今天晚上是大田山。'他就立刻报信回来说：'他们是说错了，我们是在潘山，不过，他们肯定知道我们晚上有次聚会。'这样，大家在那天晚上就散了。"[36]

据林乃姆先生回忆，1974年温州教会的"扩充很大，有青田、玉环、福建、温岭等参加我们温州市合一聚会，共同工作，温州市每县一年中大议会同工造就会，最少两次，多的三、四次。大部分都请温州市总会的同工去开培灵会、同工学道会。关于信徒培灵会，互相建立交流，各县建立交流，有恩赐讲道的，都互相连络。信徒培灵会每年每县最多三、四次，最少二次。"[37]

第三节　教会恢复时期的建设者

本文将温州教会恢复时期界定在改革开放之初至九十年代中后期。在这近二十年的头十年里，文革时期活跃并牧养了特殊时期信徒的义工们，担负起了教会恢复时期建设工作。他们先是对教会在新时期中的道路作了选择，

　　选为瑞安市政协八届委员、常委；1997年当选为瑞安市政协九届委员、常委；2002至2007年当选为省政协九届委员；2008至2013年当选为全国政协十一届委员，中国宗教界和平委员会委员。2014年5月26日当选为浙江省政协之友社第六届理事会理事。

35 《倪光道牧师回忆录》，2007年11月18日录音。

36 《黄益兴长老回忆录》，2004年9月9日录音，陈丰盛整理。

37 《林乃姆同工见证》，未出版。

接着在八十年代里肩负了礼拜恢复、全面建堂及教会管理的工作。在后十来年中，特别是九十年代末，这批义工渐渐退出教会管理层，有些年长的义工则相继离世。

一、方向抉择

十一届三中全中以后，改革开放的政策实施，教牧人员回到岗位上组织教会恢复的工作。温州市的谢圣弢牧师、高建国牧师、汪仁牧师、支华欣牧师、陈直牧师等重新组织"三自"工作。这对一直维持活动并由义工主导的温州地区议会产生新的挑战。所以，温州地区议会在1980年作出抉择，是否重新回到"三自"的道路上来。林乃姆先生对这次重要的抉择作了详细的回忆：

> 1980年初，议会联络同工们回到家时，各地公社书记通知他们谈话，说会议是非法的，并且要把这次会议内容向他们汇报。若不汇报，态度不好，就给他们压力。温州市和各县同工商量，提早开小议会，地点安排在平阳县城东门。每县各区负责教会同工，超过七人，大约五十人左右。1980年4月份左右，同工们讨论：温州市全区教会道路怎么走？要走三自道路还是继续走信心的道路？讨论两天两夜，首先同心合意恒切祷告，全区同工参加的人都发表意见。经反复讨论再做决定，百分之八十的人要走三自道路。就推选两人做代表，林（即林乃姆）和平阳的老牧师吴（即吴显明）去和温州市宗教局联系工作。当时的决定和推选代表没一人公开反对的。讨论的时候，有人提出政府是没有信仰的，真说会给我们信仰自由吗？你看开始建立三自时，首先使用背叛信仰的牧师，重用离道反教的人，政府利用这些人二十多年，没有传道的牧师。这样看来，没有真心给我们信仰自由。也有人发言说，四人帮掌权时，要消灭基督教，我们被他们消灭吗？反而大复兴，也有为主作工的人坐监牢，受凌辱，受殴打，被斗争，游街示众，有很多为主工作的弟兄受苦难，神使他们的信心作证，压力越重福音越复兴，信的人越多。有人说，现在国家政策与过去不同，三中全会向国内外宣告宗教信仰自由，教堂归还给教会，国家向国内外开放，这不是开玩笑的。我们今后的道路不再采用受逼迫时期的方式，没有人再公开逼迫我们

的信仰。《圣经》上说，君王的心在耶和华手中，好像陇沟的水随意流转（箴20：1）。神在环境中作工，是君王的心转变。也有人说，只要他们允许我们传道聚会，信仰自由就好了，我们信仰、传道，不为名不为利，不为私，只为得着主将来的奖赏，只要我们有纯正的信仰，无论什么环境，他们都没有办法对付我们。我们相信神在中间掌权，祂是世上的君王元首，是教会的元首，是各样执政掌权的元首（启1：5；弗1：21-23；西2：10）。他又说，君王的制度我们基督徒还是要遵守的（彼前2：13-16；罗13：1-10）他们讨论这样一说，多数人同意这意见，就决定顺服，当时选出两位代表，林和平阳的吴牧师，和政府联系。[38]

永嘉黄益兴长老回忆："对于三自，有些人是很不同意三自的。就拿九县一市聚会来说，有一次在温州西角聚会。那时风声有些好转。汪仁牧师那时也开始出来探访。温州的乃姆就是非常不高兴，觉得教会在最需要牧人的时候，他们不出来。我们在教会里做得那么辛苦，现在教会开放了，才出来。他就是不高兴。不过我的思想跟他不一样，认为：以前那个时代正是需要我们来工作。因为我们是一般的人，抓住也没有关系，但是他们若是出来工作，被抓住就要被定罪。现在正是需要他们出来工作了，因为对于教会工作来说，我们是外行人，而他们是内行的。我的思想与他有矛盾。他认为他们出来会抢他的工作。不过我不这么认为。我觉得他们若是现在出来就特别高兴。"[39]

倪光道牧师回忆："原本希望以组织的名义参加三自，但谈不成功。当时我们以地区总会的名义与地区两会谈判，但是不成功。后来我们就以个人名义参加三自。温州区总会就大部分参加了，没有几个不参加的。有几位负责人没有参加，就成为现在的家庭教会。温州区总会因此自然解散，各县负责人回到各地，带领各县总会走三自道路。他们也因此成为各地三自的负责人。"[40]

以上三位都是原温州区总会或各县的负责人，他们分别带领温州市区、永嘉、瑞安等地的"总会"与复出的教牧人员一同恢复"三自"，组织"协会"，

---

38 《林乃姆同工见证》，未出版。另据倪光道牧师回忆，他本人也是与宗教局交涉的代表之一。参倪光道牧师回忆录，2007 年 11 月 18 日录音。

39 《黄益兴长老回忆录》，2004 年 9 月 9 日录音，陈丰盛整理。

40 《倪光道牧师回忆录》，2007 年 11 月 18 日录音。

成为恢复时期温州教会的主力军。与此同时，原温州区总会的负责人之一缪
志彤与一部分同工则选择走家庭教会的路线。据《温州区教会史》记载，1981
年冬，在温州关里桥举行的原区会议会成员的小议会。参加是次会议的议会
成员对于是否走"三自"道路产生分歧。以林乃姆为代表的成员主张："我们
区会的主要弟兄全部进入'三自'，掌握'三自'的舵，我们可以照样工作"。
但缪志彤为代表的成员则决定不加入"三自"。[41]

二、全面恢复

　　自国家的宗教信仰自由政策全面落实以来，温州教会从 1979 年开始就进
入全面恢复的阶段。温州教会全面恢复的历程大约有十多年时间，其中包括
教产收回、老教堂拆建、新堂建造等基础设施方面的工作。整个过程差不多
延续到 1990 年。在此过程中，尽上主要力量的还是教会中的中坚份子——义
工。

　　当温州地区"总会"中一部分同工决定支持"三自"路线之后，他们在
各自市县的"三自"组织中都担任了相应的职务。原温州地区"总会"负责
人林乃姆先生于 1980 年 12 月担任温州市"三自"委员[42]，1984 年任鹿城区三
自副主任[43]；原温州市区交通会同工郑大同先生于 1980 年 12 月担任温州市"三
自"委员[44]；原"平阳县中国基督教会"教务负责人吴显明先生于 1983 年 12
月担任温州市三自副主席[45]；原温州地区"总会"负责人之一、原"平阳县中
国基督教会"总负责人陈瑞赏于 1983 年 11 月任苍南县三自副主席[46]，1983
年 12 月任温州市"两会"委员[47]；原温州地区"总会"秘书倪光道先生于 1981
年 9 月任瑞安市三自筹备小组秘书长[48]，1983 年 12 月任温州市"两会"委员
[49]，1992 年任瑞安市三自主席兼协会会长[50]，于 1993 年 3 月任温州市三自常

---

41 参温州区会编著：《温州区教会史》（内部资料），2006 年，第 170 页。
42 支华欣编著：《温州基督教》，第 127 页。
43 支华欣编著：《温州基督教》，第 135 页。
44 支华欣编著：《温州基督教》，第 127 页。
45 支华欣编著：《温州基督教》，第 127 页。
46 支华欣编著：《温州基督教》，第 139 页。
47 支华欣编著：《温州基督教》，第 127 页。
48 瑞安市基督教两会编，《瑞安教会史》，第 24 页。
49 支华欣编著：《温州基督教》，第 127 页。
50 支华欣编著：《温州基督教》，第 136 页。

委[51]，1998 年 12 月任温州市三自副主席[52]；原温州地区"总会"负责人之一，永嘉县交通会负责人黄益兴于 1981 年任永嘉县三自筹备组组员，于 1985 年任永嘉县基督教协会总干事[53]。以上几位同工与其他各县市同工一道，在各地"两会"中担任重要职务，对于教会的发展带来重要作用。

拨乱反正、贯彻宗教信仰自由政策，消除基督徒心理上的压力，鼓励基督徒从家庭重新走回到教堂去聚会，这是改革开放之初的重要任务。为达此目的，政府实行教产收回、旧堂拆建、新堂建立的政策。所以，自 1979 年开始，温州各地教会就进行一系列教产收回、旧堂拆建、新堂建立的圣工。据《瑞安教会史》记载："1979 年秋季，陶山区下湾教堂率先收回；1980 年秋季，马屿区沙详教堂率先拆旧重建；同年冬季，莘塍区东岙教会和高楼区大乍教会在全县之首新建教堂。1981 年春季，飞云镇桥里教堂率先易地另建。"[54]《天风》1982 年第 4 期登载《温州教会两年来的回顾》一文，报道说："三自组织积极配合政府落实宗教政策，逐步收回教会房产，截至去年底全市已有 31 间教堂开放，市内最大的城西堂正积极争取早日修理、开放。"[55]

香港基督教中国宗教文化研究社出版的双月刊《桥》于 1984 年 9 月登载《宗教不再是禁果了！——充满自信的乌牛乡》一文，作者将自己在永嘉县乌牛镇教会的所见所闻作了正面的报道。首先，作者见到乌牛镇在村里村外都可以见到红十字的标志，在基督徒的房子上可见到"以马内利"的字样，在各家屋前可见到"基督教协会所印刷的年历表"，在各家门口还贴着用红纸写上富基督教意义的对联。作者还采访了在乌牛教会牧养的陈公权牧师，陈牧师介绍永嘉县在教会恢复后，不计收回的教堂，就单单是新建的教堂共有 50 多所。[56]

第四节　教会发展时期的决策者

温州教会的发展其实可以从 20 世纪末，特别是从 90 年代开始。因为在 80 年代全面建堂基本完成后，教会在 90 年代中期开始将眼光转向义工队伍建

---

51 支华欣编著：《温州基督教》，第 129 页。
52 支华欣编著：《温州基督教》，第 130 页。
53 支华欣编著：《温州基督教》，第 134 页。
54 瑞安市基督教两会编，《瑞安教会史》，第 24 页。
55 《天风》1982 年第 4 期（复总 10 号），1982 年 7 月 30 日，第 21 页。
56 《桥》，1984 年 9 月第 7 期，第 6-8 页。

设、专职传道培养及教会事工发展等项发展上。不过，从90年代中期直到21世纪初期，也是老一辈义工与新一代义工新旧交替的时期。在这个过程中，虽有一批老一辈义工还继续掌管着教会领导的大权，但新一代义工已经崭露头角，并渐渐接手教会管理的工作。教会发展时期正是在老一辈义工的支持下，由新一代义工大力推进的。当然，在整个过程中，那些为义工队伍建设而付出努力的老一辈教牧人员的功劳也是不可否定的。

一、义工队伍的建设

温州老一辈教牧人员经历因文革而来的教会断层之苦之后，深觉培训工作的重要，在晚年不但尽力开办培训班，而且到处培训。支华欣牧师在其著作《温州基督教》中提到这一时期温州教会开展义工圣经培训的主要目的在于："由于我市60余万信徒，1200余座教堂，600余处家庭聚会点，教牧人员缺乏，大部分圣工由义务传道人员负担，义工的培训、提高为当务之急。"[57]

其中较为典型的例子为施诚惠牧师，他在离世前十多年里，一直努力作培训工作。他是"温州市基督教义工培训中心"的创办者之一。他发自内心的表白，引起我们深思："我这几年，多做工作。因为我二十五年时间没有在教会工作，现在应该多做主工，为要补我以前在圣工上的亏欠。我现在已八十岁，若是身体许可，哪里有需要，就去哪里。再过几年，体力不支了，就慢慢减少。我又想到，身体是圣灵的殿，我八十岁的身体不可能好像一个青年人那样，在工作上要节制。今年上半年，我不但在温州培训班有课，还在金华、台州、宁波、嘉兴讲课。我总是回绝培灵会，而去教培训班。因为我想：培灵会是一种强心针，而培训班犹如培养医生，是培养教会的传道人。所以我会去教培训班，而不去讲培灵会。春节的时候，我就接培灵会。这样，我希望可以弥补过去的损失。神的恩典，这几年的春节，我都是在外面过的，总是在十二月三十出去，初一到二十左右，在浙江省都有培灵会。这样，我就在春节出去开培灵会，平时在培训班讲课。在有生之年，多做主工，就是为了来补过去的亏欠。"[58]

---

57 支华欣编著：《温州基督教》，第50页。

58 《施诚惠牧师回忆录》，2005年6月21日录音，陈丰盛整理。

欧阳后增牧师在其《温州基督教鸟瞰》一文中提到温州教会重视对义务传道队伍的建设，他介绍了温州教会在义工培训方面所作的努力："1996 年冬，温州市基督教两会在市宗教事务部门的关心和帮助下，在市区西山路购置了一处占地面积 2100 平方米，建筑面积 1000 平方米的培训基地（可以同时容纳两个班百余人就读和住宿），创办了'温州市基督教义工培训中心'。我们每年从本地区各教会中招收热心爱主青年信徒 50 人，集中培训两年，成绩合格后发给毕业（结业）证书。截止到 2007 年秋，已有 467 人接受造就后在教会中专职或兼职侍奉。目前，该培训中心已迁到仓河街，还有两个班共 87 人在校学习。我市平阳、苍南、瑞安、永嘉等县（市）也有类似的圣经专修班，作为神学院校的补充。……为了对现有义务传道员进行培训（进修），十几年来，温州市基督教两会举办了十二期圣经培训班，同时协助各县（市、区）两会举办义务传道员培训班共 300 余次，接受培训学员 3000 余人次，从而进一步提高传道员的神学知识和讲道水平。"[59]

二、专职同工的培养

专职同工的培养是教会发展的必然趋势。温州教会在专职同工的培养上采取了两种方式。

第一，为当前教会需要，解决教会燃眉之急，温州教会在优秀义工中选拔人才，成为教会管理的精英。这批专职同工大多没有经过正规神学训练，但为教会所需，曾参加多次由浙江省两会、温州市两会及各自市县举办的义工培训。其中符合条件的，就由教会推荐到浙江神学院的一年制进修班。他们当中有些已经被按立为长老，有些则按立为牧师，也有些按教会的特殊需要担任圣餐的工作。

第二，为培养教会接班人，教会鼓励青年弟兄姊妹报读神学，到各大神学院就读，训练符合教会所需的人才。据温州市基督教协会会长张大鹏长老介绍：截止 2008 年 12 月底，温州共有教牧人员（包括牧师、教师、长老和传道）1256 人，共有义工 4273 人，自教会恢复以来的神学毕业生达 340 人[60]。

从教会初建直到今日，义工在温州教会中充当了重要的角色。虽不能忽略其中不少的问题，但对于温州教会的贡献相信是不可磨灭的。在今日教会人才紧缺的当口，温州教会义工现象的历程可以成为各地教会的一种参考。

---

59 http://www.wzjdj.cn/news699.htm
60 2009 年 10 月 25 日电话访谈。

第三章　儿童主日学在温州[1]

　　主日学（Sunday School）作为一项教会的圣工之一，乃是基督教宗教教育的重要组成部分。它并非今日中国教会的新生事物，乃具有逾 230 年的悠久历史。从最早福州美以美会传教士柯林斯（J.O.Collins）于 1848 年创办主日学至今，中国主日学的建立亦足有 171 年历史。在普遍恢复的中国教会，主日学在改革开放之后在广大教会中恢复，迄今成为教会不可或缺的事工，甚至被称为培养高尚道德公民的"基地"。

第一节　主日学的发韧及在中国的历史

　　信义宗神学院前院长、宗教教育专家萧克谐博士明确指出："虽然现代宗教教育类别繁多，但主日学仍被公认为现代基督教宗教教育之主力，主日学发展之速，流传之广，贡献之大，影响之深，都超越了任何一种宗教教育活动。"[2]

一、主日学运动的发韧

　　主日学起源于 18 世纪末叶的英国。1780 年在英国告士打城的告士打杂志（Gloucester Journal）出版人瑞克斯建立了历史上第一间主日学。因为"他非常关心当日民生困苦，罪案频仍的情况；特别关心当日流行的童工制度所引起的种种问题。目不识丁的童工在工作之余，特别是主日，因无所事事而在

1　本文原载于《金陵神学志》2012 年第 1 期。
2　萧克谐：《基督教宗教教育概论》，香港：道声出版社，2003 年 5 月，第 27 页。

街头游荡，每易成为魔鬼的猎物。他认为要改造社会，必须从教育儿童着手。"由于这个伟大的使命，他免费招收 6-12 岁男女儿童，每主日上午 10-12 时，下午 2：30-5：30 上课。除了教授圣经及教理问答之外，也注重训练阅读和写作。他坚持儿童养成清洁整齐的习惯和基本的良好礼貌。

1783 年，瑞克斯在其主编的杂志上发表创立主日学三年来的经验，引起当时教会和普通市民的普遍支持和接纳。但当时有些教会领袖的反对使主日学事工的发展一度受挫。循道会的创始人约翰·卫斯理协助和鼓励，对主日学之发展提供了决定性的贡献。他将主日学引进自己所创立的宗派中，成为儿童及初信者的主要教导模式。

主日学的发展甚速，很快便得到英国及欧洲各国教会的欢迎。1786 年，英国全国主日学学生多达 20 万人。1803 年，英国成立首个主日学联会，即伦敦主日学联会（London Sunday School Union）。1785 年，主日学传到美国，于 1824 年成立美国主日学联会（American Sunday School Union）。至 1880 年主日学百周年纪念时，单单在英国就有学生 606 万，有教师 67 万。随着宣教事业的推广，1803 年在印度开设了亚洲第一间主日学，使主日学随着宣教士的脚踪进入第三世界。[3]

二、中国主日学发展历史

中华续行委办会调查特委会将主日学定义为："凡称为主日学校者，即为成人或儿童合组之团体，并按照此种学校之章程及课程办理，每星期聚集一次，查考《圣经》。"[4]主日学在中国发展的历史，大致可分为五个时期[5]：

A. 初创时期（1910 年以前）

主日学运动很快随着基督教全面传入中国而在中国教会里建立。1848 年 3 月 5 日美以美会教士柯林斯在福州创办主日学，成为中国主日学的起始点。

3　萧克谐：《基督教宗教教育概论》，第 27-31 页。

4　中华续行委办会调查特委会编，《1901-1920 年中国基督教调查资料（修订）》，蔡咏春等译，北京：中国社会科学出版社，2007 年 9 月，第 731 页。

5　萧克谐在其著作中分为七个时期：A. 萌芽时期（1910 年以前）；B. 初创时期（1911-1930 年）；C. 发展时期（1931-1937 年）；D. 战乱时期（1937-1949 年）；E. 转移时期（1950-1959 年）；F. 本色时期（1960-1980 年）；G. 挑战时期（1981 年以后）。萧克谐：《基督教宗教教育概论》，第 46 页。本书根据中国教会实际情况划分为五个时期。

自此之后，主日学在中国教会的发展甚速，萧克谐提到：到十九世纪末，估计八分之一的教会已有了主日学。[6]直到 1910 年底，全国已有主日学 1832 所，学生 73000 人。

B. 发展时期（1911-1937 年）

1907 年，宣教百周年大会上组建主日学委员会。1911 年，中国主日学合会（China Sunday School Union）在上海建立，由美国宣教士都春圃博士（Gardener Tewksbury）担任首任总干事。在以后的二十年间，都博士全力推动中国教会主日学工作，主要表现在教材出版、教师训练上。在建立最初几年，"合会"就已经出版了一系列"统一课程"和"分级课程"，在教会间受到广泛地欢迎。1920 年左右，中国主日学合会约有八种汉文的国际统一教材出版物。[7]师资训练方面，中国主日学合会给予"参加了教师短期训练班，或者学习一本或几本师资训练书籍考试及格，或者两者具备"的颁发师资训练证书。1920 年，全国约有 2000 人获得此证书。[8]

为了加强各地主日学的信息联络和资源共享，"合会"在 1915 年出版了三种教育性期刊，分别是给儿童阅读的《福幼》、供青年阅读的《青年之友》和为查经用的季刊《查经一助》等。为提高教学质量，"合会"于 1930 年前后每年印行主日学小图片多达五百万张，大挂图多达十万张。

在建立中国主日学合会之后，主日学人数剧增。仅在 1914 年至 1920 年间，主日学学生人数从 133674 人，增至 259261 人。其中主日学校有 5698 所，有教员 12291 人。[9]值得注意的是安徽、江苏、四川三省主日学学生人数比受餐信徒人数还要多，福建、湖南、江西三省主日学学生人数与受餐信徒人数相等。[10]

---

6 萧克谐：《基督教宗教教育概论》，第 47 页。

7 中华续行委办会调查特委会编，《1901-1920 年中国基督教调查资料（修订）》，第 1033 页。

8 中华续行委办会调查特委会编，《1901-1920 年中国基督教调查资料（修订）》，第 1034 页。

9 中华续行委办会调查特委会编，《1901-1920 年中国基督教调查资料（修订）》，第 1044 页。

10 中华续行委办会调查特委会编，《1901-1920 年中国基督教调查资料（修订）》，第 732 页。

1931 年 7 月，中华基督教宗教教育促进会（ National Committee for Christian Religious Education in China ）在上海成立，由缪秋笙博士为执行干事。主要任务是：一为发展适合儿童、青年及成人不同需要之新的课程教材；一为训练能了解及有效使用这些课程教材之领袖。"促进会"建立之后的七年里，中国教会在宗教教育事工上开始走向全面化、教育化及本色化的道路。

C. 沉寂时期（1937-1949 年）

抗日战争（1937-1945 年）与解放战争（1945-1949 年）在全国范围内的展开，中国教会事工几乎完全停顿，于 1931 年所策划的主日学发展蓝图因战争而付诸东流。连续十多年的战乱，使中国主日学的事工从此一蹶不振。解放初年，宣教士撤离、差会转移，许多华人牧者离开大陆移民至台湾、香港，大陆教会事工未得整顿发展。

D. 消亡时期（1950-1979 年）

1949 年中国全面解放后，初建时期一系列的运动，使未得到休养生息的教会，不能投入正常的教会建设里。1958 年全国教会大联合之后，主日学就自然而然地随着教堂大门被关闭、聚会被停止而在中国土地上消失。最后，在《天风》1961 年第七期里将主日学这一教会必不可或缺的圣工从反对资本主义角度被定为"一个并不体面的'传统'"。

E. 恢复时期（1980 年以后）

主日学的再度恢复，要从中国教会在十一届三中全会之后的全面恢复说起。在宗教信仰自由政策的助推下，主日学随着宗教活动的恢复而逐步开展。如今，中国教会虽没有统一的机构，但主日学却已在神州大地全面开设。

第二节　温州主日学历史概况

温州儿童主日学可谓是历史悠久。虽然至今未能找到可靠资料显示温州儿童主日学最早创设的具体年份，但从各教派的资料中可以看到不少文字资料，足已证明温州儿童主日学的创设以及发展。下文笔者先简述温州中华内地会首创主日学，继而了解温州三大"自立会"（包括中国耶稣教自立会平阳分会、中国耶稣教自立会温州分会、温州中华基督教自立会）对于主日学的继承，最后以温州循道公会作为个案，了解主日学在温州的复兴及其规模。

一、内地会的首创

中华内地会曹雅直牧师来到温州后的第二年（1868），就已经在他所租的寓所创立了男童寄膳寄宿学校，共有 12 个男孩。1873 年，曹雅直师母（Grace Ciggie Stott）虽来温仅三年，但她已在温州建立主日学，曹雅直牧师在写给朋友的信中提到曹师母的概况时说："她一周要出去探访两次，上一天主日学课程，星期天下午带一堂查经课。除此之外，她要负责整个学校的膳食和衣物，还有我们自己的事情和她的中文学习，使得她一直很忙碌，故此，她几乎连一小时闲暇的时间也没有。"[11]因此，我们可以肯定的是，曹雅直与师母在 1873 年甚至之前就已经建立主日学。温州内地会于 1905 年之前就已建立"主日学会"，著名华人教会领袖刘廷芳曾任该会委办[12]。另外，《中华基督教会年鉴》1924 年曾登载一篇由当时温州内地会华人牧者仇九渊牧师所写的文章，题为〈温州内地会〉。文中指出曹雅直在温传道的功绩之一就是主日学，内文："自英国苏格兰曹雅直抱道东来，驻吾瓯城五十余载，述其成绩，不亚当时保罗设教于马其顿也，盖其建教堂，兴学校，开医院，办道学，布福音，设养老院，创勉励会，与主日学等等善举。"[13]

1912 年，内地会中有志教会自立的信徒，在建立中国耶稣教自立会温州分会之时，规定："议决凡理任母会之勉励会或主日学会职员者。须克尽厥职。应宜半日在此。半日在彼。不可任意放弃云云。"[14]显示温州内地会在主日学事工上较成熟。1915 年 11 月 7 日，中国主日学合会在牯岭召开夏令领袖研经会，温州内地会派蒋德新赴会[15]，表明当时该会主日学已具规模。

二、自立会的继承

温州的自立会包括中国耶稣教自立会平阳分会（下称"平阳分会"）、中

---

11 Grace Stott, *Twenty-six Years of Missionary Work in China*, p.39.译文录自：《麦种》总第 13 期，2008 年 4 月，第 19 页。

12 《通问报》，第 186 回，丙午（1906 年）正月，第 2 页。

13 中华续行委办会编，《中华基督教会年鉴》，上海：广学会，1924 年，台北：中国教会研究中心、橄榄文化基金会联合出版，1983 年 3 月重印，第 93-94 页。其中指出曹雅直"驻吾瓯城五十余载"有误，因为曹雅直牧师已在 1887 年离开温州，于 1889 年 4 月去世，在温州共 20 年。

14 《圣报》第 4 年第 6 期，第 9-10 页。

15 中华续行委办会编，《中华基督教会年鉴（第 3 期）》，第华 27 页。

国耶稣教自立会温州分会（下称"温州分会"）[16]、温州中华基督教自立会[17]。从原内地会、圣道公会分离出来开始，此三会也重视儿童福音工作，除了开办教会学校之外，还开设小子勉励会与小子主日学。据史料记载，平阳分会于 1920 年组织建立大光国民学校，并在校内创设小子主日学。[18]温州分会于 1923 年创办小子主日学。[19]

1925 年 7 月 26 日，因"五卅"惨案影响，温州圣道公会中以尤树勋牧师为首的华人牧师传道，正式宣告脱离英国教会的管辖，建立"中华基督教会"（即温州基督教自立会）。同年，就已经在中华基督教会总会堂创办主日学校，"每逢主日下午组成男女大小主日学班，而孩童则自成一科，其课程则用圣经课题拾级，及圣经图说与其他故事书。"[20]其中"男女大小主日学班，而孩童则自成一科"，可见当时已经在儿童主日学之外建立大班主日学，但是否成人主日学，还不得而知。

三、循道公会的复兴及其规模

循道公会温州教区（1907 年前称偕我会，1933 年前称圣道公会）虽没有温州内地会创设主日学的悠久历史，但其复兴程度却是不容忽视的。

1. 创设年份的探讨

循道公会温州教区设立主日学的具体时间至今未有确切数据，但可以推算而得。偕我会 （English Methodist Free Church Mission）温州教区在 1905 年报告中指出，当时温州偕我会已有"传教师 3 人，教育传教师 1 人，医务传教师 1 人；华传道 20 人，地方上传道人 131 人，女传道 5 人，领袖 124 人；受餐者 2144 名，慕道友成人 5711 人，儿童估计 1500 人；教会 150 所；医院 1 间；高级学校 1 所；教员 12 人；日校 25 所，教员 43 人；捐款 2133.22 元。"[21]其中显

---

16 中国耶稣教自立会由俞国桢（宗周）牧师 1906 年于上海创立。1910 年，林湄川等在平阳建立中国耶稣教自立会平阳分会。1912 年 12 月 5 日，温州梁景山等在乘凉桥成立中国耶稣教自立会温州分会。

17 1925 年"五卅"惨案之后，温州圣道公会尤树勋牧师在温州发起自立运动，于 1925 年 7 月 26 日成立温州中华基督教自立会。

18 《圣报》第 10 年第 12 期，第 15 页。

19 《圣报》第 13 年第 12 期，第 24 页。

20 《瓯海基督教自立丛刊》，第 23 页。

21 汤清：《中国基督教百年史》，第 463 页。

示该教派已有 1500 位儿童，但未显示已建立主日学。

温州中华基督教自立会创会会长尤树勋牧师原为圣道公会信徒，他于 1918 年 9 月在金陵神学院的《神学志》中撰文〈述个人对于宗教之观念〉，提到自己于 1907 年（丁未年）春受洗后，曾任教会主日学领袖，之后于 1915 年（乙卯年）赴金陵神学院深造。可参文："丁未春。受洗后。抱定学道宗旨。立志研究圣经。以求知行合一。奈苦问津无由。每与门墙外望之叹。余惟勉力自修。昕夕祈祷。视圣经如糇粮之不可一日无。圣经之外。兼读神道总论。宣道指归。训徒真诠。传道之法等书。一有所得。辄与同侪共研之。以为互相砥砺之资。于是有勉励会之设立。因以激起教会之注意。维时主日学适开设。擢余为领袖之一。余忝斯职。得实验之机会。而获学道之阶梯。是为学道观念最殷之时也。虽然。学必有师。师者所以传道授业解惑也。人非生而知之者。孰能无惑。惑而不从师。其为惑也终不解矣。乙卯春。得教会之资助。乃有专修学道之机。于焉负笈金陵。殷殷求道。冀能尽释疑团。饱饫真理。"[22] 1938 年 1 月，温州循道公会在城西堂举行温州教区成立六十年暨城西主日学校成立三十周年纪念大会[23]。可以推算，城西主日学校于 1908 年建立，正是尤树勋刚受洗后不久，而尤树勋可能正是该主日学校首任领袖。

2. 主日学的复兴

温州循道公会在主日学上的复兴应从 1929 年开始，据《温州循道公会儿童宗教教育部一九三四年度工作报告》介绍，1929 年，循道公会（时称圣道公会）温州教区城西堂率先创立儿童主日学初级科[24]。到 1935 年初，该堂儿童主日学初级科由周式俊先生为主任，共 5 位教师和 79 位学员。1934 年，温州循道公会成立了儿童宗教教育部，统筹和管理整个教区的宗教教育工作。1935 年初，温州循道公会已经有七个教会建立了比较有规模的主日学，登记在册的主日学教师有 30 人，学习教员 15 人，主日学学生共有 297 人。[25]到年底，全教区共有儿童主日学 21 所，教职员 159 人，学生迅速增至 707 人。[26]

---

22 《神学志》第 4 卷第 3 号，第 14-17 页。

23 《中华归主》，第 187 期，中华全国基督教协进会，1938 年 6 月 1 日，第 9 页。

24 盛旭初编辑：《温州循道公会儿童宗教教育部一九三四年度工作报告》，第 10 页。

25 盛旭初编辑：《温州循道公会儿童宗教教育部一九三四年度工作报告》，第 6、10 页。

26 盛旭初编辑：《温州循道公会儿童宗教教育部一九三五年度工作简报》，温州循道公会儿童宗教教育部，1935 年 12 月出版，第 16 页。

1936 年 7 月，循道公会温州教区为扩充工作，于 28 日召开宗教教育领袖会议，会议将原有"儿童宗教教育部"名义取消，重组"温州教区宗教教育部"，定名为"中华循道公会温州教区宗教教育部"。[27]同年与宁波教区合办《夏铎》月刊。经过一年的努力，到 1938 年初，温州教区共有儿童主日学校 44 所，教员 254 人，共有主日学学生 1246 人。[28]在《夏铎》中登载了详情：

中华循道公会温州教区儿童主日学校概况表（1938 年 1 月）[29]

联　　区	堂区	教牧师姓名	科　别	主任姓名	教员数目	学习教员数目	学生数目	本年成绩优劣	创办年月
永嘉城厢区	城西	汤复三	初级科	周式俊 张莲仙	13	2	100	上	1929
		吴廷扬	勉励科	马文龙 吴廷扬	6		58	上	1933
			启蒙科	陈涤氛	8	2	56	上	1932
	巨溪	卢源生	初级科	陈以义	2	1	20	中	1936
	耦桥		初级科	李粹姆	6	1	28	中	1937
	张堡	陈谦	初级科	张李英	6	2	30	上	1930
	竺桥头	盛连升	初级科	金喜寿	5	1	30	中	1932
	东村		初级科	周焕昌	4	1	20	中	1934
	林里		初级科	吴文华	5	2	35	上	1934
			启蒙科	何光银	2	1	25	上	1934
	双甲田		初级科	潘志光 臧显勤	2	1	25	中	1938
	郭溪		初级科	周国华	2	1	19	中	1937
	状元桥		初级科	黄明贤	2	1	20	中	1936
	外山		初级科	史伯雄	3	1	35	上	1936

---

27 吴廷扬编：《夏铎——中华循道公会温州宁波两教区月刊》，第 1 卷第 1 期（创刊号），第 46 页。

28 吴廷扬编，《夏铎——中华循道公会温州宁波两教区月刊》，第 1 卷第 9、10 期，第 36 页。

29 吴廷扬编，《夏铎——中华循道公会温州宁波两教区月刊》，第 1 卷第 9、10 期，第 36 页。

外西溪区	桥下街	杨仁声	初级科	戚国勤	4	2	20	中	1934
	菰溪	季灵亨	初级科	王忠卿	7	1	20	中	1936
内西溪区	碧莲	徐鹤亭	初级科	潘敬爱	6	2	17	上	1937
	白泉	张玉书	初级科	瞿国康	4	1	25	上	1937
	大箬坑		初级科	陈仁慈	5	3	20	上	1935
	蒋山		初级科	胡尊龙	3	1	15	上	1937
	杨坑		初级科	李启爱	1		16	中	1937
	肖巨		初级科	汤崇美	3		15	中	1937
	埭头		初级科	杨庆吉	4		18	中	1937
	澄田		初级科	陈光复	3		18	中	1937
	昆阳		初级科	潘太如	3	1	12	中	1937
	荆州		初级科	潘道旺	3		20	中	1937
楠溪区	枫林	陈格迷	初级科	陈师妈	3	1	25	上	1937
	渠口	孙汝华	初级科	叶祥文	3	1	21	中	1937
	岩头	张德荪	初级科	金德灵	2	1	21	中	1937
	溪南		初级科	卢金花	6	2	41	上	1937
	港头		初级科	李德权	2	1	25	中	1937
瑞安区	瑞安	戚文迁	初级科	苏演群	5	1	39	上	1932
			启蒙科	张楷	3	1	19	上	1937
	塘下	陈景生	初级科	陈凤英 余凤娇	4	1	28	上	1935
	旺湾	谢圣叨	初级科	陈仁范	5	3	25	上	1934
	龙尾	陈让	初级科	王秉镳	2	1	15	中	1938
	林岙		初级科	吴光勤	4	1	26	中	1937
	夏姑桥	傅志和	初级科	黄玉庭	5	2	27	中	1937
青田区	青田	曹圣芳	初级科	陈志新 董桂坤	5	2	32	中	1937
	夏家地		初级科	徐赞良	10		20	中	1935
玉环区	玉环	汪仁	初级科	苏言廉	4	2	25	上	1935
乐西区	乐城	傅永明	初级科	刘荷香	3	1	22	中	1936
	柳市	陈伯融	初级科	包巨里	5	1	42	中	1937

	盐盆		初级科	王亦勤	3	1	25	中	1936
	官山		初级科	蒋士尧	3	1	12	中	1937
乐东区	虹桥	汪元升	初级科	陈侠英	3	1	25	中	1936
	大荆	叶植民	初级科	张璧华	4	1	22	上	1937
	芙蓉	金立之	初级科	余日根 谢信安	2	1	22	中	1938

3. 主日学事工的拓展

循道公会温州教区在主日学事工上的复兴不单在上文的数据上显示出来，还包括：

机构组建：温州教区于 1934 年 1 月组建儿童宗教教育部[30]，统筹和管理整个教区的宗教教育工作，后于 1937 年 7 月改为"中华循道公会温州教区宗教教育部"。

职员聘任：温州教区在组建儿童宗教教育部之初就已特聘伦敦大学文学士唐恩祺女教士为总干事兼主席[31]，盛旭初为干事兼秘书，陈涤氛为干事[32]。重组为"宗教教育部"之时，教区长孙光德牧师兼任该部主席，由胡保华任副主席，吴廷扬牧师任执行干事，陈涤氛、傅永明为干事[33]。据现年逾百的陈涤氛女士回忆：于 1932 年"在教会任启蒙科主任，带主日学，帮唐教士编课程，去农村办主日学，再由当地人接手来做。"[34]

建筑兴建：温州循道公会在创建主日学之初（1908 年）就在城西堂建立中心主日学校，后于 1937 年重建。《中华归主》记载："该会之主日学校与大礼堂毗连建成，两讲台之间，仅隔一大门，如将大门开放，即可前后合一，亦可容一千五百余人。"[35]

---

30 吴廷扬编，《夏铎——中华循道公会温州宁波两教区月刊》，第 1 卷第 1 期（创刊号），第 46 页。

31 吴廷扬编，《夏铎——中华循道公会温州宁波两教区月刊》，第 1 卷第 1 期（创刊号），第 46 页。

32 盛旭初编辑：《中华基督教循道公会浙江温州教区儿童宗教教育实施计划大纲》，第 3-11 页。

33 吴廷扬编，《夏铎——中华循道公会温州宁波两教区月刊》，第 1 卷第 1 期（创刊号），第 46-47 页。

34 《陈涤氛回忆录》，陈涤氛口述，陈耀辉记录。

35 《中华归主》，第 153 期，第 15-16 页。

　　书籍出版：温州循道公会儿童宗教教育部出版的〈温州循道公会儿童宗教教育部一九三四年度工作报告〉提出"本部欲在一九三五年内编完'儿童宗教教育'全年课程一册，儿童圣歌集一册，儿童祷告集一册，儿童主日学教学法一册，儿童主日学管理法一册。"[36]1937年，宗教教育部计划出版主日学讲义一种。[37]1940年出版《儿童主日学讲义》、《儿童主日学设计》。[38]

　　专刊发行：1937年1月1日，温州教区与宁波教区联合创办刊物，由吴廷扬牧师任主编。"登载宗教教育文字以助主日学教员，教士与教友"。[39]

四、主日学的休眠

　　可惜，随着政府"左"的思想倡导下，1958年开始教会的"联合礼拜"不仅使许多教会从大教堂的礼拜转入"地下"，也使温州主日学经历了20多年的"冬眠"。

第三节　温州主日学的影响及现状

　　主日学对温州教会的影响巨大，从当时主日学的规模就可看出。温州循道公会从建立儿童宗教教育部之后，就向整个教区270个堂会中大力宣传开办儿童主日学的重要性。在《温州循道公会儿童宗教教育部一九三五年度工作简报》中提出了六大儿童主日学校的功用：

　　（一）创办儿童主日学校，是培植优秀国民的基本工作。

　　（二）创办儿童主日学校，是巩固教会基础的必要工作。

　　（三）儿童主日学校注重人格教育，能使儿童养成诚实，爱人，去恶的德性；乐群，活泼，美化的生活。

　　（四）儿童主日学校，注重牺牲服务，能使青年养成"非以役人，乃役于人"的基督精神，感悟上帝的真体，了解人生的意义。

　　（五）创办儿童主日学校，对内可使教会青年获得特殊训练，能使教会产生人才。

---

36 盛旭初编辑：《温州循道公会儿童宗教教育部一九三四年度工作报告》，第5-12页。

37 吴廷扬编，《夏铎——中华循道公会温州宁波两教区月刊》，第1卷第1期（创刊号），第46-56页。

38 中华基督教宗教教育促进会，《宗教教育季刊》第4卷第3期，第61-64页。

39 吴廷扬编，《夏铎——中华循道公会温州宁波两教区月刊》，第1卷第1期（创刊号），创刊言。

（六）创办儿童主日学校，对外能接近社会上一般儿童，容易引其归主，可使教会增加会友。[40]

根据历史文字的记载和今日教会老年传道及信徒的介绍，1940 年代，循道公会温州教区各大联区基本上都已经建立有规模的主日学，甚至发展到一些山区的教会。在历史采访中，现今许多 70 岁左右的老信徒，很多早年都是在主日学里成长的。而许多七、八十多岁的老传道（义务传道）及老牧师的师母，都曾在主日学里事奉过。据永嘉县江北牧区林明真先生回忆说："解放前一般都有主日学，牙郎桥、大浃、浦西、张堡等几个地方有的。牙郎桥教主日学的有我、继恩、元钦、爱怜（起先是学生，后来又教）。那时我三十多岁，应该是我最早教的。我就是教他们唱唱短歌，读读《圣经》，人数不定有十几个，有时会有二十多个。总的称主日学，分开有的叫孩童科。我们曾用过一些主日学的图画，城西有卖的很便宜，一人一张。"[41]

2004 年 9 月 24 日，笔者对陈直牧师的师母叶瑾瑜进行主日学专题采访。她说："一讲起主日学，我很有兴趣，我对他们说，不要灰心，将孩子教起来，使他们有基础，以后作中流砥柱。我以前的主日学学生现在在教会在作执事，讲台工作，心里都很高兴。不要灰心，虽然现在很难教，以后最终学生会转变。"关于主日学教师的装备，她提出两项宝贵的劝勉："**先要祷告**。虽然以前我只有一节圣经（注：指每次讲一节经文），但使用串珠，对照，也是够讲的。有圣灵的工作，讲的生动，学生就会愿意坐在那里听。**还要有爱心**，就是爱这些孩子，好像爱自己的孩子一样，另外要像救主一样爱他们，用救主的爱爱他们。我觉得教别人自己得着更多的。我在这个礼拜天过后，就先自己背诵下一礼拜要讲的经文，然后思想，经文之外还有什么可以给孩子们的，将现实中可以看见、易懂的讲给他们，抽象的他们不能理解。"[42]

永强牧区陈庆明长老回忆："1930 年时永强沧河教会，曾有过主日学。该教会安排主日下午礼拜前进行的（其上午礼拜前有勉励会，由青年女众、成人分班来学习），有根据《圣经》而编制的'主日学课'教本，由成人进行学习，有主持负责人掌握，由学员轮流进行试讲学习。约于 1965 年永强五甲教会曾有过小子班，不知何时何故停歇。"[43]

---

40 盛旭初编辑：《温州循道公会儿童宗教教育部一九三五年度工作简报》，第 4 页。

41 《林明真回忆录》，2004 年 10 月 15 日录音，陈丰盛整理。

42 《叶瑾瑜回忆录（三）》，2004 年 9 月，陈丰盛整理。

43 基督教永强双村教会编，《三史拾零》（内部资料），2008 年秋，第 58 页。

　　改革开放之后，温州主日学随着教会活动的普遍恢复而恢复。从 20 世纪 80 年代开始，温州教会儿童主日学就率先恢复，时称"小子班"。据传最早恢复主日学的是龙湾区的状元堂，于 1985 年正式恢复。在 80 年代末和 90 年代初，温州一带的教会大力发展主日学。为供应各地教材之需，1990 年到香港引进《道光》和《福光》教材。这些教材后来散布至其他各省。有非正统的统计，仅在温州地区，每星期天的儿童主日学生高达五万多人。从 90 年代中期开始，主日学在全国各地兴办，温州主日学同工到各地进行主日学师资培训。

参考书目

中文期刊：

《布道会刊》、《敞开的门》、《大公报》、《奋进报》、《格致汇编》、《号筒》、《画图新报》、《角声》、《灵工通讯》、《末世牧声》、《宁波循道通讯》、《瓯风》、《桥》、《申报》、《神学志》、《生命》、《圣报》、《石生杂志》、《天风》、《天风周刊》、《通问报》、《通问汇刊》、《万国公报》、《温州读书报》、《夏铎——中华循道公会温州宁波两教区月刊》、《协进月刊》、《兴华》、《循道公会月刊》、《燕大双周刊》、《燕京新闻》、《浙东教会通讯》、《浙江日报》、《浙江三自》、《浙江省教育行政周刊》、《真光杂志》、《中国基督徒月报》、《中华归主》、《中华基督教教育季刊》、《中华基督教循道公会》、《中华基督教育月刊》、《中西教会报》、《紫晶》、《宗教教育季刊》

英文期刊：

1. China's Millions
2. Chinese Recorder and Missionary Journal
3. The Missionary Echo
4. The United Methodist Free Churches Magazine
5. The Yenching News

中文史料：

1. [英]伟烈亚力：《1867 年以前来华基督教传教士列传及著作目录》，倪文君译，广西师范大学出版社，2011 年 1 月。

2. 《林氏宗谱（大宪公派下）》，共和己酉年修，第 59 页。藏于平阳县水头镇闹村乡杨美村"林氏宗祠"内。

3. 《鹿城文史资料（第 11 集）》，中国人民政治协商会议温州市鹿城区委员会文史资料委员会，1997 年。

4. 《鹿城文史资料（第 3 辑）》，中国人民政治协商会议温州市鹿城区委员会文史资料委员会，1988 年 3 月，第 73-74 页。

5. 《倪析声文集》，美国：水流职事站，2005 年。

6. 《瓯海基督教自立丛刊》，1926 年 9 月。

7. 《平阳县志》，上海：汉语大词典，1993 年。

8. 《上海宗教志》，上海：上海社会科学院出版社，2001 年。

9. 《上路洋教会简史》，未定稿。

10. 《神学志特号——中华基督教历史（乙编）》第 11 卷第 1 号，1925 年。

11. 《颂主圣歌》（数字谱），上海：广协书局，1951 年再版。

12. 《惟独基督——戴德生生平与事工图片纪念集》，香港：海外基督使团，2007 年 5 月。

13. 《温州市社会团体登记表——基督教温属联合会》，1950 年 9 月 29 日。

14. 《温州市志》，北京：中华书局，1998 年。

15. 《温州市宗教团体登记资料》，1951 年 5 月 20 日。

16. 《温州天主教简史》，天主教温州教区，2006 年 10 月初版。

17. 《温州文史精选集（1）》，温州市政协文史资料委员会编，2001 年 12 月。

18. 《温州文史资料（第 3 辑）》，温州市政协文史资料委员会编。

19. 《温州文史资料（第 7 辑）》，温州市政协文史资料委员会编。

20. 《英国蓝皮书有关义和团运动资料选译》，胡滨译，北京：中华书局，1980 年 5 月。

21. 《永嘉县基督教史料》，未出版。

22. 《赞美诗（新编）》（中英文双语本），上海：中国基督教协会，1999 年。

23. 《浙江省宗教志》编辑部，《浙江省宗教志》资料汇编（二），1994 年 3 月 15 日。

24. 《浙江青田基督教会之创始及自立经过的报告》，青田基督教自立会同工编印初稿，1954 年。

25. 《中国耶稣教自立会大纲（附历年案卷、旅行日记）》。

26. 《中华归主——中国基督教事业统计 1901-1920》（ The Christian Occupation of China ），中华续行委员会特委会编，1922 年。

27. 爱乐德编著：《实用崇拜简礼文》，中华循道公会温州教区，1943 年。

28. 巴美思编纂，《英文古今名人演说集》（Orations: Past and present），上海：商务印书馆，1925 年 4 月初版。

29. 鲍康宁译述，《戴氏遗范》，汉口：中国基督圣教会印，1922 年。

30. 苍南县基督教两会主编：《苍南基督教简史》，浙江省苍南县基督教两会出版，2007 年 10 月。

31. 曹明道：《二十六年：曹雅直夫妇温州宣教回忆录》，温州恩际翻译团契译，台北：宇宙光全人关怀，2015 年 10 月。

32. 查时杰：《中国基督教人物小传（上卷）》，中华福音神学院出版社，1983 年 3 月初版。

33. 陈丰盛：《诗化人生——刘廷芳博士生平逸事》，上海：中国基督教两会，2013 年 1 月。

34. 陈丰盛：《温州基督教编年史》，香港：方舟机构出版社，2017 年。

35. 陈福中编著：《倪柝声传》，香港：基督徒出版社，2004 年 6 月。

36. 陈世其主编：《基督教溪湄教堂简介》（未刊本），2009 年，第 11 页。

37. 陈援庵（陈垣）：《元也里可温考》，台北：九思出版社，1977 年 8 月 1 日。

38. 陈则信：《倪柝声弟兄简史（增订版）》，香港：基督徒出版社，1997 年 1 月。

39. 程宗裕编，《教案奏议汇编》，上海书局石印，光绪辛丑仲秋（1901 年）。

40. 第二医"百年院史"编纂委员会编，《温州市第二人民医院百年院史：1897～1997》。

41. 方豪：《中国天主教史人物传》，宗教文化出版社，2007 年 8 月。

42. 方豪：《中西交通史（三）》，华冈出版有限公司出版，1977 年 12 月。

43. 费赖之：《明清间在华耶稣会士列传（1552-1773）》，梅乘骐、梅乘骏译，天主教上海教区光启社，1997 年 11 月。

44. 冯浩鎏：《长江杏林：来华八医师》，香港：海外基督使团，2007 年 6 月。

45. 高建国：〈基督教最初传入温州片断〉，中国人民政治协商会议浙江省温州市委员会文史资料委员会编：《温州文史资料》第 7 辑，1991 年。

46. 龚缨晏：《浙江早期基督教史》，杭州出版社，2010 年 2 月。

47. 郭廷以：《近代中国史纲》（上册），香港：中文大学出版社，1989 年。

48. 海恩波：《道在中国——圣经在中国的翻译与流传》，蔡锦图译，香港：国际圣经协会，2000 年 9 月。

49. 胡珠生：《温州近代史》，辽宁人民出版社，2000 年 9 月。

50. 黄锡培：《昔我往矣：内地会赴温州宣教士行传》，香港：海外基督使团，2014 年 9 月。

51. 黄雪痕编著：《华东浸会百年史（1843-1943）》，上海：浙沪浸礼议会，1950 年 12 月。

52. 基督教永强双村教会编，《三史拾零》（内部资料），2008 年秋。

53. 贾立言：《中文圣经译本小史》，《新约圣经流传史略》，香港：拾珍出版社，1999 年 7 月。

54. 江肇基：〈一位爱护中华民国的谢太太〉，《实报》，1936 年，第 5 期。

55. 赖德烈：《基督教在华传教史》，雷立柏等译，香港：道风书社，2009 年。

56. 黎子鹏编著：《中国基督教文字事业编年史（1860-1911）》，香港：基督教文艺出版社，2015 年 5 月。

57. 李金强、吴梓明、邢福增主编：《自西徂东——基督教來華二百年論集》，香港：基督教文藝出版社，2009 年。

58. 李颖：《基督拯救中国？——伦敦会传教士麦嘉湖研究》，福建师范大学博士论文，2003 年 4 月。

59. 梁家麟：《福临中华——中国近代教会史十讲》，香港：天道书楼，2002 年 11 月。

60. 刘绍唐主编：《民国人物小传》（第 7 册），传记文学出版社，1985 年 12 月。

61. 刘廷蔚：《山花》，北新书局，1930 年。

62. 吕实强主编，中国近代史资料汇编，《教务教案档》第 3 辑（三），光绪十三年-光绪二十一年，中央研究院近代史研究所编。

63. 吕实强主编，中国近代史资料汇编，《教务教案档》第 4 辑（二），光绪五年-光绪十二年，中央研究院近代史研究所编。

64. 吕实强主编，中国近代史资料汇编，《教务教案档》第 5 辑（三），光绪十三年-光绪二十一年，中央研究院近代史研究所编。

65. 吕实强主编，中国近代史资料汇编，《教务教案档》第 6 辑（二），光绪二十二年-光绪二十五年，中央研究院近代史研究所编。

66. 罗香林：《唐元二代之景教》，香港中国学社出版，1966 年 7 月。

67. 莫法有：《温州基督教史》，香港：建道神学院基督教与中国文化研究中心，1998 年 7 月。

68. 蒲乐克：《戴德生与玛丽亚》，严彩琇译，台北：校园书房出版社，1977年9月。

69. 蒲乐克（John Pollock）:《戴德生与玛利亚》，严彩琇译，台北：校园书房出版社，1982年8月。

70. 青田基督教自立会同工编印，《浙江青田基督教会之创始及自立经过的报告》，主历1954年即自立30周年纪念刊行。

71. 瑞安市基督教两会编，《瑞安教会史》，1995年12月印。

72. 舍禾：《中国的耶路撒冷：温州基督教历史》（上册），台北：宇宙光全人关怀机构，2015年6月。

73. 沈德溶：《在三自工作五十年》，上海：中国基督教三自爱国运动委员会、中国基督教协会出版，2000年6月。

74. 沈迦：〈甲申教案的导火索——释读一封新发现的苏慧廉家书〉，刊于《温州读书报》第207期，2014年8月。

75. 沈迦：《寻找·苏慧廉》，北京：新星出版社，2013年3月。

76. 沈迦：《一条开往中国的船》，北京：新星出版社，2016年1月。

77. 沈克咸：《温州历史年表》，北京：北京电子出版物出版中心，2006年。

78. 盛旭初编辑：《温州循道公会儿童宗教敎育部一九三四年度工作报告》，温州循道公会儿童宗教教育部，1935年2月出版。

79. 盛旭初编辑：《温州循道公会儿童宗教教育部一九三五年度工作简报》，温州循道公会儿童宗教教育部，1935年12月出版。

80. 盛旭初编辑:《中华基督教循道公会浙江温州教区儿童宗教教育实施计划大纲，温州循道公会儿童宗教教育部，1934年2月出版。

81. 史蒂亚：《戴德生——挚爱中华》（简体版），梁元生译，香港：福音证主协会，1995年8月3版。

82. 时赓明：《蒙了怜悯》，上海伯特利教会，1984年6月五版。

83. 司徒雷登：《在华五十年——司徒雷登回忆录》，北京：北京出版社，1982年。

84. 宋尚节：《灵历集光》，甘肃定西基督教会，1998年9月。

85. 苏虹编著：《旧温州轶事录》，天马图书有限公司，1999年12月。

86. 苏慧廉：《晚清温州纪事》，张永苏、李新德译，宁波出版社，2011年5月。

87. 苏路熙：《乐往中国》，吴慧译，2007年8月，未正式出版。

88. 孙延钊撰，《孙衣言、孙诒让父子年谱》，上海社会科学院出版社，2003年7月第1版。

89. 汤清：《中国基督教百年史》，香港：道声出版社，2001年7月再版。

90. 王神荫编著：《赞美诗（新编）史话》，中国基督教协会出版，1993年8月。

91. 魏以撒主编：《真耶稣会创立三十周年纪念专刊》，真耶稣教会总会发行，1947年12月。

92. 温州区会编著：《温州区教会史》（内部资料），2006年。

93. 温州市基督教中华自治内地会，《温州市宗教团体登记资料》，1951年。

94. 温州市教育局、中学历史教学研究会编，《温州近代史资料》，1957年10月。

95. 温州市鹿城区政协文史会编，《鹿城文史资料》（第9辑），内部发行，1995年3月。

96. 温州市政协文史资料委员会编：《温州文史资料（第7辑）》，浙江人民出版社出版发行，1991年12月。

97. 张宪文辑，《温州文史资料第5辑——孙诒让遗辑存》，中国人民政治协商会议浙江省温州市委员会文史资料委员会编，1989年12月。

98. 温州市政协文史资料委员会编，《温州文史资料（第9辑）》，浙江人民出版社出版发行，1994年3月第一版。

99. 温州学生联合会执行委员会编，《一年来温州学生运动之经过》，温州学生联合会执行委员会印行，1926年12月。

100. 文国伟：《循道卫理入神州》，香港基督教循道卫理联合教会，1995年初版。

101. 文庸、乐峰、王继武主编：《基督教词典（修订版）》，北京：商务印书馆，2008年3月。

102. 吴昶兴：《基督教教育在中国——刘廷芳宗教教育理念在中国之实践》，香港：浸信会出版社，2005年5月。

103. 吴立乐编，《浸会在华布道百年略史》，上海：中华浸会书局，1936年6月初版。

104. 萧克谐：《基督教宗教教育概论》，香港：道声出版社，2003年5月。

105. 邢福增：《文化適應與中國基督徒（1860-1911）》，香港：建道神學院，1995年。

106. 徐友春主编：《民国人物大辞典》，河北人民出版社，1991 年 5 月。

107. 徐中约：《中国近代史》（上册），计秋枫、朱庆葆译，香港：中文大学出版社，2001 年。

108. 叶挺超、金守夫、陈更新编著：《平阳县志——宗教志：基督教部分之一》，未刊发，1989 年 6 月 23 日。

109. 燕京研究院编：《燕京大学人物志》（第 1 辑），北京大学出版社，2001 年 4 月。

110. 杨健生主编：《中华圣工史》，香港：基督复临安息日会华安联合会，2002 年 11 月。

111. 姚民权，《上海基督教史（一八四三至一九四九）》，上海：上海市基督教两会，1994 年 1 月。

112. 姚民權、羅偉虹：《中國基督教簡史》，北京：宗教文化出版社，2000 年。

113. 永嘉县政府地政处编印，《永嘉地政月报》第 1 期，1938 年 9 月 1 日出版。

114. 游汝杰：《西洋传教士汉语方言学著作书目考述》，黑龙江教育出版社，2002 年 12 月第 1 版。

115. 尤树勋主编：《勉励会讲义》，中华基督教勉励会，1948 年。

116. 俞雄选编，《张棡日记》，上海社会科学院出版社，2003 年。

117. 张宪文辑，《温州文史资料第 5 辑——孙诒让遗辑存》，中国人民政治协商会议浙江省温州市委员会文史资料委员会编，1989 年 12 月。

118. 张陈一萍等编，《惟独基督——戴德生生平与事工图片纪念集》，香港：海外基督使团，2007 年 5 月。

119. 张化：《社会中的宗教·观察与研究》，上海：上海人民出版社，2015 年 1 月。

120. 赵维本：《译经溯源——现代五大中文圣经翻译史》，香港：中国神学研究院，1993 年 12 月。

121. 浙江省宗教志编辑部，《浙江省宗教志》资料汇编（二），1994 年 3 月 15 日出版。

122. 浙江省政协文史资料委员会编：《浙江文史资料选辑》（浙江近现代人物录）第 48 辑。

123. 支华欣编著：《温州基督教》，浙江省基督教协会，2000 年 5 月。

124. 中国第一历史档案馆编辑部编，《义和团档案史料续编》（上册），北京：中华书局出版，1990 年 8 月第 1 版。

125. 中国第一历史档案馆编辑部编,《义和团档案史料续编》(下册),北京:中华书局出版,1990 年 8 月第 1 版。

126. 中国人民政治协商会议全国委员会文史资料研究委员会本书编辑部编,《文史资料选辑》第 8 辑 (总 108 辑),北京:中国文史出版社,1987 年。

127. 中国史学会主编:《义和团》(第 3 册),上海:神州国光社,1951 年 9 月再版。

128. 中国新史学研究会主编:《义和团》(第 4 册),上海:神州国光社,1953 年 4 月。

129. 中共温州市委党史研究室、中共温州市鹿城区委党史研究室编,《中共温州独立支部与国民革命运动》,1998 年 6 月。

130. 中华基督教勉励会全国协会编,《中华基督教勉励会成立七十周年、革新五周年纪念特刊》,上海:中华基督教勉励会全国协会,1955 年 2 月。

131. 中华全国基督教协进会编,《中华基督教会年鉴 (第 10 期)》,上海:中华全国基督教协进会,1928 年 12 月,台北:中国教会研究中心、橄榄文化基金会联合出版,1983 年 3 月重印。

132. 中华全国基督教协进会编,《中华基督教会年鉴 (第 11 期)》,上海:中华全国基督教协进会,1931 年,台北:中国教会研究中心、橄榄文化基金会联合出版,1983 年 3 月重印。

133. 中华全国基督教协进会编,《中华基督教会年鉴 (第 12 期)》,上海:中华全国基督教协进会,1934 年 6 月,台北:中国教会研究中心、橄榄文化基金会联合出版,1983 年 3 月重印。

134. 中华全国基督教协进会编,《中华基督教会年鉴 (第 13 期)》,上海:中华全国基督教协进会,1936 年 12 月,台北:中国教会研究中心、橄榄文化基金会联合出版,1983 年 3 月重印。

135. 中华全国基督教协进会编,《中华基督教会年鉴 (第 7 期)》,上海:中华全国基督教协进会,1924 年,台北:中国教会研究中心、橄榄文化基金会联合出版,1983 年 3 月重印。

136. 中华全国基督教协进会编,《中华基督教会年鉴 (第 8 期)》,上海:中华全国基督教协进会,1925 年,台北:中国教会研究中心、橄榄文化基金会联合出版,1983 年 3 月重印。

137. 中华全国基督教协进会编,《中华基督教会年鉴 (第 9 期)》,上海:中华全国基督教协进会,1927 年,台北:中国教会研究中心、橄榄文化基金会联合出版,1983 年 3 月重印。

138. 中华圣工史编辑委员会编著，杨健生主编：《中华圣工史》，基督复临安息日会——华安联合会出版， 2002 年 11 月初版。

139. 中华续行委办会编，《中华基督教会年鉴（第 2 期）》，上海：广学会，1915 年 11 月，台北：中国教会研究中心、橄榄文化基金会联合出版，1983 年 3 月重印。

140. 中华续行委办会编，《中华基督教会年鉴（第 3 期）》，上海：广学会，1916 年，台北：中国教会研究中心、橄榄文化基金会联合出版，1983 年 3 月重印。

141. 中华续行委办会编，《中华基督教会年鉴（第 4 期）》，上海：广学会，1917 年 12 月，台北：中国教会研究中心、橄榄文化基金会联合出版，1983 年 3 月重印。

142. 中华续行委办会编，《中华基督教会年鉴（第 5 期）》，上海：广学会，1918 年，台北：中国教会研究中心、橄榄文化基金会联合出版，1983 年 3 月重印。

143. 中华续行委办会调查特委会编，《1901-1920 年中国基督教调查资料（修订）》，蔡咏春等译，北京：中国社会科学出版社，2007 年 9 月。

144. 中华续行委办会调查特委会编，《中华归主——中国基督教事业统计（1901-1920）》，蔡咏春、文庸、杨周怀、段琦译，中国社会科学院世界宗教研究所，1985 年 2 月。

145. 周东华：《民国浙江基督教教育研究》，北京：中国社会科学出版社，2011 年 8 月，第 30 页。

146. 朱金甫主编，中国第一历史档案馆，福建师范大学历史系合编，《清末教案》第 2 册，中华书局出版发行，1998 年 10 月第 1 版。

147. 朱友渔：《朱友渔自传》，香港：基督教文艺出版社，1972 年 9 月。

英文史料：

1. Edited by D. MacGILLVRAY: *A Century of Protestant Missions In China（1807-1907）*, Shanghai: The American Presbyterian Mission Press, 1907.

2. Grace Stott, *Twenty-six Years of Missionary Work in China*, London: Hodder and Stoughion, 1898.

3. Kenneth Scott Latourette, *A History of Christian Missions in China*, New York, The Macmillan Company, 1929。

4. MacGillvray，D.（ed.）.*A Century of Protestant Missions In China（1807-1907）*, Shanghai: The American Presbyterian Mission Press, 1907

5. T. W. Chapman, *Why our Wenchow College was Closed*, The United Methodist Free Church Report of the Missions（Home and Foreign） for the Year Ended April, 1930.

6. *The China Mission Hand-book*, Shanghai: American Presbyterian Mission Press, 1896.

7. *The New Testament, in Romanized form in the Wenchow speech,* Shanghai: Brit. And Foreign Bible Society, 1904.

8. *Twenty-six Report of the Home and Foreign Missions of The United Methodist Free Church for the Year Ending*, June, 1882.

9. W.E. Soothill, *A Mission in China*, Edinburgh and London: Oliphant, Anderson & Ferrier, 1907。

10. W.E.Soothill: Our Mission in China, Chapter Ⅲ, The Missionary Echo,1906.

11. William Edward Soothill, *The Analects of Confucius*, the Fukuin Printing Company, Ld., Yokohama, 1910.

口述史料：

1. 《陈涤氛回忆录》，陈涤氛口述，陈耀辉记录。

2. 《陈永聪牧师访谈》，2009 年 5 月 11 日访谈记录。

3. 《黄益兴长老回忆录》，2004 年 9 月 9 日录音，陈丰盛整理。

4. 《黄益兴长老回忆录》，2009 年 4 月访谈录音。

5. 《林定尧先生回忆录》，2005 年 10 月 25 日录音，陈丰盛整理。

6. 《林明真回忆录》，2004 年 10 月 15 日录音，陈丰盛整理。

7. 《林明真先生回忆录》，2002 年终录音，陈丰盛整理。

8. 《林乃姆同工见证》，未出版。

9. 《倪光道牧师回忆录》，2007 年 11 月 18 日录音。

10. 《施诚惠牧师回忆录》，2005 年 6 月 21 日录音，陈丰盛整理。

11. 《杨宝礼长老回忆录》，2004 年 8 月 29 日陈丰盛录音，2004 年 9 月 5 日陈丰盛整理。

12. 《叶瑾瑜回忆录（三）》，2004 年 9 月，陈丰盛整理。

13. 《叶瑾瑜女士回忆录》，2002 年底录音，陈丰盛整理。

14. 《余永进同工回忆》，2005 年 9 月 13 日，陈丰盛整理。

档案资料：

1. 《浙东神学院始末记》，叶国启：1963 年 8 月 27 日，现存温州市档案馆。

2. 高建国:《浙江省中华基督教自治内地会温区总会关于解放以来的工作情况报告》,1957 年 2 月。此〈报告〉现存于温州市基督教两会档案室。

3. 王高荣:〈吴百亨专题档案〉,《浙江档案》2010 年第 4 期,第 52 页。

《基督教文化研究丛书》

主编：何光沪、高师宁

（1-6 编书目）

初 编 （2015 年 3 月出版）

ISBN：978-986-404-209-8　　　　　　　　定价（台币）$28,000 元

册　次	作　者	书　名	学科别（／表示跨学科）
第 1 册	刘　平	灵殇：基督教与中国现代性危机	社会学／神学
第 2 册	刘　平	道在瓦器：裸露的公共广场上的呼告——书评自选集	综合
第 3 册	吕绍勋	查尔斯　泰勒与世俗化理论	历史／宗教学
第 4 册	陈　果	黑格尔"辩证法"的真正起点和秘密——青年时期黑格尔哲学思想的发展（1785 年至 1800 年）	哲学
第 5 册	冷　欣	启示与历史——潘能伯格系统神学的哲理根基	哲学／神学
第 6 册	徐　凯	信仰下的生活与认知——伊洛地区农村基督教信徒的文化社会心理研究（上）	社会学
第 7 册	徐　凯	信仰下的生活与认知——伊洛地区农村基督教信徒的文化社会心理研究（下）	社会学
第 8 册	孙晨荟	谷中百合——傈僳族与大花苗基督教音乐文化研究（上）	基督教音乐
第 9 册	孙晨荟	谷中百合——傈僳族与大花苗基督教音乐文化研究（下）	基督教音乐
第 10 册	王　媛	附魔、驱魔与皈信——乡村天主教与民间信仰关系研究	社会学
	蔡圣晗	神谕的再造，一个城市天主教群体中的个体信仰和实践	社会学
	孙晓舒　王修晓	基督徒的内群分化：分类主客体的互动	社会学
第 11 册	秦和平	20 世纪 50－90 年代川滇黔民族地区基督教调适与发展研究（上）	历史
第 12 册	秦和平	20 世纪 50－90 年代川滇黔民族地区基督教调适与发展研究（下）	历史
第 13 册	侯朝阳	论陀思妥耶夫斯基小说的罪与救赎思想	基督教文学
第 14 册	余　亮	《传道书》的时间观研究	圣经研究
第 15 册	汪正飞	圣约传统与美国宪政的宗教起源	历史／法学

二 编 （2016 年 3 月出版）

ISBN：978-986-404-521-1　　　　　定价（台币）$20,000 元

册　次	作　者	书　名	学科别（／表示跨学科）
第 1 册	方　耀	灵魂与自然——汤玛斯·阿奎那自然法思想新探	神学／法学
第 2 册	劉光順	趋向至善——汤玛斯·阿奎那的伦理思想初探	神学／伦理学
第 3 册	潘明德	索洛维约夫宗教哲学思想研究	宗教哲学
第 4 册	孙　毅	转向：走在成圣的路上——加尔文《基督教要义》解读	神学
第 5 册	柏斯丁	追随论证：有神信念的知识辩护	宗教哲学
第 6 册	李向平	宗教交往与公共秩序——中国当代耶佛交往关系的社会学研究	社会学
第 7 册	張文舉	基督教文化论略	综合
第 8 册	赵文娟	侯活士品格伦理与赵紫宸人格伦理的批判性比较	神学伦理学
第 9 册	孙晨薈	雪域圣咏——滇藏川交界地区天主教仪式与音乐研究（增订版）（上）	基督教音乐
第 10 册	孙晨薈	雪域圣咏——滇藏川交界地区天主教仪式与音乐研究（增订版）（下）	
第 11 册	張　欣	天地之间一出戏——20 世纪英国天主教小说	基督教文学

三 编 （2017 年 9 月出版）

ISBN：978-986-485-132-4　　　　　　　　定价（台币）$11,000 元

册 次	作 者	书 名	学科别（／表示跨学科）
第 1 册	赵 琦	回归本真的交往方式——托马斯·阿奎那论友谊	神学／哲学
第 2 册	周兰兰	论维护人性尊严——教宗若望保禄二世的神学人类学研究	神学人类学
第 3 册	熊径知	黑格尔神学思想研究	神学／哲学
第 4 册	邢 梅	《圣经》官话和合本句法研究	圣经研究
第 5 册	肖 超	早期基督教史学探析（西元 1~4 世纪初期）	史学史
第 6 册	段知壮	宗教自由的界定性研究	宗教学／法学

四 编 （2018 年 9 月出版）

ISBN：978-986-485-490-5　　　　　　　　定价（台币）$18,000 元

册 次	作 者	书 名	学科别（／表示跨学科）
第 1 册	陈卫真　高 山	基督、圣灵、人——加尔文神学中的思辨与修辞	神学
第 2 册	林庆华	当代西方天主教相称主义伦理学研究	神学／伦理学
第 3 册	田燕妮	同为异国传教人：近代在华新教传教士与天主教传教士关系研究（1807~1941）	历史
第 4 册	张德明	基督教与华北社会研究（1927~1937）（上）	社会学
第 5 册	张德明	基督教与华北社会研究（1927~1937）（下）	
第 6 册	孙晨荟	天音北韵——华北地区天主教音乐研究（上）	基督教音乐
第 7 册	孙晨荟	天音北韵——华北地区天主教音乐研究（下）	
第 8 册	董丽慧	西洋图像的中式转译：十六十七世纪中国基督教图像研究	基督教艺术
第 9 册	张 欣	耶稣作为明镜——20 世纪欧美耶稣小说	基督教文学

五　编 （2019 年 9 月出版）

ISBN：978-986-485-809-5　　　　　　　　定价（台币）＄20,000 元

册　次	作　者	书　名	学科别（／表示跨学科）
第 1 册	王玉鹏	纽曼的启示理解（上）	神学
第 2 册	王玉鹏	纽曼的启示理解（下）	
第 3 册	原海成	历史、理性与信仰——克尔凯郭尔的绝对悖论思想研究	哲学
第 4 册	郭世聪	儒耶价值教育比较研究——以香港为语境	宗教比较
第 5 册	刘念业	近代在华新教传教士早期的圣经汉译活动研究（1807～1862）	历史
第 6 册	鲁静如 王宜强 编著	溺女、育婴与晚清教案研究资料汇编（上）	资料汇编
第 7 册	鲁静如 王宜强 编著	溺女、育婴与晚清教案研究资料汇编（下）	
第 8 册	翟风俭	中国基督宗教音乐史（1949 年前）（上）	基督教音乐
第 9 册	翟风俭	中国基督宗教音乐史（1949 年前）（下）	

六　编 （2020 年 3 月出版）

ISBN：978-986-518-085-0　　　　　　　　定价（台币）＄20,000 元

册　次	作　者	书　名	学科别（／表示跨学科）
第 1 册	陈倩	《大乘起信论》与佛耶对话	哲学
第 2 册	陈丰盛	近代温州基督教史（上）	历史
第 3 册	陈丰盛	近代温州基督教史（下）	
第 4 册	赵罗英	创造共同的善：中国城市宗教团体的社会资本研究——以 B 市 J 教会为例	人类学
第 5 册	梁振华	灵验与拯救：乡村基督徒的信仰与生活（上）	人类学
第 6 册	梁振华	灵验与拯救：乡村基督徒的信仰与生活（下）	
第 7 册	唐代虎	四川基督教社会服务研究（1877～1949）	人类学
第 8 册	薛媛元	上帝与缪斯的共舞——中国新诗中的基督性（1917～1949）	基督教文学